*Tractatus de Intellectus Emendatione*
by Benedictus de Spinoza

코기토 총서 042
세계사상의 고전

# 지성교정론

베네딕투스 데 스피노자 지음 | 김은주 옮김

도서출판 길

옮긴이 김은주(金銀珠)는 서울대 국어교육과를 졸업하고, 같은 대학교 대학원 철학과에서 스피노자 연구로 석사학위를 받고 박사과정을 수료했다. 2012년 프랑스 리옹고등사범학교(École Normale Supérieure de Lyon)에서 상상을 산출하는 인과성과 상상이 만들어내는 인과성을 중심으로 스피노자의 인과성 개념을 다루는 논문을 써 철학 박사학위를 받았다. 스피노자를 중심으로 데카르트와 홉스 등 17세기 철학을 중점적으로 연구하면서 미셸 푸코(Michel Foucault), 자크 데리다(Jacques Derrida), 자크 라캉(Jacques Lacan) 등 현대 프랑스 철학을 함께 연구하고 있다. 서울대와 단국대 등에서 시간 강사, 한양대에서 박사후연구원 및 학술연구교수를 거쳐, 현재 국립부경대 교양교육원 교수로 있다. 저서로 『생각하는 나의 발견, 방법서설』(미래엔, 2007)과 『스피노자의 귀환』(공저, 민음사, 2017) 등이 있으며, 역서로는 『테러 시대의 철학: 하버마스, 데리다와의 대화』(지오바나 보라도리, 공역, 문학과지성사, 2002), 『스피노자 철학에서 개인과 공동체』(알렉상드르 마트롱, 공역, 그린비, 2008), 『스피노자 매뉴얼』(피에르-프랑수아 모로, 공역, 에디토리얼, 2019) 등이 있다.

코기토 총서 042
세계사상의 고전

# 지성교정론

2020년  2월  25일 제1판 제1쇄 발행

2020년 10월  10일 제1판 제2쇄 인쇄
2020년 10월  20일 제1판 제2쇄 발행

지은이 | 베네딕투스 데 스피노자
옮긴이 | 김은주
펴낸이 | 박우정

기획 | 이승우
편집 | 박대우
전산 | 한향림

펴낸곳 | 도서출판 길
주소 | 06032 서울 강남구 도산대로 25길 16 우리빌딩 201호
전화 | 02) 595-3153   팩스 | 02) 595-3165
등록 | 1997년 6월 17일 제113호

르네 데카르트, 토머스 홉스, 고트프리트 빌헬름 라이프니츠와 더불어 17세기 철학을 대표하는 스피노자. 대표작 『윤리학』과 『신학정치론』을 비롯해 스피노자는 7개의 저술과 (교신자의 것을 포함하여) 총 84농의 편지를 남겼다. 기하학적 방식으로 쓰인 『윤리학』과 달리, 『지성교정론』은 정욕, 부(富), 명예를 좇는 통상적 삶의 무상함에 대한 경험을 1인칭으로 서술하면서 시작된다. 이 서설은 삶의 위기를 한 번이라도 경험했던 자라면 누구에게라도 공감을 불러일으킬 수 있을 만큼 보편적 호소력을 지니고 있다. 이러한 실존적 울림 때문에 이 논고는 철학 입문서로도 추천할 만하다(암스테르담 소재 스피노자 동상).

네덜란드 독립전쟁 당시, '가톨릭 스페인'과 '신교 네덜란드'의 대립
네덜란드는 칼뱅주의가 지배적인 신교 국가였으나 가톨릭 국가인 스페인의 지배 아래 있었다. 그림 왼쪽에는 신교 세력이, 오른쪽에는 가톨릭 세력이 묘사되어 있는데, 당시의 정치적·종교적 혼란상을 잘 보여주고 있다. 이와 같은 정세 속에서 스피노자는 『신학정치론』(1670)을 익명으로 발표하여 명성을 얻기 시작했다(아드리안 판더벤(Adriaen van de Venne, 1589?~1662)의 「영혼 낚기」(Fishing for Souls, 1614)).

역사 속에 묻혀 있던 『지성교정론』을 부각시키는 데 결정적 역할을 한 아르투어 쇼펜하우어
17세기에는 '유덕한 무신론자'로, 18세기에는 '신(神)에 취한 자'로 알려졌던 스피노자는 쇼펜하우어를 통해 인간의 실존 조건이 주는 고통에 정면으로 부딪치고 이를 극복할 가능성을 보여준 인간적인 진정성의 형상으로 부각되기 시작했다. 쇼펜하우어는 자발적 고행의 구체적 모델 중 하나로 스피노자의 삶을 들고, 『지성교정론』의 도입부를 그 자신이 아는 한 "정념들의 폭풍을 진정시키기 위한" "가장 강력한 수단"으로서 추천한다(루트비히 S. 룰(Ludwig S. Ruhl, 1794~1887)의 「쇼펜하우어 초상」(1815년경)).

17세기 '방법' 논의를 주도한 프랜시스 베이컨, 홉스, 데카르트(위 왼쪽부터 시계 방향)

'방법'에 대한 논의는 17세기 철학의 특징적인 현상이다. 방법 논의의 주창자인 프랜시스 베이컨이 자신의 저작을 '새로운 도구'(novum organum)라 불렀던 데서 알 수 있듯이, 방법은 학문의 도구 역할을 했던 전통 논리학(아리스토텔레스 논리학)을 대체하고자 했다. 홉스 역시 한때 베이컨의 비서로 있으면서 그의 영향을 적지 않게 받았다는 것은 주지의 사실이다. 데카르트 역시 자신의 합리론적 방법론과는 다른 경험론적 방법론을 주장한 베이컨을 매우 호의적이면서도 경탄에 가까운 태도로 받아들였다. 비록 베이컨과 데카르트의 방법에 차이는 분명히 있지만, 두 진영을 관통하는 공통성은 반드시 염두에 두어야 한다.

헤이그 소재 신(新)교회(Nieuwe Kerk)에 있는 스피노자 묘지
종교의 자유를 찾아 포르투갈을 떠나 네덜란드로 이주해온 유대인 가정에서 태어난 스피노자는 렌즈 깎는 일을 직업으로 삼아 평생을 검소하게 생활하면서도 네덜란드의 중요한 정치적·종교적 위기 상황에서는 적극적 개입을 모색하기도 했다. 1673년에는 하이델베르크 대학으로부터 교수 초빙을 받기도 했지만, 학문의 제한 없는 자유를 위해 이를 거부했다.

스피노자가 1670년부터 세상을 떠날 때까지 살았던 헤이그 소재 '스피노자 하우스'
스피노자는 이 집에서 1671년 10월 자신을 찾아온 라이프니츠를 만나기도 했다. 실제 스피노자가 살았던 2층 방은 현재 개인 소유여서 일반인의 접근이 불가능하지만, 주인집이었던 1층은 스피노자 협회가 소유하고 있으며 앞으로 스피노자 도서관으로 꾸며져 전문 연구자들에게 개방될 예정이라고 한다.

# 옮긴이 서문

이 책은 베네딕투스 데 스피노자(Benedictus de Spinoza, 1632~77)의 *Tractatus de intellectus emendatione et de via qua optime in veram rerum cognitionem dirigitur* (지성을 교정하고 지성이 사물을 참되게 인식하도록 이끄는 최적의 길에 대한 논고)을 번역한 것이다. 잘 알려져 있다시피, 스피노자는 네덜란드에서 태어나고 세상을 떠난 유대계 철학자로, 데카르트, 라이프니츠와 더불어 17세기의 대표적 철학자로 꼽힌다. 이 논고는 스피노자의 주저인 『윤리학』과 마찬가지로 스피노자 사후 지인들에 의해 출간된 라틴어 유고집(*Opera posthuma*: 이하 'OP'로 축약)과 유고집의 네덜란드어 번역본(*De Nagelate Schriften*: 이하 'NS'로 축약)에 처음 등장했다. 라틴어 유고집 편집자의 말에 따르면 스피노자는 이 논고를 젊은 시절부터 작성했지만 끝내는 미완으로 남겨두었다. 내용상 이 논고는 학문 혹은 진리 발견의 방법이라는 17세기 철학에서 두드러진 주제를 다루고 있다. 이 점에서 이 논고는 데카르트의 『정신지도를 위한 규칙』이나 『방법서설』과 비견될 수 있다. 스피노자 철학 전체로 보면 주저 『윤리학』으로 들어가는 서문으로도 읽을 수 있다.

독일의 문헌학자이자 철학자인 카를 겝하르트(Carl Gebhardt)가 스피노자 저작을 문헌적으로 고증하여 1925년에 전체 4권으로 이루어진 *Spinoza Opera*(Spinoza, 1925: 이하 인용시 'G' 표시)를 출판한 이래로 스피노자 연구에서는 이를 스피노자 저작의 정본으로 이용해왔다. 그러나 겝하르트의 스피노자 전집 출간 이후 근 100년이 흘렀고, 그동안 새로운 발견과 연구성과들이 축적되었다. 이를 반영하여 1990년대 후반 피에르-프랑수아 모로(Pierre-François Moreau)의 책임 아래 새로운 전집이 라틴어-프랑스어 대역본으로 출간되고 있다. 『지성교정론』의 경우도 이탈리아 문헌학자이자 철학사가인 필리포 미니니(Filippo Mignini)가 새롭게 고증한 라틴어 판본이 다른 초기의 글과 더불어 *Spinoza Œuvres, Premiers écrits*(PUF, 2009)라는 제목 아래 이 전집의 일부로 출간되었다. 미니니의 이 라틴어 판본이 NS 판본과의 대조 결과 등 가장 최근까지의 연구성과를 잘 반영하고 있는 이상, 우리도 이 판본을 기본으로 삼았다. 그러나 미니니가 새롭게 도입한 정정사항들 역시 논란의 소지가 있는 만큼 우리는 최대한 보수적인 입장을 취하여 문법이나 의미상의 명백한 오류가 아닌 경우 가급적 원문을 보존하고자 하였다.

원문과 번역본 내에 꺽쇠([ ])로 표시된 단락 번호 역시 미니니 판본을 따랐다. 이 번호는 원래 OP 판본이나 NS 판본에는 없던 것으로, 1843~46년 독일의 신학자 카를 헤르만 브루더(Karl Hermann Bruder)의 스피노자 전집(*Benedicti de Spinoza, Opera Quae Supersunt Omnia*, 1843)에 처음 등장해 알렉상드르 쿠아레(Alexandre Koyré)의 프랑스어 번역, 에드윈 컬리(Edwin Curley)의 영어 번역, 볼프강 바르투샤트(Wolfgang Bartuschat)의 독일어 번역 등에서 받아들인 것이다. 미니니는 이 번호를 따르되 내용에 따라 몇 군데 수정을 했고, 우리말 번역본도 이 수정된 번호를 따랐다.

알파벳으로 표기된 원주 번호는 OP 판본을 따른 것이다. 중간에 누락된 번호나 중복되는 번호가 있어 혼란스러울 수 있으나 집필의 역사적 층위를 보존하기 위해 이 번호를 그대로 이용했다. 이 점에서는 현재 영어권 표준 판본으로 통하는 컬리의 체제(Edwin Curly, *The Collected Works of Spinoza* I, 1985)에 가깝다. 다만 중복되는 번호에 한해 별도의 표시를 추가했다(가령 a, a′, a″).

위의 라틴어 원문 외에『지성교정론』에 대한 여러 외국어 번역본을 참조했다. 주로 참조한 번역서는 다음과 같다. 우선 프랑스어 번역서로는 미니니 판본을 프랑스어로 번역한 미셸 베이사드(Michel Beyssade)의 번역(2009), 프랑스에서『지성교정론』의 표준 번역으로 통용되었던 알렉상드르 쿠아레(Alexandre Koyré)의 번역(1994), 그리고『지성교정론』에 관한 가장 상세한 주석을 담고 있는 베르나르 루세(Bernard Rousset)의 번역(1992), 20세기 초에 번역되어 오랫동안 프랑스어 스피노자 전집으로 애용된 샤를 아퐁 전집의 번역(Charles Apphun, *Spinoza. Œuvres* I, 1964)을 참조했다. 영어 번역으로는 앞서 언급함 컬리의 번역을 참조했다. 그 외 주해를 위해서는 해럴드 H. 요아킴(Harold H. Joachim)의 *Spinoza's Tractatus de Intellectus Emendatione. A Commentary*(1940), 피에르-프랑수아 모로의 *Spinoza. L'expérience et L'éternité*(1994) 등과 그 밖의 논문들을 참조했다.

『지성교정론』은 미완일 뿐만 아니라 다양한 쟁점들이 압축되어 있다. 이로 인해 발생하는 이해의 어려움을 최대한 덜고자 다음을 덧붙였다.

첫째, 옮긴이 주를 가급적 상세히 달았다. 옮긴이 주에서는 한편으로, 라틴어 텍스트 수립상의 불확실성을 밝히고 특정 번역어나 문구를 선택한 문헌학적 이유를 제시해두었다. 아울러 스피노자 지인들에 의해 OP 판본과 동시에 준비되어 출판된 NS 판본과 OP 판본의 차이점 역시 필요한 만큼 제시해두었다. 다른 한편으로, 논고의 내용 이해를 위한 철학적-철학사적 맥락을 제시해두었다. 이 논고는 철학을 본격적으로 다루는『윤리학』이 입문 격으로 자설되었기 때문에『윤리학』과이 비교가 불가결하다. 마찬가지로 데카르트주의적인 환경에서 데카르트의 독자들을 염두에 두고 작성되었기 때문에 표현이나 논리의 이해를 위해서는 데카르트의 테제들과의 비교 역시 필요하다. 이와 같은 맥락 제시가 옮긴이 주의 가장 큰 부분을 차지한다.

둘째, 해제에 스피노자 저작 전반에 대한 소개 및 논고의 철학사적 배경(I), 본문에 대한 해제(II), 문헌학적 쟁점 및 해석상의 쟁점, 그리고 번역자의 선택 원칙(III)을 첨부하였다. 특히 마지막 제III장에는 이 논고의 작성 경위나 작성 시기, 다른 글들과의 선후 관계, 그리고 논고의 제목을 '지성개선'이 아니라 '지성교정'이라고 번역한 이유 등을 밝혀두었다. 그러나 그처럼 세세하고 전문적인 내용이 궁금하지 않은 독자들은 앞의 두 장만 참조해도 무방할 것이다. 특히 제II장의 해제에서는 옮긴이 주에서보다 좀 더 큰 틀에서 『지성교정론』의 논리적 흐름을 데카르트나 홉스의 철학 및 『윤리학』과의 관계 안에 위치시켜 제시하였다.

이 논고는 친숙한 느낌의 프롤로그로 독자를 매혹하며 길이도 짧지만 막상 완독하기는 쉽지 않다. 데카르트주의의 영향을 받은 네덜란드 스콜라 철학의 생소한 어휘, 베이컨, 데카르트, 홉스 등 당시 새로움을 대표하면서도 서로 이질적인 철학들의 영향, 오랜 기간 손질을 거치면서 켜켜이 쌓인 수정의 여러 층위, 무엇보다도 마지막 손질을 거치지 못한 탓에 여기저기 남은 미결 사항 때문이다. 그러나 이 어려움들과 더불어 이 논고는 하나의 위대하고 독창적인 사상이 형성되어가는 과정의 역동을 보여준다는 점에서 적어도 스피노자주의의 형성 과정을 알고 싶은 사람들에게, 혹은 17세기 철학의 주요 쟁점이 무엇이었는지 알고 싶은 사람들에게는 흥미로울 수밖에 없다.

이 책은 짧지만 여러 이유로 번역본이 나오기까지 오랜 시간이 걸렸다. 이 과정에서 옮긴이는 여러분의 귀한 도움을 받았고 이 지면을 빌려 그분들께 감사드리고 싶다. 먼저 고전학을 전공한 서울대 허민준 박사님께 깊이 감사드린다. 1차 번역 후의 수정 기간 동안 그는 아무런 대가 없이 적지 않은 시간을 들여 라틴어 텍스트 전체를 함께 강독해주었다. 꼼꼼하고도 엄격한 시선으로 텍스트를 읽고 정확한 번역어를 제안해준 그에게 옮긴이는 무엇으로도 갚지 못할 큰 빚을 졌다. 다음으로 고려대 민족문화연구원의 진태원 선생님과 충북대 철학과 박기순 선생님께도 감사드린다. 이분들은 바쁜 시간에도 불구하고 여러 번의 세미나를 통해 원문과 번역문을 스피노자 전문가의 시각에서 검토해주어 번역의 완성도를 높이는 데 크게 이바지하였다. 그리고 이 책과 직접 관련은 없지만 '스피노자 전집' 번역을 내다보며 이 세미나를 물심양면으로 지원해준 그린비 출판사 유재건 대표님과 박순기 전(前) 대표님께도 이 자리를 빌려 감사를 표한다. 아울러 완성된 원고를 읽고 균형 잡힌 시각으로 본문과 주석, 해제의 부자연스러운 부분을 줄이는 데 도움을 준 김문수에게도 소소한 고마움을 표한다. 끝으로 모범적인 학술서를 만든다는 일념 아래 그토록 많은 교정 사항이나 까다로운 편집 요구를 기꺼이 수용해 정성껏 책을 만들어준 도서출판 길의 이승우 편집장님과 편집을 담당한 박대우 님께도 감사드린다.

2020년 1월
옮긴이 김은주

## 일러두기

본문 내에 이용된 기호의 의미는 다음과 같다.

1) 라틴어 원문이 실린 지면 왼쪽의 숫자는 겝하르트 판본 제2권[G II](Spinoza, 1925)의 쪽수이다.

2) 본문 주석의 알파벳 번호는 스피노자 라틴어 판본의 원주 번호이다.

3) 본문 내 [ ] 표시된 단락 번호는 대체로 브루더 판본을 따른 것이며, 주석과 해제에서는 '§'로 표시된다.

4) 단락 번호 외에 본문 내 [ ] 표시된 부분은 이해를 위해 옮긴이가 추가한 내용이다.

5) 라틴어 원문과 본문 내 ⟨ ⟩ 표시는 고증에 의거해 라틴어 판본의 원문에 추가된 것임을 나타내는 표시이다.

6) 라틴어 원문 내 { } 표시는 고증에 의거해 라틴어 판본에 있던 단어가 제거되었음을 나타내는 표시이다.

7) †는 원문의 라틴어가 고증의 결과 제거되거나 수정된 경우 등에 대해 번역자가 문헌학적 해명을 제시하는 부분을 표시한 것이다.

8) 원주에 붙인 * 표시는 원주에 대한 옮긴이 주 표시로, 원주에 대한 옮긴이 주들은 다른 옮긴이 주와 함께 순서대로 제시되었다.

# 차례

# Tractatus de Intellectus Emendatione

Et de via qua optime in veram rerum
cognitionem dirigitur

# 지성교정론[1]

지성을 교정하고 지성이 사물을 참되게 인식하도록
이끄는 최적의 길[2]에 대한 논고

ADMONITIO

ad

LECTOREM


*Tractatus, quem de Intellectus Emendatione etc. imperfectum hic tibi damus, Benevole Lector, jam multos ante annos ab Auctore fuit conscriptus. In animo semper habuit eum perficere; at, aliis negotiis praepeditus, et tandem morte abreptus, ad optatum finem perducere non potuit. Cum vero multa praeclara atque utilia contineat, quae Veritatis sincero indagatori non parum e re futura esse haudquaquam dubitamus, te iis privare noluimus; et, ut etiam multa obscura, rudia adhuc et impolita, quae in eo hinc inde occurrunt, condonare non graveris, horum ne inscius esses, admonitum te quoque esse voluimus. Vale.*

너그러운 독자 여러분께 여기 우리가 미완[4]의 상태로 선보이는『지성
교정론』은 저자가 벌써 수년 전에 집필했던 것이다. 그는 이 글을 완성
할 뜻을 늘 품고 있었지만 다른 일들[5]로 인해, 그리고 결국 갑작스런 죽
음을 맞이한 탓에, 원하는 결말에까지 이르지 못했다. 그러나 이 글이
많은 탁월하고 유용한 것들을 담고 있고, 진심으로 진리를 추구하는 자
라면 분명 거기서 적지 않은 이익을 취할 것을 우리는 믿어 의심치 않는
까닭에, 여러분에게 그것들을 접할 기회를 박탈하고 싶지 않았다. 아울
러 곳곳에서 나타나는 많은 모호하고 심지어 거칠고 투박한 것들을 얼
마간은 양해하고 넘어가도록 이런 정황을 모르지 않게끔 일러두고자
했다. 안녕히.

[1] Postquam me experientia docuit omnia, quae in communi vita frequenter occurrunt, vana et futilia esse; cum viderem omnia, a quibus et quae timebam, nihil neque boni neque mali in se habere, nisi quatenus ab iis animus movebatur, constitui tandem inquirere, an aliquid daretur, quod verum bonum et sui communicabile esset, et a quo solo, rejectis caeteris omnibus, animus afficeretur; imo, an aliquid daretur, quo invento et acquisito, continua ac summa in aeternum fruerer laetitia.

[2] Dico, *me tandem constituisse*; primo enim intuitu inconsultum videbatur, propter rem tunc incertam, certam amittere velle. Videbam nimirum commoda, quae ex honore ac divitiis acquiruntur, et quod ab iis quaerendis cogebar abstinere, si seriam rei alii novae operam dare vellem; et si forte summa felicitas in iis esset sita, perspiciebam me ea debere carere; si vero in iis non esset sita eisque tantum darem operam, tum etiam summa carerem felicitate.

[3] Volvebam igitur animo, an forte esset possibile ad novum institutum aut saltem ad ipsius certitudinem pervenire, licet ordo et commune vitae †meae institutum non mutaretur; quod saepe frustra tentavi.

Nam, quae plerumque in vita occurrunt et apud homines, ut ex eorum operibus colligere licet, tanquam summum bonum

aestimantur, ad haec tria rediguntur, divitias scilicet, | honorem atque libidinem. His tribus adeo distrahitur mens, ut minime possit de alio aliquo bono cogitare.

[4] Nam, quod ad libidinem attinet, ea adeo suspenditur animus, ac si in aliquo bono quiesceret, quo maxime impeditur ne de alio cogitet; sed post illius fruitionem summa sequitur tristitia, quae, si

[1] 통상의[6] 삶에서 빈번히 일어나는 모든 일이 헛되고 부질없음[7]을         5
경험이 나[8]에게 가르쳐준 이후, 그리고 나를 우려하게 하고 내가 우려하
곤 했던[9] 모든 것들이, 그것들로 인해 마음이 움직이는 한에서가 아니고
서는 그 자체로는 하등 좋거나 나쁠 것이 없음을 깨달았기에,[10] 나는 마
침내 결심했다. 참된 선(善)이면서 전파될 수 있는 것,[11] 그리고 오직 그
것만으로도 다른 모든 것이 물러나고 마음이 감응될 어떤 것이 있는지,
나아가 일단 발견하고 획득하고 나면 연속적이면서 최고인 기쁨을 영
원히[12] 맛보게 해줄 어떤 것이 있는지 찾아보기로 말이다.

[2] 나는 "마침내 결심했다"라고 했다. 아직 불확실한 것을 위해 확실
한 것을 잃기를 원한다는 것이 첫눈에는 분별없어 보였기 때문이다. 분
명 나는 명예와 부(富)에서 얻어지는 편의를 알고 있었고, 또한 만일 내
가 다른 새로운 것에 진지하게 힘쓰고자 한다면 이것들에 대한 추구는
부득불 포기해야 하리라는 것을 알고 있었다. 또 만일 최고 행복[13]이 혹
시 명예와 부에 있기라도 하다면, 이 행복을 놓칠 수밖에 없으리라는 것
도 헤아리고 있었다. 그러나 만일 최고 행복이 이것들에 있지 않은데 내
가 오직 이것들에만 힘쓴다면, 이 경우에도 역시 최고 행복을 놓칠 판이
었다.

[3] 그래서 나는 혹시 내[14]† 삶의 질서와 통상적인 짜임[15]을 바꾸지 않
고도, 새로운 짜임에, 아니면 적어도 이것 자체의 확실성에라도 이르는
것이 가능한지 궁리해보았다.[16] 이를 나는 자주 시도해보았으나 헛수고
였다.

사실 삶에서 가장 흔히 마주치는 것, 그리고 사람들의 행위로 미루어
헤아릴 수 있는 바, 사람들 사이에 최고선(善)으로 평가되는 것은 다음
세 가지로 추려진다. 부, 명예, 정욕(情欲)이 그것이다.[17] 이 세 가지로 인         6
해 정신은 다른 어떤 선도 전혀 사유할 수 없을 만큼 흐트러진다.[18]

[4] 사실 정욕[19]으로 말하자면, 마음은 마치 어떤 선(善) 안에 안식하
고 있는 양 거기에 매달리게 되어, 가히 다른 어떤 것도 사유할 수 없을

non suspendit mentem, tamen perturbat et hebetat. [5] Honores ac divitias prosequendo non parum etiam distrahitur mens, praesertim ubi ᵃhae non nisi propter se quaeruntur, quia tum supponuntur summum esse bonum. Honore vero multo adhuc magis mens distrahitur; supponitur enim semper bonum esse per se et tanquam finis ultimus ad quem omnia diriguntur. Deinde in his non datur, sicut in libidine, poenitentia; sed quo plus utriusque possidetur, eo magis augetur laetitia et consequenter magis ac magis incitamur ad utrumque augendum. Si autem spe in aliquo casu frustremur, tum summa oritur tristitia. Est denique honor magno impedimento, eo quod, ut ipsum assequamur, vita necessario ad captum hominum est dirigenda, fugiendo scilicet quod vulgo fugiunt et quaerendo quod vulgo quaerunt homines.

[6] Cum itaque viderem haec omnia adeo obstare, quominus operam novo †alicui instituto darem, imo adeo esse opposita, ut ab uno aut altero necessario esset abstinendum, cogebar inquirere, quid mihi esset utilius; nempe, ut dixi, videbar bonum certum pro incerto amittere velle. Sed postquam aliquantulum huic rei incubueram, inveni primo, si, hisce omissis, ad novum institutum accingerer, me bonum sua natura incertum, ut clare ex dictis possumus colligere, omissurum pro incerto, non quidem sua natura †(fixum enim

---

a    *Potuissent hae latius et distinctius explicari, distinguendo scilicet divitias quae quaeruntur*
     *vel propter se, vel propter honorem, vel propter libidinem, vel propter valetudinem et*
     *augmentum scientiarum et artium; sed hoc ad suum locum reservatur, quia hujus loci non*
     *est haec adeo accurate inquirere.*

지경이 된다. 그러나 정욕을 채우고 난 후에는 최고의 슬픔이 뒤따르며,[20] 이 슬픔은 정신을 멈추게 하진 않더라도 교란하고 얼빠지게 한다.

[5] 정신은 또한 명성[21]과 부의 추구에 의해서도 적지 않게 흐트러진다. 특히 부가 오직 그 자체로 추구될 때[a] 그러한데, 왜냐하면 그 경우에 그것이 최고선이라고 가정되기 때문이다. 하지만 정신은 명예로 인해 훨씬 더 많이 흐트러진다. 왜냐하면 항상 명예는 그 자체로 좋은 것, 그리고 만사의 궁극 목적으로 가정되기 때문이다. 다음으로 이것들[22]에서는 정욕에서와 같은 후회가 없고, 두 경우 모두 더 많이 소유할수록 기쁨은 더 늘어나며, 그 결과 우리는 이것들을 늘리도록 더욱 더 추동된다. 하지만 어쩌다가 희망이 꺾이기라도 하면 최고의 슬픔이 생겨난다. 마지막으로, 명예를 얻기 위해서는 반드시 사람들의 사고방식에 맞춰서 삶을 이끌어야 한다는 점에서, 즉 사람들이 통상 피하는 것을 피하고 통상 추구하는 것을 추구해야 한다는 점에서, 명예는 큰 구속이 될 수 있다.

[6] 이 모든 것이 내가 삶의 어떤[23][†] 새로운 짜임을 궁구하는 데 장애가 되고 심지어 반대되는 나머지, 양편 가운데 어느 하나는 반드시 멀리해야 할 형편임을 깨달았기에, 나는 부득불 무엇이 나에게 더 유용할지 물을 수밖에 없었다. 왜냐하면 이미 말했듯이, 내가 불확실한 선을 위해 확실한 선을 잃기를 원하는 것으로 보였기 때문이다. 하지만 이 문제를 얼마동안 곱씹어본 이후, 나는 우선 만일 내가 이것들[24]을 포기하면서 삶의 새로운 짜임에 전념한다면, 불확실한 선을 위해, 단 본성상 불확실한 선이 아니라 (나는 부동의 선을 찾고 있었으므로)[25][†] 다만 도달이 불확실한 선을 위해, 본성상 불확실한 선 — 앞서 말했던 것에서 명료하게

---

a  이 점은 다음의 구별을 통해 더 길고 분명하게 설명될 수도 있었을 것이다. 곧 부가 그 자체로 추구되는 경우나 명예를 위해 추구되는 경우, 또는 정욕을 위해 추구되는 경우, 또는 건강을 위해 그리고 학문과 기예 증진을 위해 추구되는 경우로 말이다. 그러나 여기는 이것들을 그토록 면밀하게 따져볼 자리는 아닌지라, 이 일을 나는 적당한 자리를 위해 유보해둔다.

bonum quaerebam), sed tantum quoad ipsius consecutionem. [7] Assidua autem meditatione eo perveni, ut viderem quod tum, modo <sup>†</sup><possem> penitus deliberare, mala certa pro bono certo omitterem. Videbam enim me in summo versari periculo et | me cogi remedium, quamvis incertum, summis viribus quaerere; veluti aeger lethali morbo laborans, qui, ubi mortem certam praevidet ni adhibeatur remedium, illud ipsum, quamvis incertum, summis viribus cogitur quaerere, nempe in eo tota ejus spes est sita. Illa autem omnia, quae vulgus sequitur, non tantum nullum conferunt remedium ad nostrum esse conservandum, sed etiam id impediunt, et frequenter sunt causa interitus eorum qui ea possident <sup>b†</sup>et semper causa interitus eorum qui ab iis possidentur.

[8] Permulta enim exstant exempla eorum qui persecutionem ad necem usque passi sunt propter ipsorum divitias, et etiam eorum qui, ut opes compararent, tot periculis sese exposuerunt, ut tandem vita poenam luerent suae stultitiae. Neque eorum pauciora sunt exempla, qui, ut honorem assequerentur aut defenderent, miserrime passi sunt. Innumeranda denique exstant exempla eorum qui, prae nimia libidine, mortem sibi acceleraverunt.

[9] Videbantur porro ex eo <sup>†</sup>haec orta esse mala, quod tota felicitas aut infelicitas in hoc solo sita est, videlicet in qualitate objecti, cui adhaeremus amore. Nam, propter illud quod non amatur, nunquam orientur lites, nulla erit tristitia si pereat, nulla invidia si ab alio possideatur, nullus timor, nullum odium et, ut verbo dicam, nullae commotiones animi. Quae quidem omnia contingunt in

---

b  *Haec accuratius sunt demonstranda.*

추리해낼 수 있듯이 — 을 포기하는 셈이 되리라는 것을 발견했다. [7] 그러나 꾸준히 성찰한 결과, 나는 결국 만일 내가 철저하게 숙고할[26] 수만 있다면,[27†] 확실한 선을 위해 확실한 악(惡)들을 포기하는 셈이 되리라는 것을 깨닫기에 이르렀다. 사실 나는 내가 최고의 위험에 빠져 있음을, 그리고 설령 불확실할지라도 부득불 온 힘을 다해 치유책[28]을 찾아볼 수밖에 없음을 깨달았기 때문이다. 마치 치명적인 병[29]으로 고통받는 병자가 치유책을 쓰지 않을 경우에 확실한 죽음이 예견될 때, 그의 모든 희망이 이 치유책에 놓여 있기에, 설령 불확실할지라도 부득불 온 힘을 다해 그것을 찾아볼 수밖에 없듯이 말이다. 그런데 세인(世人)이 좇는 모든 것은 우리 존재의 보존[30]을 위한 어떤 치유책도 가져다주지 않을 뿐만 아니라 심지어 우리 존재 보존을 방해하여, 그것을 소유한 자에게는[31] 자주 파멸의 원인이 되고 그것에 소유당한 자에게는 항상 파멸의 원인이 된다.[b†]

[8] 실제로 부를 가진 까닭에 괴롭힘을 당하고 끝내 살해당한 자들, 그리고 재물[32]을 얻고자 그토록 많은 위험을 감수한 끝에 결국 그 어리석음[33]의 대가로 목숨을 잃어버린 자들의 사례는 허다하다. 또한 명예를 얻거나 지키기 위해 극히 비참하게 고통받는 자들의 사례 역시 적지 않다. 마지막으로 지나친 정욕으로 죽음을 재촉하는 자들의 사례도 수없이 많다.

[9] 더 나아가 이 악들[34†]은 일체의 행·불행이 우리가 사랑으로 밀착하는 대상이 어떤 것이냐에 전적으로 달려 있다는 사실에서 생겨나는 것처럼 보였다.[35] 사실 우리가 사랑하지 않는 것을 두고서는 어떤 분쟁도 생겨나지 않을 것이고, 그것이 소멸해도 아무런 슬픔도 없을 것이고, 그것을 타인이 소유하더라도 아무런 시기심도 없을 것이며, 어떤 우려나 미움도, 한마디로 마음의 어떤 요동[36]도 없을 것이다. 실로 이 모든

---

b  이 점은 더 면밀하게 증명되어야 한다.

amore eorum quae perire possunt, uti haec omnia de quibus modo locuti sumus. Sed amor erga rem aeternam et infinitam sola laetitia pascit animum, †ipseque omnis tristitiae est expers; quod valde est desiderandum, totisque viribus quaerendum.

[10] Verum non absque ratione usus sum his verbis, †*modo possem serio deliberare*. Nam, quamvis haec mente adeo clare perciperem, non poteram tamen ideo omnem avaritiam, libidinem atque gloriam deponere. [11] Hoc unum videbam, quod, quamdiu mens circa has cogitationes versabatur, tamdiu illa aversabatur et serio de novo cogitabat instituto; quod magno mihi fuit solatio. Nam videbam illa mala non esse talis conditionis, ut remediis nollent cedere. Et | quamvis in initio haec intervalla essent rara et per admodum exiguum temporis spatium durarent, postquam tamen verum bonum magis ac magis mihi innotuit, intervalla ista frequentiora et longiora fuerunt, praesertim postquam vidi nummorum acquisitionem aut libidinem et gloriam tamdiu obesse, quamdiu propter se et non tanquam media ad alia quaeruntur. Si vero tanquam media quaeruntur, modum tunc habebunt et minime oberunt; sed contra, ad finem propter quem quaeruntur multum conducent, ut suo loco ostendemus.

[12] Hic tantum breviter dicam, quid per verum bonum intelligam et simul quid sit summum bonum. Quod ut recte intelligatur, notandum est, quod bonum et malum non nisi respective dicantur; adeo ut una eademque res possit dici bona et mala secundum diversos respectus, eodem modo ac †perfectum et imperfectum. Nihil enim, in sua natura spectatum, perfectum dicetur vel imperfectum, praesertim postquam noverimus, omnia, quae fiunt, secundum

것은 우리가 방금 말한 모든 것이 그렇듯이 소멸할 수 있는 것들을 사랑하는 데서 일어난다. 반면에 영원하고 무한한 것에 대한 사랑은 마음을 오직 기쁨으로 살찌우며, 일체의 슬픔에서 면제되어 있다.[37†] 이것이야말로 대단히 바랄 만한 것이며, 온 힘을 다해 추구해야 하는 것이다.

[10] 그런데 내가 "단, 진지하게 숙고할 수만 있다면"[38†]이라는 말을 쓴 데에는 이유가 없지 않다. 이것들[39]을 내가 정신으로는 그토록 명료하게 지각했지만 그렇다고 모든 탐욕과 정욕, 그리고 영예를 내려놓지는 못했기 때문이다.[40] [11] 다만 이것 하나는 깨달았다. 이런 사유들 쪽으로 향하는 동안 정신은 저것들[41]에서 멀어지고 삶의 새로운 짜임에 대해 진지하게 사유했다는 것 말이다. 이것은 나에게 큰 안도[42]가 되었다. 왜냐하면 나는 저런 악들이 치유책에 물러나지 않을 정도의 입지에 있는 것은 아님을 깨달았기 때문이다. 그리고 이 막간들[43]은 처음에는 드물었으며 아주 짧은 시간 동안만 지속되었지만, 참된 선들이 나에게 점점 더 많이 알려지고 난 이후 저 막간들은 더 빈번해지고 길어졌다. 특히 돈의 획득이나 정욕, 영예도 그 자체로 추구되는 한에서는 장애가 되지만 다른 것을 위한 수단으로 추구되는 한에서는 그렇지 않음[44]을 알고 난 후가 그랬다. 반면에 수단으로 추구된다면 그것들은 이제 한도를 지닐 것이고 조금도 장애가 되지 않을 것이며, 우리가 적절한 곳에서 보여주겠지만 오히려 사람들이 그것들을 통해 추구하는 목적에 크게 기여할 것이다.

[12] 이제 내가 이해하는 참된 선이란 무엇이며, 이와 동시에 최고선이란 무엇인지 간략히만 말해두겠다.[45] 이것이 올바르게 이해되려면 선과 악은 오직 상대적으로만[46] 말해진다는 것, 그래서 같은 것도 상이한 측면에 따라 좋다고도 나쁘다고도 말해질 수 있다는 데 주목해야 한다. 완전한 것과 불완전한 것이 그렇듯이 말이다.[47†] 왜냐하면 어떤 것도 그 본성만 고려할 경우에 완전하다거나 불완전하다고 말해지지 않을 것이기 때문이다.[48] 이루어지는 모든 것이 영원한 질서[49]에 따라, 그리고 일

8

aeternum ordinem et secundum certas Naturae leges fieri.

[13] Cum autem humana imbecillitas illum ordinem cogitatione sua non assequatur, et interim homo concipiat naturam aliquam humanam sua multo firmiorem, et simul nihil obstare videat, quominus talem naturam acquirat, incitatur ad media quaerendum quae ipsum ad talem ducant perfectionem. Et omne illud quod potest esse medium ut eo perveniat vocatur verum bonum; summum autem bonum est eo pervenire ut ille, cum aliis individuis si fieri potest, tali natura fruatur. Quaenam autem illa sit natura ostendemus suo loco, nimirum esse <sup>c</sup>cognitionem unionis quam mens cum tota Natura habet.

[14] Hic est itaque finis ad quem tendo, talem scilicet naturam acquirere et, ut multi mecum eam acquirant, conari. Hoc est, de mea felicitate etiam est operam dare ut alii multi idem atque ego intelligant, ut eorum intellectus et cupiditas prorsus cum meo intellectu et cupiditate conveniant.

9    [15] Utque hoc fiat, <sup>d</sup>necesse est tantum de Natura intelligere | quantum sufficit ad talem naturam acquirendam; deinde formare talem societatem qualis desideranda, ut quamplurimi quam facillime et secure eo perveniant; porro, danda est opera Morali Philosophiae, ut et Doctrinae de puerorum Educatione; et quia valetudo non parvum est medium ad hunc finem assequendum, concinnanda est integra Medicina; et quia arte multa, quae difficilia sunt, facilia

---

c   *Haec fusius suo loco explicantur.*

d   *Nota, quod hic tantum curo enumerare scientias ad nostrum scopum necessarias, licet ad earum seriem non attendam.*

정한 자연법칙들에 따라 이루어진다는 것[50]을 인지하고 나면 특히 그럴 것이다.

[13] 다만 인간은 지적 허약함으로 말미암아 스스로의 사유로 저 질서에 도달하지 못하며, 그런 사이[51] 자기 것보다 훨씬 강력한 어떤 인간 본성[52]을 생각하고 동시에 자신이 그런 본성을 획득하지 못할 이유가 없다고 보기에 스스로를 그런 완전성으로 인도할 수단을 찾도록 추동된다. 그리고 거기에 이르는 수단이 될 수 있는 것이면 모두 참된 선으로 불린다. 한편, 최고선이란 그가 그런 본성을 될 수 있는 한 다른 개인들과 더불어 향유하는 데 이르는 것이다. 그런 본성이 무엇일지는 적절한 곳에서 보여줄 텐데, 그것은 곧 정신이 자연 전체와 이루는 합일에 대한 인식이다.[53]c

[14] 자, 이것이 내가 지향하는 목적이다. 즉 그런 본성을 획득하는 것, 그리고 그것을 많은 이들이 나와 더불어 획득하도록 노력하는 것 말이다.[54] 그러니까 다른 많은 이들이 내가 이해하는 대로 이해하여, 그들의 지성 및 욕망이 나의 지성 및 욕망과 전적으로 합치하도록 힘쓰는 것 역시 나의 행복에 포함된다.

[15] 이것을 이루기 위해 필요한 것은[d] 그런 본성을 획득하는 데 충분할 정도로[55] 자연에 대해 이해하는 것이며, 그런 다음 지향할 만한 사회를 형성하여 가능한 한 많은 자들이 가능한 한 쉽게, 그리고 가능한 한 확실하게 이에 도달하게 하는 것이다. 아울러 도덕철학과 아이들의 교육에 대한 교설[56]에도 힘써야 한다. 또한 건강은 이 목적에 도달하는 데 간과될 수 없는 수단이므로 의학[57]이 전 분야에 걸쳐 정립되어야 한다. 그리고 기술로 인해 많은 어려운 것들이 수월해지고 그것으로 인해

---

c  이 점은 적당한 자리에서 더 충분하게 설명된다.*

d  여기서 내가 우리 목표에 필요한 학문들을 단지 열거하는 데 유념할 뿐, 그것들의 계열 관계*에는 주의하지 않음을 주목하라.

redduntur, multumque temporis et commoditatis in vita ea lucrari possumus, ideo Mechanica nullo modo est contemnenda. Sed ante omnia excogitandus est modus medendi intellectus [†]ipsumque, quantum initio licet, expurgandi, ut feliciter res absque errore et quam optime intelligat.

[16] Unde quisque jam poterit videre me omnes scientias ad unum [e]finem et scopum velle dirigere, scilicet ut ad summam humanam, quam diximus, perfectionem perveniatur, et sic omne illud quod in scientiis nihil ad finem nostrum nos promovet tanquam inutile erit rejiciendum; hoc est, ut uno verbo dicam, omnes nostrae operationes, simul et cogitationes, ad hunc sunt dirigendae finem.

[17] Sed quia, dum curamus eum consequi et operam damus ut intellectum in rectam viam redigamus, necesse est vivere, propterea ante omnia cogimur quasdam vivendi regulas tanquam bonas supponere, has scilicet.

1. Ad captum vulgi loqui et illa omnia operari quae nihil impedimenti adferunt, quominus nostrum scopum attingamus. Nam non parum emolumenti ab eo possumus acquirere, modo ipsius captui, quantum fieri potest, concedamus; adde, quod tali modo amicas praebebunt aures ad veritatem audiendam.

2. Deliciis in tantum frui, in quantum ad tuendam valetudinem sufficit.

3. Denique tantum nummorum, aut cujuscunque alterius rei quaerere, quantum sufficit ad vitam et valetudinem sustentandam, et ad mores civitatis, qui nostrum scopum non oppugnant, imitandos.

[18] Hisce sic positis, ad primum, quod ante omnia faciendum est,

---

e  *Finis in scientiis est unicus, ad quem omnes sunt dirigendae.*

우리가 삶에서 많은 시간과 편리로 이득을 볼 수 있으므로, 기계학 역시 결코 경시되어서는 안 된다. 그러나 모든 것에 앞서 지성이 사물을 순조롭게, 그리고 오류 없이, 또한 최적으로 이해하도록 지성을 치유하고,[58] 처음에 할 수 있는[59] 만큼 지성을 정화하는[60] † 방식을 생각해내야 한다.

[16] 이로부터 이미 내가 모든 학문을 하나의 목적[e]과 목표[61]로 이끌고자 한다는 것은 누구나 깨달을 수 있을 것이다. 앞서 말했듯이, 인간의 최고 완전성에 도달하는 것 말이다. 그러므로 학문 가운데 우리를 우리 목적에 다가가도록 끌어올려 주지 않는 것은 모두 쓸데없는 것으로 제외해야 마땅할 것이다. 한마디로 말해, 우리의 모든 행위, 그리고 사유를 바로 이 목적을 향해 이끌어야 한다.

[17] 그러나 우리가 이 목적에 이르고자 애쓰고 지성을 올바른 길[62]로 되돌리는 데 힘쓰는 동안에도 우리는 살아야 하기에, 모든 것에 앞서 우리는 부득불[63] 삶의 어떤 규칙들을 좋은 것으로 상정해둘 수밖에 없다.[64] 다음이 그것들이다.

I. 세인의 사고방식에 맞추어 말하고, 또한 우리가 우리 목표에 도달하는 데 방해가 되지 않는 모든 것을 할 것. 왜냐하면 할 수 있는 한 그들의 사고방식에 맞춘다면, 그렇게 함으로써 우리는 상당한 혜택을 입을 수 있고, 덧붙여 이런 방식으로 인해 그들은 우애로운 태도로 진리를 들을 귀를 내줄 것이기 때문이다.

II. 쾌락을 누리되, 건강을 충분히 보존할 수 있는 한도 내에서 누릴 것.

III. 마지막으로 돈이나 그 밖의 것을 추구하되 생명과 건강을 충분히 지켜낼 수 있는 한도로, 그리고 공동체의 풍속은 우리 목표에 대립되지 않기에 공동체 풍속을 충분히 따를 수 있는 한도로 추구할 것.[65]

[18] 이 규칙들이 이렇게 정립되었으니, 나는 모든 것에 앞서 이루어

---

e 학문들에는 단 하나의 목적이 있고 그것들 모두 이 목적을 향해 이끌어져야 한다.

me accingam, ad emendandum scilicet intellectum eumque | aptum reddendum ad res tali modo intelligendas, quo opus est, ut nostrum finem assequamur. Quod ut fiat, exigit ordo, quem naturaliter habemus, ut hic resumam omnes modos percipiendi, quos hucusque habui ad aliquid indubie affirmandum vel negandum, quo omnium optimum eligam et simul meas vires et naturam, quam perficere cupio, noscere incipiam. [19] Si accurate attendo, possunt omnes ad quatuor potissimum reduci:

1. Est perceptio, quam ex auditu aut ex aliquo signo †ad placitum, quod vocant, habemus.

2. Est perceptio, quam habemus ab experientia vaga, hoc est, ab experientia, quae non determinatur ab intellectu; sed tantum ita dicitur, quia casu sic occurrit et nullum aliud habemus experimentum quod hoc oppugnat, et ideo tanquam inconcussum apud nos manet.

3. Est perceptio, ubi essentia rei ex alia re concluditur, sed non adaequate; quod fit, ᶠcum vel ab aliquo effectu causam colligimus, vel cum concluditur ab aliquo universali, quod semper aliqua proprietas concomitatur.

4. Denique perceptio est, ubi res percipitur per solam suam essentiam, vel per cognitionem suae proximae causae.

---

f   *Hoc cum fit, nihil de causa intelligimus praeter id quod in effectu consideramus. Quod satis apparet ex eo quod tum causa non nisi generalissimis terminis explicetur, nempe his:* Ergo datur aliquid; ergo datur aliqua potentia *etc.; vel etiam ex eo quod ipsam negative exprimant:* Ergo non est hoc vel illud *etc.* †*In secundo casu aliquid causae tribuitur propter effectum,* †*quod clare concipitur, ut in exemplo ostendemus; verum, nihil praeter propria, non vero rei essentia* †*particularis.*

져야 할 첫 번째 것에 착수할 것이다. 곧 지성을 교정하고,[66] 지성을 우리 목적 도달에 필요한 방식으로 사물을 이해하기에 알맞도록 만드는 것이다. 이렇게 하려면 지금까지 내가 무언가를 의심 없이 긍정하거나 부정하는 데 사용해왔던 모든 지각 방식[67]을 여기서 개괄하여, 이 방식들 가운데 최적의 것을 선별하고[68] 동시에 나의 힘과 내가 완전하게 하고자 욕망하는 나의 본성을 인지하기 시작하는 것이, 우리에게 있는 자연적 순서상 요구되는 수순이다. [19] 면밀히 살펴보면, 모든 지각 방식은 가장 주요하게 네 가지[69]로 간추릴 수 있다.

1. 소문으로부터, 또는 이른바 규약적인[70] † 어떤[71] 기호로부터[72] 갖는 지각이 있다.[73]

2. 무작위적 경험[74]에 의해, 즉 지성에 의해 규정되지 않은 경험에 의해 갖는 지각이 있다. 그렇게[75] 불리는 이유는 다만 그것이 어쩌다가 이렇게 생겨나고 우리에게 그것에 대립하는 다른 어떤 실험[76]도 없었기 때문일 뿐이다. 그래서 그것은 흔들리지 않고 우리에게 남아 있다.

3.[77] 한 사물의 본질이 다른 것으로부터 도출되되, 적합하지[78] 않게 도출될 때의 지각이 있다. 이는 우리가 어떤 결과로부터 원인을 추리해낼 때이거나,f 또는 어떤 보편적인 것[79]으로부터 [원인이][80] 도출될 때 — 보편적인 것은 항상 어떤 특성[81]을 동반하므로 — 일어난다.

4. 마지막으로 사물이 오직 그것의 본질만으로 지각되거나, 아니면 그것의 가까운 원인에 대한 인식을 통해 지각될 때의 지각이 있다.

---

f 이런 일이 일어날 때, 우리는 원인에 대해서 결과 안에서 고찰하는 것 외에는 아무것도 이해하지 못한다. 이는 원인이 이 경우에 극히 일반적인 용어들만으로 설명된다는 사실로 충분히 명백하다. "그러므로 무언가가 있다. 따라서 어떤 힘이 있다" 같이 말이다. 아니면 원인 자체가 부정적으로 표현된다는 사실로도 역시 충분히 명백하다. "따라서 그것은 이것이 아니거나 저것이 아니다" 같이 말이다. 두 번째 경우,*† 우리가 사례를 통해 보여주겠지만 사람들은 명료하게 생각된**† 어떤 것을 결과를 근거로 삼아 원인으로 간주하지만, 그것은 사물의 특정 본질***†이 아니라 단지 고유성****에 불과하다.

[20] Quae omnia exemplis illustrabo.

Ex auditu tantum scio meum natalem diem, et quod tales parentes habui, et similia, de quibus nunquam dubitavi.

Per experientiam vagam scio me moriturum: hoc enim ideo affirmo, quia vidi alios mei similes obiisse mortem, quamvis neque omnes per idem temporis spatium vixerint, neque ex eodem morbo obierint. Deinde per experientiam vagam etiam scio, quod oleum sit aptum alimentum ad nutrien | dam flammam, quodque aqua ad eam extinguendam apta sit; scio etiam quod canis sit animal latrans et homo animal rationale, et sic fere omnia novi, quae ad usum vitae faciunt.

[21] Ex alia vero re hoc modo concludimus. Postquam clare percipimus nos tale corpus sentire et nullum aliud, inde, inquam, clare concludimus animam unitam [g]esse corpori, quae unio est causatalis sensationis; sed, quaenam sit illa sensatio et unio, non absolute inde possumus intelligere. Vel, postquam novi naturam visus, et simul eum habere talem proprietatem, ut unam eandemque rem ad magnam distantiam minorem videamus, quam si eam cominus intueamur, inde [h]concludimus solem majorem esse quam apparet, et alia his similia.

---

g   *Ex hoc exemplo clare videre id est, quod modo notavi. Nam per illam unionem nihil intelligimus praeter sensationem ipsam, [†]effectum scilicet, ex quo causam, de qua nihil intelligimus concludebamus.*

h   *Talis conclusio, quamvis certa sit, non tamen satis tuta est nisi maxime caventibus. Nam, nisi optime caveant sibi, in errores statim incident: ubi enim res ita abstracte concipiunt, non autem per veram essentiam, statim ab imaginatione confunduntur. Nam id, quod in se unum est, multiplex esse imaginantur homines. Nam iis, quae abstracte, seorsim et confuse concipiunt, nomina imponunt, quae ab ipsis ad alia magis familiaria significandum*

[20] 이 모든 것을 사례를 통해 제시해보겠다. 내가 태어난 날과 이들이 내 부모라는 것, 또한 이와 비슷한 것들을 나는 소문만으로 알며, 이에 대해 나는 한 번도 의심해본 적이 없다. 무작위적 경험을 통해 나는 내가 죽으리라는 것을 안다. 내가 이렇게 단정하는 이유는 나와 비슷한 다른 자들이 죽음을 맞이하는 것을 보았기 때문이다. 비록 그들 모두가 같은 길이의 삶을 살지도 않았고, 같은 병으로 죽지도 않았음에도 말이다. 다음으로 나는 또한 무작위적 경험을 통해 기름이 불꽃을 지피기에 알맞은 양분이고, 물은 그것을 꺼뜨리기에 알맞음을 안다. 또한 나는 개가 짖는 동물이고 인간이 이성적 동물임[82]을 알며, 그 밖에 삶에 유용한 거의 모든 것을 이런 식으로 인지해왔다.

11

[21] 한편, 우리는 다음의 방식으로 어떤 결론을 다른 것으로부터 도출한다. 다른 어떤 물체가 아니라 바로 이 신체를 느낀다는 것을 명료하게 지각한 이후, 이로부터 우리는 말하자면 영혼이 신체와 합일되어[g] 있고 이 합일이 그런 느낌의 원인이라는 결론을 명료하게 도출한다.[83] 그렇다고 해서 이 느낌이 무엇이고, 또한 합일이 무엇인지를 우리가 이로부터 전적으로 이해할 수 있는 것은 아니지만 말이다. 혹은 시각의 본성을 인지하고 이와 동시에 하나의 동일한 사물도 우리가 가까이서 직관할 때보다 멀리서 더 작아 보이는 그런 특성이 시각에 있음을 인지하고 난 이후에, 이로부터 우리는 태양, 그리고 이와 비슷한 다른 것들이, 보이는 것보다 더 크다는 결론[84]을 도출한다.[h]

g  내가 조금 전에 주목했던 점을 이 사례를 통해 명료하게 알 수 있다. 사실 저 합일을 통해 우리는 바로 그 느낌만을, 즉 결과*[†]만을 이해할 뿐 이 결과로부터 도출했던 원인에 대해서는 아무것도 이해하지 못하기 때문이다.

h  이런 결론은, 비록 확실하다고 하더라도, 극도로 경계하지 않으면 충분히 안전하지는 않다. 실상, 아주 잘 경계하지 않으면 곧장 오류에 빠지게 된다. 왜냐하면 사물들이 진정한 본질을 통해서가 아니라 아주 추상적으로 생각될 때, 그것들은 곧장 상상*에 의해 혼동되기 때문이다. 실상, 그 자체로 하나인 것을 사람들은 여럿이라고 상상한다.** 왜냐하면 그들은 추상적으로 분리해서 그리고 혼동되게 생각하는 것들에다 다른 더

[22] Per solam denique rei essentiam res percipitur quando ex eo, quod aliquid novi, scio quid hoc sit aliquid nosse, vel ex eo, quod novi essentiam animae, sciam eam corpori esse unitam. Eadem cognitione novimus duo et tria esse quinque et, si dentur duae lineae uni tertiae parallelae, eas etiam inter sese parallelas, etc. Ea tamen, quae hucusque tali cognitione potui intelligere, perpauca fuerunt.

[23] Ut autem haec omnia melius intelligantur, unico tantum utar exemplo, hoc scilicet. Dantur tres numeri: quaerit quis quartum, qui sit ad tertium ut secundus ad primum. Dicunt hic passim mercatores se scire quid sit agendum, ut quartus inveniatur, quia nempe eam operationem nondum oblivioni tradiderunt quam nudam sine demonstratione a suis magistris audiverunt. Alii | vero ab experientia simplicium faciunt axioma universale, scilicet ubi quartus numerus per se patet, ut in his 2, 4, 3, 6, ubi experiuntur quod, ducto secundo in tertium et producto deinde per primum diviso, fiat quotiens 6; et cum vident eundem numerum produci, quem sine hac operatione noverant esse proportionalem, inde concludunt operationem esse bonam ad quartum numerum proportionalem semper inveniendum. [24] Sed mathematici, vi demonstrationis prop. 19. lib. 7. Euclidis, sciunt quales numeri inter se sint proportionales, scilicet ex natura proportionis ejusque proprietate, quod nempe numerus, qui fit ex primo et quarto, aequalis sit numero, qui fit ex

12

---

*usurpantur; quo fit, ut haec imaginentur eodem modo ac eas res imaginari solent, quibus primum haec nomina imposuerunt.*

[22] 마지막으로 어떤 사물이 오로지 그 사물의 본질만으로 지각되는 경우는 다음과 같다. 내가 무언가를 인지했다는 사실로 인해 무언가를 인지한다는 것이 무엇인지 알 때, 혹은 영혼의 본질을 인지했다는 사실로 인해 영혼이 신체와 하나를 이룸을 알 때가 그렇다. 같은 방식의 인식으로 우리는 둘 더하기 셋이 다섯이라는 것, 그리고 두 직선이 제3의 한 직선에 평행하다면 두 직선도 서로 평행하다는 것 등을 인지했다. 그러나 이런 방식의 인식으로 지금까지 내가 이해할 수 있었던 것들은 아주 조금뿐[85]이다.

[23] 이제 이 모든 것이 더 잘 이해되도록 다음 사례 하나만 들어보겠다.[86] 세 개의 수가 있다고 해보자. 누군가가 네 번째 수를 찾고 있는데, 이 수는 두 번째 수가 첫 번째 수와 맺는 관계를 세 번째 수와 맺고 있다고 해보자. 이 경우 상인들은 대개 네 번째 수를 찾아내려면 무엇을 해야 하는지 알고 있다고들 말하는데, 이는 그들이 그들 스승에게 아무런 증명 없이 그저[87] 들어온 연산을 아직 잊어버리지 않았기 때문이다. 반면에 다른 자들은 단순한 것들에 대한 경험으로부터 보편적 공리를 만든다. 즉 2, 4, 3, 6의 경우처럼 네 번째 수가 그 자체로 명백한 경우, 그들은 두 번째 항을 세 번째 항으로 곱하고, 그런 다음에 이 곱을 첫 번째 항으로 나누면 몫이 6이 된다는 것을 경험으로 안다. 그리고 그들이 이 연산[88] 없이도 비례수라고 인지하고 있었던 수와 같은 수가 산출됨을 깨닫기 때문에, 이로부터 그들은 이 연산이 네 번째 비례수를 항상[89] 발견하는 데 좋다는 결론을 도출한다. [24] 하지만 수학자들은 유클리드 제7권의 정리 19의 증명에 힘입어 어떤 숫자들이 서로 간에 비례하는지를 안다. 그들은 이를 첫 번째와 네 번째 수에서 나온 수가 두 번째와 세 번째 수에서 나온 수와 같다는 비례의 본성과 특성으로부터 아는 것

친숙한 것을 뜻하는 데 사용하는 이름을 붙이고, 그 결과 자신들이 이 이름을 최초로 붙였던 사물을 상상하곤 할 때와 같은 방식으로 이것들을 상상하기 때문이다.

secundo et tertio; attamen, adaequatam proportionalitatem datorum numerorum non vident et, si videant, non vident eam vi illius propositionis, sed intuitive, nullam operationem facientes.

[25] Ut autem ex his optimus eligatur modus percipiendi, requiritur ut breviter enumeremus quae sint necessaria media, ut nostrum finem assequamur, haec scilicet.

1. Nostram naturam, quam cupimus perficere, exacte nosse, et simul tantum de rerum natura quantum sit necesse.

2. Ut inde rerum differentias convenientias et oppugnantias recte colligamus.

3. Ut recte concipiatur, quid possint pati, quid non.

4. Ut hoc conferatur cum natura et potentia hominis.

Et ex istis facile apparebit summa, ad quam homo potest pervenire, perfectio.

[26] His sic consideratis, videamus quis modus percipiendi nobis sit eligendus.

Quod ad primum attinet, per se patet quod ex auditu, praeterquam quod sit res admodum incerta, nullam percipiamus essentiam rei, sicuti ex nostro exemplo apparet; et cum †singularis existentia alicujus rei non noscatur, nisi cognita essentia, ut postea videbitur, hinc clare concludimus omnem certitudinem, quam ex auditu habemus, a scientiis esse secludendam. Nam a simplici auditu, ubi non praecessit proprius intellectus, nunquam quis poterit affici.

13     [27] iQuoad secundum, nullus etiam dicendus est, quod habeat

---

i   *Hic aliquanto prolixius agam de experientia; et Empiricorum et recentium philosophorum procedendi methodum examinabo.*

이다. 그러나 그들도 주어진 수들의 적합한 비례성을 깨닫는 것은 아니다.[90] 만일 깨닫는다면 이 정리에 힘입어서가 아니라 직관적으로 [혹은: NS] 아무런 연산도 수행하지 않고서 깨닫는다.

[25] 그런데 이것들로부터 최적의 지각 방식을 선택하려면,[91] 우리 목적에 이르는 데 요구되는 수단들을 간략히 열거해보아야 한다. 그것들은 다음과 같다.[92]

1. 우리가 완전하게 하고자 욕망하는 우리 본성을 정확하게 인지하고, 이와 동시에 사물들의 본성을 필요한 만큼 인지하기.

2. 그리하여 이로부터 사물들의 차이와 합치, 대립[93]을 우리가 올바르게 추론하기.

3. 사물들이 수용할 수 있는 것과 없는 것을 올바르게 생각하기.

4. 이를 인간의 본성 및 역량과 비교하기.

이로부터 인간이 도달할 수 있는 최고의 완전성이 쉽게 드러날 것이다.

[26] 요건들이 이렇게 고찰되었으니, 우리가 과연 어떤 지각 방식을 선택해야 하는지를 보자.

첫 번째 지각 방식의 경우에 소문은 극히 불확실한 것이라는 점 외에도, 우리 사례에서 드러나듯이, 소문으로부터는 우리가 사물의 본질을 전혀 지각하지 못한다는 것은 자명하다. 그리고 뒤에서도 보겠지만 어떤 사물의 개별적인[94] † 실존은 [그 사물의] 본질이 인식되지 않고서는 인지되지 않으므로, 이로부터 우리는 소문으로부터 얻는 일체의 확실성은 학문의 영역에서 제외되어야 함을 명료하게 결론 내린다. 자기 자신[95]의 지성이 선행하지 않았을 때, 단지 소문만으로는 아무도 감응될[96] 수 없을 것이기 때문이다.[97]

[27] 두 번째 경우[i] 역시 어느 누구에 대해서도 그가 찾는 저[98] 비례의

13

---

i  여기서 나는 경험에 대해 좀 더 길게* 다루고 경험주의자들**과 최근의 철학자들이 진행하는 방법을 검토할 것이다.

ideam illius proportionis, quam quaerit. Praeterquam quod sit res admodum incerta et sine fine, nihil tamen unquam tali modo quis in rebus naturalibus percipiet praeter accidentia, quae nunquam clare intelliguntur, nisi praecognitis essentiis. Unde etiam et ille secludendus est.

[28] De tertio autem, aliquo modo †dicendum, quod habeamus ideam rei, deinde quod etiam absque periculo erroris concludamus; sed tamen per se non erit medium, ut nostram perfectionem acquiramus.

[29] Solus, quartus modus comprehendit essentiam rei adaequatam et absque erroris periculo; ideoque maxime erit usurpandus. Quomodo ergo sit adhibendus, ut res incognitae tali cognitione a nobis intelligantur, simulque, ut hoc quam compendiose fiat, curabimus explicare.

†[30] Postquam novimus quaenam cognitio nobis sit necessaria, tradenda est via et methodus, qua res, quae sunt cognoscendae, tali cognitione cognoscamus. Quod ut fiat, venit prius considerandum quod hic non dabitur inquisitio in infinitum, scilicet: ut inveniatur optima methodus verum investigandi, †{ } opus est alia methodo, ut methodus veri investigandi investigetur, et ut secunda methodus investigetur, { } opus est alia tertia et sic in infinitum; tali enim modo nunquam ad veri cognitionem, imo ad nullam cognitionem perveniretur. Hoc vero eodem modo se habet, ac se habent instrumenta corporea, ubi eodem modo liceret argumentari. Nam, ut ferrum cudatur, malleo opus est, et ut malleus habeatur, eum fieri necessum est; ad quod alio malleo, aliisque instrumentis opus est, quae etiam ut habeantur, aliis opus erit instrumentis, et

관념을 가지고 있다고 말해서는 안 된다. 이 방식은 극히 불확실한 것이 자 끝이 없다는 것 외에도, 이런 식으로는 자연물들 안에서 우연류[99] 밖에는 지각할 수 없을 것이고, 우연류는 본질들이 먼저 인식되지 않고서는 결코 명료하게 이해되지 않는다. 역시 이런 이유로 이 지각 방식 또한 제외되어야 한다.

[28] 반면에 세 번째의 경우[100]는 어떤 의미에서는 우리가 사물의 관념을 갖는다고, 심지어 오류의 위험 없이 결론을 도출한다고까지 말할 만도 하다.[101†] 하지만 이것 자체로는 우리의 완전성을 획득하는 수단이 아닐 것이다.

[29] 오직 네 번째 방식만이 사물의 적합한 본질을 파악하며 오류의 위험도 없다. 따라서 이 방식이 최대로 이용되어야 할 것이다.[102] 그러므로 이제 인식되지 않은 것들을 우리가 이런 인식으로 이해하려면, 그것도 최대한 단축해서 그렇게 하려면, 이 지각 방식이 과연 어떤 식으로 이용되어야 하는가를 설명하는 데 역점을 두어야 할 것이다.

[30][103†] 과연 어떤 인식이 우리에게 필요한지를 인지했으므로, 이제 다루어야 할 것은 인식해야 할 것들을 그런 유의 인식을 통해 인식하는 길과 방법[104]이다. 그러기 위해 첫 번째로 염두에 두어야 할 것은 여기서 무한퇴행하는 탐문은 없으리라는 것이다.[105] 즉 참된 것을 탐구하는 최적의 방법을 발견하려면, 참된 것을 탐구하는 방법을 탐구하기 위한 다른 방법이 필요하고,[106†] 이 두 번째 방법을 탐구하려면 또 다른 세 번째 방법이 필요하고 등등 이렇게 무한하게 나아간다는 것인데, 그런 방식으로는 사실 아무도 참된 것의 인식에 이르지 못할 것이며, 도대체 어떤 인식에도 이르지 못할 것이기 때문이다. 이런 사정은 물질적 도구들의 경우와 마찬가지인데, 이에 대해서도 동일한 방식의 논증이 있을 수 있겠다. 그러니까 철을 주조하려면 망치가 필요하고, 망치를 가지려면 다른 망치가 만들어져야 하고, 그러려면 제3의 망치와 다른 도구들이 필요하며, 이것들을 가지려면 또 다른 도구들이 필요할 것이고, 이

sic in infinitum; et hoc modo frustra aliquis probare conaretur homines nullam habere potestatem ferrum cudendi. [31] Sed, quemadmodum homines initio innatis instrumentis quaedam facillima, quamvis laboriose et imperfecte, facere quiverunt, iisque confectis alia difficiliora minori labore et perfectius confe | cerunt, et sic gradatim, ab operibus simplicissimis ad instrumenta, et ab instrumentis ad alia opera et instrumenta pergendo, eo pervenerunt ut tot et tam difficilia parvo labore perficiant; sic etiam intellectus, [k]vi sua nativa, facit sibi instrumenta intellectualia, quibus alias vires acquirit ad alia [l]opera intellectualia, et ex iis operibus alia instrumenta, seu potestatem ulterius investigandi, et sic gradatim pergit, donec sapientiae culmen attingat.

[32] Quod autem intellectus ita sese habeat, facile erit videre, modo intelligatur quid sit methodus verum investigandi et quaenam sint illa innata instrumenta, quibus tantum eget ad alia ex iis instrumenta conficienda, ut ulterius procedat. Ad quod ostendendum sic procedo.

[33] Idea [m]vera (habemus enim ideam veram) est diversum quid a suo ideato (nam aliud est circulus, aliud idea circuli; idea enim circuli non est aliquid habens peripheriam et centrum uti circulus, nec idea corporis est ipsum corpus); et cum sit quid diversum a suo ideato, erit

---

k   *Per vim nativam intelligo illud quod in nobis a causis externis* [†]<non> *causatur, quodque postea in mea philosophia explicabimus.*

l   *Hic vocantur opera; in mea philosophia, quid sint, explicabitur.*

m   *Nota, quod hic non tantum curabimus ostendere id quod modo dixi, sed etiam nos hucusque recte processisse, et simul alia scitu valde necessaria.*

렇게 무한하게 나아갈 것이며, 이런 식으로 혹자는 인간에게 철을 주조할 능력이 없음을 증명하고자 헛되이도 노력할 것이다. [31] 그러나 인간은 애초에 본유적 도구들을 가지고 아주 쉬운 무언가를 고되고 불완전하게라도 만들어낼 수 있었고, 이것들을 완수한 후에는 다른 더 어려운 것을 덜 고되게 그리고 더 완전하게 완수했으며, 이렇게 점차적으로 아주 단순한 작업들로부터 도구로, 또 이 도구들로부터 다른 산물과 도구들로 계속 나아가 마침내 그토록 많고 그토록 어려운 것들을 별로 고되지 않게 완성해냈다. 이와 마찬가지로 지성 또한 자신의 타고난 힘$^k$으로 스스로 지성적 도구들을 만들고, 이것으로 다른 지적 산물들$^l$을 만들기 위한 다른 힘을 획득하며, 이 산물들로부터 더 나아간 탐구를 위한 또 다른 도구들이나 능력을 획득하고, 마침내 지혜의 정점에 도달할 때까지 이렇게 점차적으로 나아간다.

14

[32] 그런데 지성이 이와 같을 수 있다는 것은, 참된 것을 탐구하는 방법이 무엇인지, 그리고 지성이 더 멀리 나아가기 위해 또 다른 도구들을 만들어내는 데 유일하게 요구되는[107] 저 본유적 도구들이 무엇인지를 이해하면 쉽게 깨닫게 될 것이다. 이를 보여주기 위해 나는 다음과 같이 진행한다.

[33] 참된 관념$^m$(사실 우리는 참된 관념을 가지고 있다[108])은 그 대상과는 상이한 어떤 것이다. 사실 원과 원에 대한 관념은 별개인데, 왜냐하면 원에 대한 관념은 원처럼 원주와 중심을 가진 어떤 것이 아니고, 물체에 대한 관념도 물체 자체가 아니기 때문이다. 그리고 관념이 그 대상과 상

---

k  내가 말하는 타고난 힘이란 우리 안에 외적 원인에 의해 야기되지 〈않은〉*† 것을 의미하는데, 이것은 차후 나의 철학에서 설명할 것이다.

l  여기서는 이것들을 산물이라 칭하고, 그것이 무엇인지는 차후 나의 철학에서 설명하겠다.

m  여기서 방금 내가 말한 것뿐만 아니라 우리가 지금까지 올바르게 진행해왔다는 것, 그 밖에 정말로 알아둘 필요가 있는 것들을 보여주는 데 유념할 것임에 주목하라.

etiam per se aliquid intelligibile. Hoc est, idea, quoad suam essentiam formalem, potest esse objectum alterius essentiae objectivae, et rursus haec altera essentia objectiva erit etiam, in se spectata, quid reale et intelligibile, et sic indefinite. [34] Petrus, ex gr., est quid reale; vera autem idea Petri est essentia Petri objectiva, et in se quid reale et omnino diversum ab ipso Petro. Cum itaque idea Petri sit quid reale, habens suam essentiam peculiarem, erit etiam quid intelligibile, id est, objectum alterius ideae, quae idea habebit in se objective omne id quod idea Petri habet formaliter; et rursus idea, quae est ideae Petri, habet iterum suam essentiam, quae etiam potest esse objectum alterius ideae, et sic indefinite. Quod quisque potest experiri, dum videt se scire quid sit Petrus, et etiam scire se scire, et rursus scit se scire quod scit, etc. Unde constat quod, ut intelligatur essentia Petri,

15    non sit necesse | ipsam ideam Petri intelligere, et multo minus ideam ideae Petri; quod idem est, ac si dicerem non esse opus, ut sciam, quod sciam me scire, et multo minus esse opus scire quod sciam me scire, non magis quam ad intelligendam essentiam trianguli opus sit essentiam circuli ⁿintelligere. Sed contrarium datur in his ideis; nam, ut sciam me scire, necessario debeo prius scire.

---

n  *Nota quod hic non inquirimus quomodo prima essentia objectiva nobis innata sit. Nam id pertinet ad investigationem Naturae, ubi haec fusius explicantur et simul ostenditur quod, praeter ideam, nulla datur affirmatio neque negatio neque ulla voluntas.*

이한 이상, [대상만이 아니라] 관념 역시 그 자체로 이해 가능한[109] 어떤 것일 것이다. 다시 말해, 형상적 본질[110]인 한에서의 관념은 다른 표상적 본질의 대상이 될 수 있으며, 또 이 다른 표상적 본질 역시 그 자체로 볼 때 실재적이며 이해 가능한 어떤 것일 테고, 이렇게 무한정 나아갈 것이다. [34] 가령, 베드로는 실재적인 것이다. 그런데 베드로에 대한 참된 관념은 베드로의 표상적 본질이고, 그 자체로 실재적이며 베드로 자신과는 전적으로 상이한 어떤 것이다. 그러므로 베드로에 대한 관념이 자기 특유의 본질을 갖는 실재적인 어떤 것인 이상, 그것은 또한 이해 가능한 것이기도 할 것이다. 즉 다른 관념의 대상이기도 할 것이다. 그리고 [후자의] 이 관념은 베드로에 대한 관념이 형상적으로 가진 모든 것을 자기 안에 표상적으로 가질 것이며, 역으로 베드로에 대한 관념의 관념 역시 자기 본질을 가지며, 이 본질 역시 다른 관념의 대상이 될 수 있고, 이렇게 무한정 나아갈 것이다. 이는, 자신이 베드로가 누구인지 안다는 것을 자각하면서 자신이 안다는 것 역시 자각하고, 더 나아가 자신이 안다는 것을 안다는 것을 자각하고 등등일 때, 누구나 경험할[111] 수 있다. 이로부터 베드로의 본질을 이해하기 위해 베드로에 대한 관념 자체를 이해할 필요는 없으며, 하물며 베드로에 대한 관념에 대한 관념을 이해할 필요는 더더욱 없음은 분명하다. 이는 내가 이렇게 말하는 것과 매한가지이다. 알기 위해 내가 안다는 것을 알 필요는 없으며, 하물며 내가 안다는 것을 안다는 것을 알 필요는 더더욱 없다고, 이는 삼각형의 본질을 이해하기 위해 원의 본질을 이해할 필요는 없는 것과 마찬가지라고 말이다.[n] 실로 이 관념들에서 상황은 반대이다. 사실, 내가 안다는 것을 알기 위해 나는 우선[112] 알아야만 하기 때문이다.

15

---

n  우리가 여기서 제1의 표상적 본질이 어떻게 우리에게 근원적인지를 보고 있기는 않다는 점에 주목하라. 그것은 자연에 대한 탐구에 속하기 때문인데, 거기서 이 문제들은 더 상세하게 설명되며,* 이와 동시에 관념을 떠나서는 긍정이나 부정도, 또한 그 어떤 의지도 없음이 제시된다.

[35] Hinc patet, quod certitudo nihil sit praeter ipsam essentiam objectivam; id est, modus, quo sentimus essentiam formalem, est ipsa certitudo. Unde iterum patet, quod ad certitudinem veritatis nullo alio signo sit opus, quam veram habere ideam; nam, uti ostendimus, non opus est, ut sciam, quod sciam me scire. Ex quibus rursum patet neminem posse scire quid sit summa certitudo, nisi qui habet adaequatam ideam aut essentiam objectivam alicujus rei; nimirum, quia idem est certitudo et essentia objectiva.

[36] Cum itaque veritas nullo egeat signo, sed sufficiat habere essentias rerum objectivas, aut, quod idem est, ideas, ut omne tollatur dubium, hinc sequitur quod vera non est methodus signum veritatis quaerere post acquisitionem idearum; sed quod vera methodus est via, ut ipsa veritas aut essentiae objectivae rerum aut ideae (omnia illa idem significant) debito ordine °quaerantur.

[37] Rursus methodus necessario debet loqui de ratiocinatione aut de intellectione; id est, methodus non est ipsum ratiocinari ad intelligendum causas rerum, et multo minus est †τό intelligere causas rerum; sed est intelligere quid sit vera idea, eam a caeteris perceptionibus distinguendo ejusque naturam investigando, ut inde nostram intelligendi potentiam noscamus et mentem ita cohibeamus, ut ad illam normam omnia intelligat quae sunt intelligenda, tradendo, tanquam auxilia, certas regulas et etiam faciendo ne mens inutilibus defatigetur. [38] Unde colligitur, methodum nihil aliud esse nisi cognitionem refle- | xivam, aut ideam ideae; et quia non

16

o  *Quid quaerere in anima sit explicatur in mea Philosophia.*

[35] 이로부터 확실성이란 표상적 본질 자체라는 것, 즉 우리가 형상적 본질을 느끼는 방식이 곧 확실성이라는 것이 명백해진다. 이로부터 또한 진리의 확실성에는 참된 관념을 갖는 것 이외에 다른 어떤 기호[113]도 필요 없다는 것 역시 명백해진다. 우리가 보여주었듯이, 알기 위해서 내가 안다는 것을 알 필요는 없기 때문이다. 또한 어떤 사물에 대한 적합한 관념[114] 혹은 그 사물의 표상적 본질을 가지지 않고서는 아무도 최고의 확실성이 무엇인지 알지 못한다는 것 역시 이것들로부터 명백해진다. 확실성과 표상적 본질은 같은 것이므로 당연히 그렇다.

[36] 그러므로 진리는 어떤 기호도 요구하지 않으며 모든 의문을 제거하기 위해서는 사물의 표상적 본질을, 혹은 같은 말이지만 관념을 갖는 것으로 충분한 이상, 이로부터 다음이 따라 나온다. 관념을 획득하고 난 이후에 진리의 기호를 찾는 것[115]은 참된 방법이 아니라는 것, 오히려 참된 방법이란 진리 자체, 또는 사물의 표상적 본질들, 또는 관념들(이 세 가지는 모두 같은 것을 의미한다)을 마땅한 순서대로 찾기° 위한 길[116]이라는 것 말이다.

[37] 그러나[117] 방법은 반드시 추론 활동에 대해, 혹은[118] 이해 활동에 대해[119] 말해야 한다. 즉 방법은 사물의 원인을 이해하기 위한 추론 활동 자체는 아니며, 사물의 원인을 이해하기[120]†는 더더욱 아니다. 방법이란 참된 관념을 여타의 지각들과 구별하고 참된 관념의 본성이 무엇인가를 탐구함으로써 참된 관념이 무엇인지 이해하는 것이며, 이로부터[121] 우리 자신의 이해하는 역량을 인지하는 것, 그리고 일정한 규칙들을 보조물로 제공하고 그뿐만 아니라 정신이 또한 무용한 것들로 피로해지지 않게 함으로써,[122] 이해되어야 할 모든 것을 저 규준[123]에 따라 이해하게끔 정신을 제어하는 것이다. [38] 이로부터 방법이란 반성적 인식,[124] 혹은 관념에 대한 관념에 불과하다는 것, 그리고 우선[125] 관념이 있지 않

16

---

o  찾는다는 것이 영혼 안에서 어떤 것인지는 나의 철학*에서 설명된다.

datur idea ideae, nisi prius detur idea, ergo methodus non dabitur nisi prius detur idea. Unde illa bona erit methodus, quae ostendit quomodo mens dirigenda sit ad †datae verae ideae normam. Porro cum ratio, quae est inter duas ideas, sit eadem cum ratione, quae est inter essentias formales idearum illarum, inde sequitur quod cognitio reflexiva, quae est ideae entis perfectissimi, praestantior erit cognitione reflexiva caeterarum idearum; hoc est, perfectissima ea erit mothodus quae, ad datae ideae entis perfectissimi normam, ostendit quomodo mens sit dirigenda.

[39] Ex his facile intelligitur quomodo mens, plura intelligendo, alia simul acquirat instrumenta, quibus facilius pergat intelligere. Nam, ut ex dictis licet colligere, debet ante omnia in nobis existere vera idea, tanquam innatum instrumentum, qua intellecta, intelligatur simul differentia quae est inter talem perceptionem et caeteras omnes. Qua in re consistit una methodi pars. Et cum per se clarum sit mentem eo melius se intelligere, quo plura de Natura intelligit, inde constat hanc methodi partem eo perfectiorem fore, quo mens plura intelligit, et tum fore perfectissimam, cum mens ad cognitionem Entis perfectissimi attendit sive reflectit.

[40] Deinde, quo plura mens novit, eo melius et suas vires et ordinem Naturae intelligit; quo autem melius suas vires intelligit, eo facilius potest seipsam dirigere et regulas sibi proponere; et quo melius ordinem Naturae intelligit, eo facilius potest se ab inutilibus cohibere. In quibus tota consistit methodus, uti diximus.

[41] Adde quod idea eodem modo se habet objective ac ipsius

으면 관념에 대한 관념도 없으므로 우선 관념이 있지 않고서는 방법도 없으리라는 것이 도출된다. 따라서 주어진[126†] 참된 관념을 규준으로 정신을 어떻게 이끌어야 하는지를 보여주는 그런 유의 방법이야말로 좋은 방법일 것이다. 더 나아가 임의의 두 관념 사이의 관계는 이 관념들의 형상적 본질들 사이의 관계와 동일한 이상,[127] 이로부터 가장 완전한 존재자[128]의 관념에 대한 반성적 인식이야말로 여타의 관념에 대한 반성적 인식보다 우월하리라는 점이 따라 나온다. 다시 말해, 가장 완전한 존재자에 대한 주어진 관념을 규준으로 정신을 어떻게 이끌어야 하는지를 보여주는 것이야말로 가장 완전한 방법일 것이다.

[39] 이로부터 정신이 어떻게 더 많은 것을 이해함으로써 이와 동시에 다른 도구들을 획득하고, 이것들을 가지고 더 용이하게 이해해 나가는지가 쉽게 이해된다. 왜냐하면 이미 말했던 것에서 추리해낼 수 있듯이, 모든 것에 앞서 참된 관념이 본유적인 도구로서 우리 안에 실존할 수밖에 없으며, 이 참된 관념이 이해되면 이런 지각이 여타의 모든 지각에 대해 갖는 차이도 동시에 이해되기 때문이다. 이것[129]이 방법의 한 부분이다. 또한 자연에 대해 더 많은 것을 이해할수록 정신은 자기 자신을 더 잘 이해한다는 것이 그 자체로 명료한 이상, 정신이 더 많은 것을 이해할수록 방법의 이 부분은 더욱 완전하리라는 것, 그리고 정신이 가장 완전한 존재자에 대한 인식에 주의를 기울일 때, 또는 그것을 반성할 때, 방법은 가장 완전하리라는 것은 이로부터 명백하다.[130]

[40] 다음으로, 정신은 더 많은 것을 인지할수록 자신의 힘이나 자연의 질서를 더 잘 이해한다. 더 나아가 정신이 자신의 힘을 더 잘 이해할수록 더 쉽게 스스로를 이끌 수 있고 스스로에게 규칙들을 제안할 수 있다. 또한 자연의 질서를 더 잘 이해할수록 정신은 쓸데없는 절차[131]를 취하지 않도록 스스로를 더 쉽게 제어할 수 있다. 우리가 말했듯이, 이것들이야말로 방법의 요체이다.

[41] 덧붙이자면, 관념은 그 대상[132]이 실재적으로 존재하는 방식과

ideatum se habet realiter. Si ergo daretur aliquid in Natura nihil commercii habens cum aliis rebus, ejus etiam si [†]datur essentia objectiva, quae convenire omnino deberet cum formali, nihil etiam [P]commercii haberet cum aliis ideis, id est, nihil de ipsa poterimus concludere. Et contra, quae habent commercium cum aliis rebus, uti sunt omnia quae in Natura existunt, intelligentur, et ipsorum etiam essentiae objectivae idem habebunt commercium, id est, aliae ideae ex eis deducentur, quae | iterum habebunt commercium cum aliis, et sic instrumenta, ad procedendum ulterius, crescent. Quod conabamur demonstrare.

[42] Porro ex hoc ultimo, quod diximus, scilicet, quod idea omnino cum sua essentia formali debeat convenire, patet iterum ex eo, quod, ut mens nostra omnino referat Naturae exemplar, debeat omnes suas ideas producere ab ea, quae refert originem et fontem totius Naturae, ut ipsa etiam sit fons caeterarum idearum.

[43] Hic forte aliquis mirabitur quod nos, ubi diximus bonam methodum eam esse, quae ostendit quomodo mens sit dirigenda ad detae verae ideae normam, hoc ratiocinando probemus; id quod ostendere videtur hoc per se non esse notum. Atque adeo quaeri potest utrum nos bene ratiocinemur. Si bene ratiocinamur, debemus incipere a data idea, et cum incipere a data idea egeat

---

p  *Commercium habere cum aliis rebus est produci ab aliis, aut alia producere.*

동일한 방식으로 표상적으로 존재한다. 따라서 자연 안에 다른 사물들과의 교류[133]가 전혀 없는 무언가가 있다고 해보면, 만일 그것에도 역시 표상적 본질 — 이것은 형상적 본질과 전적으로 합치할 수밖에 없을 텐데 — 이 있다면,[134†] 그 사물의 표상적 본질 역시 다른 관념들과의 교류[p]가 전혀 없을 것이다. 다시 말해, 우리는 그것 자체로부터는 아무 것도 도출할 수 없을 것이다. 반대로 다른 사물과 교류하는 것들 — 자연 안에 실존하는 모든 것이 그렇듯이 — 은 이해될[135] 것이며, 그 표상적 본질들 역시 교류할 것이다. 다시 말해, 그것들로부터 다른 관념들이 연역될 것이며, 이 다른 관념들 역시 다른 것들과 교류할 것이고, 이렇게 하여 더 멀리 나아가기 위한 도구들은 늘어날 것이다. 바로 이것이 우리가 증명하고자 했던 것이다.

[42] 더 나아가 우리가 방금 말한 것, 그러니까 관념이 자신의 형상적 본질[136]과 전적으로 합치할 수밖에 없다는 것으로부터 다음 역시 명백하다. 우리 정신이 자연의 표본[137]을 완벽하게 재현하려면[138] 정신은 자연 전체의 근원과 원천을 재현하는, 그래서 그 자체가 또한 여타 관념들의 원천이 되는 관념으로부터 자신의 모든 관념들을 산출해야 한다는 것이다.

[43] 여기서 아마도 혹자는, 우리가 좋은 방법이란 주어진 참된 관념의 규준에 따라 정신을 어떻게 이끌어야 하는지를 보여주는 것이라고 말해 놓고는 이를 추론을 통해 입증한다는 데 놀랄지도 모르겠다. 그 점은 이것[139]이 자명하지는 않음을 보여주는 것처럼 보이기 때문이다. 그래서 그는 또한 우리가 올바르게 추론하고 있는지 물을 수도 있겠다. 만일 우리가 올바르게 추론하고 있다면, 우리는 주어진 [참된] 관념에 의해 시작해야 하며, 주어진 [참된] 관념에 의해 시작한다는 것이 증명을

17

---

[p] 다른 사물들과 교류를 갖는다는 것은 다른 것들에 의해 산출되거나 다른 것들을 산출한다는 것이다.

demonstratione, deberemus iterum nostrum ratiocinium probare, et tum iterum illud alterum et sic in infinitum.

[44] Sed ad hoc respondeo quod si quis, fato quodam, sic processisset naturam investigando, scilicet ad datae verae ideae normam alias acquirendo ideas debito ordine, nunquam de sua veritate <sup>q</sup>dubitasset, eo quod veritas, uti ostendimus, se ipsam patefacit, et etiam sponte omnia ipsi affluxissent. Sed quia hoc nunquam aut raro contingit, ideo coactus fui illa sic ponere, ut illud, quod non possumus fato, praemeditato tamen consilio acquiramus, et simul ut appareret, ad probandam veritatem et bonum ratiocinium, nullis nos egere instrumentis nisi ipsa veritate et bono ratiocinio. Nam, bonum ratiocinium bene ratiocinando comprobavi et adhuc probare conor. Adde, quod etiam hoc modo homines assuefiant meditationibus suis internis.

[45] Ratio autem, cur in Naturae inquisitione raro contingat ut debito ordine ea investigetur, est propter praejudicia, quorum causas postea in nostra Philosophia explicabimus; deinde, quia opus est magna et accurata distinctione, sicut postea ostendemus, id quod valde est laboriosum; denique, propter statum rerum humanarum, qui, ut jam ostensum est, prorsus est mutabilis. Sunt adhuc aliae rationes, quas non inquirimus.

18    [46] Si quis forte quaerat cur <sup>†</sup><non> ipse statim ante omnia veritates naturae isto ordine ostenderim (nam veritas se ipsam

---

q  *Sicut etiam hic non dubitamus de nostra veritate.*

요구하는 이상, 우리는 다시금 우리 추론을 입증해야 할 것이고, 이것은 다시 다른 것으로, 이와 같이 무한하게 나아갈 것이라고 말이다.

[44] 하지만 이에 나는 이렇게 답한다. 만일 누군가가 자연에 대한 탐구에서 어떤 운명[140]에 의해 이렇게 진행해왔다면, 즉 주어진 참된 관념의 규준에 따라 다른 관념들을 요구되는 순서대로 획득하면서 진행해왔다면, 그는 자신이 가졌을 진리에 대해 결코 의심하지 않았을 것이며[q] (우리가 이미 보여주었듯이, 진리는 스스로 명백하게 드러나기 때문에), 그뿐만 아니라 모든 것이 그에게 저절로 흘러들어왔을 것이다. 하지만 이런 일은 전혀 일어나지 않거나 드물게만 일어나므로[141] 나는 저것들을 그런 식으로 상정해보는 수밖에 없었다. 우리가 운명을 통해서는 소유할 수 없는 것을 미리 숙고된 기획을 통해 획득하도록, 또한 동시에 진리와 올바른 추론을 입증하기 위해 우리에게 필요한 도구란 진리 자체와 올바른 추론뿐임이 드러나도록 말이다. 실상 올바른 추론임을 나는 올바르게 추론함으로써 확증했고 지금도 그렇게 입증하고자[142] 노력하고 있다. 덧붙여, 사람들은 이런 식으로 스스로의 내적 성찰에 익숙해지게 된다.

[45] 그런데 자연을 탐문할 때 그것을 마땅한 순서에 따라 탐구하는 일이 드물게 일어나는 이유는 [우선] 편견 때문인데, 그 원인들은 차후 우리의 철학에서 설명할 것이다. 다음으로는, 우리가 나중에 보여줄 것처럼 많은 면밀한 구별이 필요하며, 이는 아주 고된 일이기 때문이다. 마지막으로, 우리가 이미 보여주었듯이,[143] 인간사의 조건이 극히 가변적이기 때문이다. 그 밖에 다른 원인들도 있으나 그것들은 따져보지 않겠다.

[46] 누군가가 혹시 진리는 스스로 명백하게 드러나는데, 왜 나 자신은 모든 것에 앞서 곧장 자연의 진리들을 저 순서에 따라 보여주지 〈않

---

q  여기서 우리가 우리 자신이 가진 진리에 대해 의심하지 않듯이 말이다.

patefacit), ei respondeo simulque moneo ne, propter paradoxa quae forte passim occurrent, eas velit tanquam falsas rejicere; sed prius dignetur ordinem considerare quo eas probemus et tum certus evadet nos verum assequutos fuisse. Et haec fuit causa cur haec praemiserim.

[47] Si postea forte quis Scepticus et de ipsa prima veritate et de omnibus, quas ad normam primae deducemus, dubius adhuc maneret, ille, profecto, aut contra conscientiam loquetur, aut nos fatebimur dari homines penitus etiam animo occaecatos a nativitate aut a praejudiciorum causa, id est, aliquo externo casu. Nam, neque seipsos sentiunt: si aliquid affirmant vel dubitant, nesciunt se dubitare aut affirmare; dicunt se nihil scire; hoc ipsum, quod nihil sciunt, dicunt se ignorare. Neque hoc absolute dicunt: nam metuunt fateri se existere quamdiu nihil sciunt, adeo ut tandem debeant obmutescere, ne forte aliquid supponant quod veritatem redoleat. [48] Denique, cum ipsis non est loquendum de scientiis; nam, quod ad vitae et societatis usum attinet, necessitas eos coëgit ut supponerent se esse, et ut suum utile quaererent et, jurejurando multa affirmarent et negarent. Nam si aliquid ipsis probetur, nesciunt an probet aut deficiat argumentatio; si negant, concedunt aut opponunt, nesciunt se negare, concedere aut opponere; adeoque habendi sunt tanquam automata, quae mente omnino carent.

[49] Resumamus jam nostrum propositum. Habuimus hucusque,

느냐고)[144†] 묻는다면, 나는 그에게 이렇게 답하면서 경고한다. 여기저기서 행여 발견될지도 모르는 역설들 때문에 이것들[145]을 거짓으로 거부해버리려 하지 말라고, 그 대신에 우리가 그것들을 입증하는 순서를 먼저 고려해보라고, 그러면 우리가 진리를 따라왔다는 것을 결국 확신할 것이라고 말이다. 내가 이것들을 먼저 설정했던 것도 이 때문이다.

[47] 만일 이후에 어떤 회의주의자가 혹여 최초의 진리에 대해, 그리고 최초의 진리 규준에 따라 우리가 연역해낼 모든 것에 대해 여전히 의심스러워한다면, 분명 이 자가 의식에 반(反)하여 말하는 셈이거나, 아니면 우리는 태생적으로나 편견 때문에, 즉 어떤 외적 요인으로 심지어 영혼마저 완전히 눈먼 사람들이 있다고 시인하겠다. 실상 이 자들은 스스로를 느낄 줄 모른다. 무언가를 긍정하거나 의심한다 하더라도 그들은 자신이 의심한다거나 긍정한다는 것을 알지 못한다. 또한 그들은 자신이 아무것도 알지 못한다고 말하고, 아무것도 알지 못한다는 이 사실 자체를 모른다고 말하며, 이것 역시도 절대적인 방식으로 말하지는 않는다. 사실 그들은 스스로가 아무것도 모르는데도 자기가 존재하고 있다고 시인할까봐 두려워하며, 따라서 진리의 향기를 풍기는 무언가를 행여 가정하나 않을까 하며 결국에는 침묵할 수밖에 없을 것이다. [48] 마지막으로 그들과 더불어서는 학문에 대해 말하지 말아야 한다. (사실, 삶의 관행 및 사회의 관행에 관한 한, 필요 때문에라도 그들은 자신이 존재한다고 부득불 가정하게 되며, 자신에게 유용한 것을 추구하게 되고, 서약을 통해 많은 것을 긍정하고 부정하게 된다). 왜냐하면 만일 그들에게 무언가를 입증해주면 그들은 논변이 입증되었는지 혹은 결함이 있는지를 알지 못하기 때문이다. 만일 그들이 부정하거나 양보하거나 혹은 반대하더라도, 그들은 자신이 부정하거나 양보하거나 혹은 반대한다는 것을 알지 못한다. 그러니 그들은 정신이 전적으로 결여된 자동기계[146]로 산주될 수밖에 없다.

[49] 이제 우리 논제로 돌아가보자. 지금까지 우리는 첫째, 우리가 어

primo, finem ad quem omnes nostras cogitationes dirigere studemus. Cognovimus, secundo, quaenam sit optima perceptio, cujus ope ad nostram perfectionem pervenire possimus. Cognovimus, tertio, quaenam sit prima via, cui mens insistere debeat, ut bene incipiat; quae est, ut ad normam datae cujuscunque verae ideae pergat, certis legibus, inquirere. Quod ut recte fiat, haec debet methodus praestare. Primo, veram ideam a caeteris omnibus perceptionibus distinguere et mentem a caeteris perceptionibus cohibere. Secundo, tradere regulas, ut res incognitae ad talem normam perci | piantur. Tertio, ordinem constituere, ne inutilibus defatigemur. Postquam hanc methodum novimus, vidimus, quarto, hanc methodum perfectissimam futuram, ubi habuerimus ideam entis perfectissimi. Unde initio illud erit maxime observandum, ut quanto ocius ad cognitionem talis entis perveniamus.

[50] Incipiamus itaque a prima parte methodi, quae est, uti diximus, distinguere et separare ideam veram a caeteris perceptionibus, et cohibere mentem ne falsas, fictas et dubias cum veris confundat: quod utcunque fuse hic explicare animus est, ut lectores detineam in cogitatione rei adeo necessariae, et etiam quia multi sunt qui vel de veris dubitant, ex eo quod non attenderunt ad distinctionem quae est inter veram perceptionem et alias omnes. Adeo ut sint veluti homines qui, cum vigilarent, non dubitabant se vigilare; sed postquam semel in somniis, ut saepe fit, putarunt se certo vigilare, quod postea falsum esse reperiebant, etiam de suis vigiliis dubitarunt; quod contingit quia nunquam distinxerunt inter †somnium et vigiliam.

[51] Interim moneo me hic essentiam uniuscujusque perceptionis,

떤 목적을 향해 우리 모든 사유들을 이끌어가고자 애쓰는지를 다루었다.[147] 둘째, 우리가 우리의 완전성에 도달할 수 있도록 도와줄 최적의 지각이 무엇인지를 인식했다.[148] 셋째, 순조로운 시작을 위해 정신이 들어서야 할 첫 번째 길이 무엇인지를 인식했다.[149] 그 길이란 정신이 각각의 주어진 참된 관념의 규준에 따라 계속 나아가게끔, 일정한 법칙들에 따라 탐문하는 것이다. 이것이 올바르게 이루어지려면 방법은 다음을 확보해주어야 한다. 첫째, 참된 관념을 여타의 모든 지각과 구별하고 정신을 여타의 지각에서 멀어지도록 제어하기.[150] 둘째, 인식되지 않은 것들이 그러한[151] 규준에 따라 지각되도록 규칙들을 제공하기.[152] 셋째, 쓸데없는 것들로 피로해지지 않도록 순서를 수립하기.[153] 이 방법을 인지한 뒤, 넷째, 우리가 가장 완전한 존재자의 관념을 가질 때 이 방법이 가장 완전해지리라는 것을 깨닫게 되었다.[154] 그러므로 우리는 가능한 한 빨리 그런 존재자에 대한 인식에 도달하도록 처음부터 최대한 유념해야 한다.

[50] 따라서 방법의 첫 번째 부분부터 시작해보자. 앞서 말했듯이 그것은 참된 관념을 여타의 지각들로부터 구별하고 분리하는 것, 그리고 거짓된 관념과 허구적 관념, 의심스러운 관념을 참된 관념과 혼동하지 않도록 정신을 제어하는 것이다. 여하간 나는 여기서 이를 상세히 설명할 작정인데, 이는 독자들을 매우 필요한 것에 대한 사유에 붙잡아두기 위해서이다. 그뿐만 아니라 참된 지각과 다른 모든 지각이 어떻게 구별되는지에 주목하지 않은 까닭에, 참된 관념들에 대해서조차 의심하는 이가 많기 때문이기도 하다. 마치 깨어 있을 때 자신이 깨어 있음을 의심하지 않으면서도, (종종 일어나는 일이듯이) 꿈에서 자신이 확실히 깨어 있다고 믿었으나, 이후에 그것이 거짓임을 발견했던 일이 한 번 있고 난 이후에는 자신이 깨어 있다는 것 역시 의심하는 사람들처럼 말이다. 이런 일은 꿈[155†]과 깨어 있음을 구별해본 적이 전혀 없기 때문에 일어난다.

[51] 그러나 나는 여기서 각 지각의 본질을 설명하지도, 그것을 그 각

eamque per <sup>†</sup> proximam suam causam, non explicaturum, quia hoc ad philosophiam pertinet, sed tantum traditurum id quod methodus postulat, id est, circa quae perceptio ficta, falsa et dubia versetur, et quomodo ab unaquaque liberabimur. Sit itaque prima inquisitio circa ideam fictam.

[52] Cum omnis perceptio sit vel rei tanquam existentis consideratae, vel solius essentiae, et frequentiores fictiones contingant circa res tanquam existentes consideratas, ideo prius de hac loquar, scilicet ubi sola existentia fingitur, et res, quae in tali actu fingitur, intelligitur sive supponitur intelligi. Ex. gr., fingo Petrum, quem novi, ire domum, eum me invisere et <sup>r</sup>similia. Hic quaero circa quae talis idea versetur. Video eam tantum versari circa possibilia, non vero circa necessaria neque circa impossibilia.

[53] Rem impossibilem voco, cujus natura implicat contradictionem ut ea existat; necessariam, cujus natura implicat contradictionem

20   ut | ea non existat; possibilem, cujus quidem existentia, ipsa sua natura, non implicat contradictionem ut existat aut non existat, sed cujus existentiae necessitas aut impossibilitas pendet a causis nobis ignotis, quamdiu ipsius existentiam fingimus; ideoque, si ipsius necessitas aut impossibilitas, quae a causis externis pendet, nobis esset nota, nihil etiam de ea potuissemus fingere.

---

r   *Vide ulterius id quod de hypothesibus notabimus, quae a nobis clare intelliguntur; sed in eo est fictio, quod dicamus eas tales in corporibus coelestibus existere.*

각의 가까운 원인[156][†]을 통해 설명하지도 않을 것이고 — 이는 철학에 속하는 일이므로 — ,[157] 그 대신에 단지 방법에 요청되는 것, 곧 허구적 지각과 거짓된 지각, 그리고 의심스러운 지각이 무엇과 관련되는지 그리고 이 각각으로부터 우리가 어떻게 자유로워질 것인지만 다룰 것임을 [독자들에게: NS] 일러둔다.[158] 그러므로 첫 번째로 허구적 관념에 대해 탐문해보자.[159]

[52] 모든 지각은 실존한다고 간주되는 사물을 지각하는 것이거나 단지 본질만을 지각하는 것이므로, 그리고 허구는 실존한다고 간주되는 사물과 관련하여 더 빈번하게 생겨나므로 나는 먼저 이런 지각에 대해, 곧 오직 실존만을 허구적으로 지어내고, 그렇게 지어내는 활동의 대상이 되는 사물이 이해되는 경우 혹은 이해된다고 가정되는 경우에 대해 말할 것이다. 가령, 베드로는 내가 아는 사람인데 나는 그가 집으로 간다거나 나를 보러 온다는 등과 같은 것[r]을 허구적으로 지어낸다. 여기서 나는 이런 관념이 무엇과 관련되는지를 묻는다. 나는 그것이 오직 가능한 것과만 관련되며 필연적인 것과도 불가능한 것과도 관련되지 않음을 본다.

[53] 실존함이 모순임을 본성상 함축하는 것을 나는 불가능한 것이라고 부른다.[160] 실존하지 않음이 모순임을 본성상 함축하는 것을 나는 필연적인 것이라고 부른다. 그리고 어떤 것의 실존이, 그것이 실존하든 실존하지 않든 그것의 본성만 보아서는 모순을 함축하지 않고, 그 대신 이 실존의 필연성이나 불가능성[161]이, 우리가 그것의 실존을 허구적으로 지어내는 한에는 우리가 모르는 원인들에 의존하는 경우, 이것을 나는 가능한 것이라고 부른다. 따라서 외적 원인에 달려 있는 바 그것의 필연성이나 불가능성이 만일 우리에게 인지되어 있다면, 우리는 그것에 대해 심지어 아무것도 지어낼 수 없을 것이다.

20

---

r  우리가 명료하게 이해하는 가설들에 대해 우리가 뒤에서 주목할 것[*]을 참조하라. 허구는 우리가 그런 것들이 천체들 안에 실존한다고 말한다는 데 있다.

[54] Unde sequitur, si detur aliquis Deus aut omniscium quid, nihil prorsus eum posse fingere. Nam, quod ad nos attinet, postquam [s]novi me existere, non possum fingere me existere aut non existere; nec etiam possum fingere elephantem, qui transeat per acus foramen; nec possum, postquam [t]naturam Dei novi, fingere eum existentem aut non existentem; idem intelligendum est de chimaera, cujus natura existere implicat. Ex quibus patet id quod dixi, scilicet quod fictio, de qua hic loquimur, non contingit circa aeternas [u]veritates.

[t]<Statim etiam ostendam quod nulla fictio versetur circa ae ternas veritates>

[55] Sed antequam ulterius pergam, hic obiter notandum est, quod illa differentia, quae est inter essentiam unius rei et essentiam alterius, ea ipsa sit inter actualitatem aut existentiam ejusdem rei et inter actualitatem aut existentiam alterius rei. Adeo ut, si existentiam ex. gr. Adami tantum per generalem existentiam concipere velimus, idem futurum sit ac si, ad concipiendam ipsius essentiam, ad naturam entis attendamus, ut tandem definiamus Adamum esse ens. Itaque,

---

[s] *Quia res, modo ea intelligatur, se ipsam manifestat, ideo tantum egemus exemplo sine alia demonstratione. Idemque erit hujus contradictoria, quae, ut appareat esse falsa, tantum opus recenseri, uti statim apparebit, quum de fictione circa essentiam loquemur.*

[t] *Nota, quamvismultidicant se dubitare an Deus existat, illos tamen nihil praeter nomen habere, vel aliquid fingere, quod Deum vocant; id quod cum Dei natura non convenit, ut postea suo loco ostendam.*

[u] *Statim etiam ostendam quod nulla fictio versetur circa aeternas veritates. Per aeternam veritatem talem intelligo quae, si est affirmativa, nunquam poterit esse negativa. Sic prima et aeterna veritas est* Deum esse; *non autem est aeterna veritas* Adamum cogitare. Chimaeram non esse *est aeterna veritas; non autem* Adamum non cogitare.

[54] 이로부터 만일 신과 같은 존재 또는 어떤 전지(全知)한 것이 있다면, 그는 결코 어떤 허구도 지어낼 수 없음이 따라 나온다. 사실, 우리의 경우를 보면, 나는 내가 실존한다는 것을 인지하고 난 이후에는ˢ 내가 실존한다거나 실존하지 않는다고 지어낼 수 없으며, 바늘구멍을 통과하는 코끼리[162] 역시 지어낼 수 없고, 신의 본성을ᵗ 인지하고 난 이후에는 신이 실존한다거나 실존하지 않는다고 지어낼 수 없다. 이는 실존한다는 것이 본성상 모순이 되는 키메라[163]에 대해서도 마찬가지로 이해되어야 한다. 내가 말했던 것, 곧 우리가 여기서 말하는 허구가 영원[164] 진리ᵘ와 관련해서는 생겨나지 않는다는 것은, 이것들로부터 명백하다.[165] 〈곧바로 나는 또한 어떤 허구도 영원 진리와 관련되지 않다는 것을 보여줄 것이다.〉[166]†

[55] 더 나아가기 전에, 말이 나온 김에 여기서 다음을 주목해둘 필요가 있다. 한 사물의 현실성이나 실존과 다른 사물의 현실성이나 실존 사이에 있는 차이는, 그 사물의 본질과 다른 사물의 본질 사이에 있는 바로 그 차이와 동일하다. 그래서 우리가 가령 아담의 실존을 단지 일반적인 실존을 통해 생각해보려고 한다면, 이는 바로 그 아담의 본질을 생각하기 위해 존재자의 본성에 주목하고는 결국 아담을 존재자라고 정의하는 것과 같은 일이 될 것이다. 그러므로 실존은 더 일반적인 방식으로

---

s 사태는 이해되기만 하면 그 자체를 드러내기 때문에, 우리에게는 다른 증명 없이 사례만 필요할 것이다. 사태의 모순 역시 마찬가지일 텐데, 어떤 사태가 거짓임은 일람해*보기만 하면 나타난다. 이 점은 우리가 본질과 관련된 허구에 대해 말할 때 곧바로 나타날 것이다.

t 많은 이들이 신이 실존하는지 의심한다고 말하지만, 그들은 단지 이름만을 가지고 있든지 아니면 그들 자신이 신이라고 부르는 어떤 것을 지어낸다는 데 주목하라.* 차후 내가 적당한 자리에서** 보여주겠지만, 이것은 신의 본성에 합치하지 않는다.

u 나는 영원 진리를, 만일 ⏁것이 긍정 명제라면 결코 부정 명제가 될 수 없을 그런 것으로 이해한다. 이렇게 해서 "신은 존재한다"는 제1의 그리고 영원한 진리이지만, "아담은 사유한다"는 영원 진리가 아니다. "키메라는 없다"는 영원 진리이지만, "아담은 사유하지 않는다"는 영원 진리가 아니다.

quo existentia generalius concipitur, eo etiam confusius concipitur faciliusque unicuique rei potest affingi; econtra, ubi particularius

concipitur, clarius tum intelligitur et | difficilius alicui, nisi rei ipsi, †<etsi> non attendimus ad Naturae ordinem, affingitur. Quod notatu dignum est.

[56] Veniunt jam hic ea consideranda, quae vulgo dicuntur fingi, quamvis clare intelligamus rem ita sese non habere uti eam fingimus. Ex. gr., quamvis sciam terram esse rotundam, nihil tamen vetat, quominus alicui dicam terram medium globum esse et tanquam medium pomum auriacum in scutella, aut solem circum terram moveri et similia. Ad haec si attendamus, nihil videbimus quod non cohaereat cum jam †dictis, modo prius advertamus nos aliquando potuisse errare et jam errorum nostrorum esse conscios; deinde, quod possumus fingere aut, ad minimum, putare alios homines in eodem esse errore aut in eum, ut nos antehac, posse incidere. Hoc, inquam, fingere possumus, quamdiu nullam videmus impossibilitatem nullamque necessitatem. Quando itaque alicui dico terram non esse rotundam etc., nihil aliud ago quam in memoriam revoco errorem quem forte habui aut in quem labi potui, et postea fingo aut puto eum cui hoc dico adhuc esse aut posse labi in eundem errorem. Quod, ut dixi, fingo, quamdiu nullam video impossibilitatem nullamque necessitatem; hanc vero si intellexissem, nihil prorsus fingere potuissem, et tantum dicendum fuisset me aliquid operatum esse.

[57] Superest jam ut ea etiam notemus quae in quaestionibus supponuntur, id quod passim etiam contingit circa impossibilia, ex. gr. quum dicimus: supponamus hanc candelam ardentem jam non

생각될수록 더 혼동된 방식으로 생각되며, 더 쉽게 아무것에나 허구적으로 부여될 수 있다. 반대로 더 특정적인 방식으로 생각될수록 실존은 더 명료하게 이해되며, 우리가 자연의 질서에 주의를 기울이지 않을 때 <조차도>,[167†] 바로 그 사물 외에 다른 것에 허구적으로 부여되기는 더 어려워진다. 이 점은 주목해둘 만하다.

[56] 여기서 이제 고찰해보아야 할 것은 사물이 우리가 지어낸 대로 되어 있지 않음을 우리 자신이 명료하게 이해하고 있음에도, 흔히 허구라고 불리는 경우이다. 가령, 나는 지구가 둥글다는 것을 알고 있으면서도 누군가에게 지구가 반구라고, 쟁반 위의 오렌지 반쪽 같다거나 태양이 지구 주위를 돈다 운운하지 못할 까닭이 없다. 이것들에 주의해보면, 아래 사실에 주목하기만 해도, 우리는 우리가 이미 말한 것[168†]과 일관되지 않은 것은 전혀 보지 못할 것이다. 우선 한때 우리가 오류를 저지를 수 있었고 지금 우리의 오류를 의식하고 있다는 점, 그리고 나서 다른 사람들도 같은 오류에 빠져 있다고 혹은 이전에 우리가 그랬듯이 오류에 빠질 수 있다고 허구적으로 지어내거나 적어도 떠올려볼 수 있다는 점에 주목해본다면 말이다. 말하건대, 어떤 불가능성도 어떤 필연성도 깨닫지 못하는 한은, 이런 것을 우리는 허구적으로 지어낼 수 있다. 따라서 내가 누군가에게 지구가 둥글지 않다 운운할 때, 나는 단지 내가 행여 저질렀거나 빠질 수 있었던 오류를 기억에 떠올리고 있을 뿐이며, 이후에 나의 이 말을 듣는 상대방이 여전히 동일한 오류에 빠져 있거나 빠질 수 있다고 지어내거나 떠올릴 뿐이다. 이미 말했듯이, 이것을 나는 어떤 불가능성도 어떤 필연성도 깨닫지 못하는 한 허구적으로 지어낸다. 그러나 만일 내가 그것을 이해했었다면 나는 어떤 허구도 만들어낼 수 없을 것이며, 단지 무언가를 실행했다[169]고 해야 했을 것이다.

[57] 이제 남은 것은 질의(質疑)[170]에서 세워시는 가정들을 주목하는 일이다. 이런 가정은 심지어 불가능한 것과 관련해서도 다반사로 일어난다. 가령, 타고 있는 이 초가 지금 타지 않고 있다고 가정해보자고 말

ardere, aut supponamus eam ardere in aliquo spatio imaginario sive ubi nulla dantur corpora. Quorum similia passim supponuntur, quamvis hoc ultimum dare intelligatur impossibile esse; sed quando hoc fit, nil prorsus fingitur. Nam primo nihil aliud egi quam quod <sup>x</sup>in | memoriam revocavi aliam candelam non ardentem <sup>†</sup>(aut hanc eandem concepi sine flamma) et, quod cogito de ea candela, idipsum de hac intelligo quamdiu ad flammam non attendo. In secundo nihil aliud fit, quam abstrahere cogitationes a corporibus circumjacentibus, ut mens se convertat ad solam candelae, in se sola spectatae, contemplationem, ut postea concludat candelam nullam habere causam ad sui ipsius destructionem. Adeo ut, si nulla essent corpora circumjacentia, candela haec ac etiam flamma manerent immutabiles, aut similia. Nulla igitur datur hic fictio, sed <sup>y</sup>verae ac merae assertiones.

[58] Transeamus jam ad fictiones, quae versantur circa essentias solas, vel cum aliqua actualitate sive existentia simul. Circa quas

22 (margin, at line "xin")

---

x  *Postea, cum de fictione, quae versatur circa essentias, loquemur, clare qpparebit quod fictio nunquam aliquid novi facit aut menti praebet, sed quod tantum ea, quae sunt in cerebro aut in imaginatione, revocantur ad memoriam, et quod confuse ad omnia simul mens attendit. Revocantur, ex. gr., in memoriam loquela et arbor, et cum mens confuse attendit sine distinctione, putat arborem loqui. Idem de existentia intelligitur, praesertim, uti diximus, cum adeo generaliter ac ens concipitur, quia tum facile applicatur omnibus, quae simul in memoria occurrunt. Quod notatu valde dignum est.*

y  *Idem etiam de hypothesibus intelligendum, quae fiunt ad certos motus explicandum, qui conveniunt cum caelorum phaenomenis, nisi quod ex iis, si motibus caelestibus applicentur, naturam caelorum concludant, quae tamen alia potest esse, praesertim cum ad explicandum tales motus multae aliae causae possint concipi.*

한다거나, 또는 그 초가 어떤 상상적 공간에서 혹은 아무런 물체도 없는 곳에서 타고 있다고 가정해보자고 말할 때가 그렇다. 이와 유사한 것을 흔히들 다반사로 가정하곤 하는데, 두 번째의 경우에 그것이 불가능함을 명료하게 이해함에도 그렇다. 하지만 이런 일이 일어날 때 허구는 전혀 없다. 사실 첫 번째의 경우에 내가 한 일은 단지 타고 있지 않은 다른 초를 기억 속에[x] 불러들였다는 것(혹은 이 똑같은 초를 불꽃 없이 사유했다는 것),[171][†] 그리고 이 다른 초에 대해 사유하는 바를, 불꽃에 주의하지 않는 동안의 본래의 초에 해당되는 것으로 이해하는 것뿐이다. 두 번째 경우는 단지 정신이 사유들을 주변에 놓인 물체들에서 빼내어 오직 그 자체로 고찰된 초를 응시하게 되고, 그런 후 초에는 스스로를 파괴하려는 어떤 원인도 없다고 결론 내리는 것뿐이다. 그러므로 주변 물체들이 없다면 이 초는, 그리고 불꽃이나 그 밖의 다른 것들 역시 불변으로 남을 것이다. 따라서 여기서 허구란 없으며, 참되고[172] 순전한 단언들만 있을 뿐이다.[y]

[58] 이제 오직 본질하고만 관련되는 허구 또는 어떤 현실성이나 실존 역시 동반하는 본질과 관련되는 허구로 넘어가자. 이것들과 관련해

---

x 이후에 우리가 본질과 관련된 허구에 대해 말하게 될 때, 다음이 명료하게 나타날 것이다. 곧 허구는 결코 새로운 무언가를 만들거나 정신에 제시하지 않는다는 것, 그 대신에 단지 뇌나 상상에 있는 것이 기억에 떠오를 뿐이라는 것, 그리고 정신은 혼동된 방식으로 이 모두에 동시에 주의를 기울인다는 것이 그것이다. 가령, 말과 나무가 기억에 떠오르고 정신이 혼동된 방식으로 그것들에 구별 없이 주의를 기울일 때, 정신은 나무가 말한다고 상정하게 된다. 실존 역시 마찬가지로 이해된다. 특히, 이미 말했듯이, 실존이 '존재자'만큼이나 일반적인 방식으로 생각될 때가 그러하다. 왜냐하면 그럴 경우에 실존은 기억에서 한꺼번에 일어나는 모든 것들에 쉽게 적용되기 때문이다. 이 점은 매우 주목할 만하다.[*]

y 하늘에서 관찰되는 현상에 합치하는 어떤 운동들을 설명하기 위해 세워진 가설들도 마찬가지로 이해되어야 한다. 나만 이 가설들을 행성 운동에 적용할 경우에 이것들로부터 하늘의 본성을 도출하지만 이 본성은 다른 것일 수 있으며, 이는 그런 운동을 설명하는 데 다른 많은 원인이 생각될 수 있기 때문에 특히 그렇다는 점만 제외하면 말이다.[*]

hoc maxime venit considerandum, quod, quo mens minus intelligit et tamen plura percipit, eo majorem habeat potentiam fingendi, et quo plura intelligit, eo magis illa potentia diminuatur. Eodem ex. gr. modo quo supra vidimus nos non posse fingere, quamdiu cogitamus, nos cogitare et non cogitare; sic etiam, postquam novimus naturam corporis, non possumus fingere muscam infinitam, sive, postquam novimus naturam ᶻanimae, non possumus fingere eam esse quadratam, quamvis omnia verbis possimus effari. Sed, uti diximus, quo minus homines norunt naturam, eo facilius multa possunt fingere, veluti arbores loqui, homines in momento mutari in lapides, in fontes, apparere in speculis spectra, nihil fieri aliquid, etiam Deos in bestias et homines mutari, ac infinita ejus generis alia.

23    [59] Ailquis forte putabit quod fictio fictionem terminat, sed non intellectio; hoc est, postquam finxi aliquid, et quadam libertate volui assentiri id sic in rerum natura existere, hoc efficit ut postea non possimus id alio modo cogitare. Ex. gr., postquam finxi (ut cum iis loquar) naturam corporis talem, mihique ex mea libertate persuadere volui eam sic realiter existere, non amplius licet muscam

---

z   *Saepe contingit, hominem hanc vocem* **anima** *ad suam memoriam revocare et simul aliquam corpoream imaginem formare. Cum vero haec duo simul repraesentantur, facile putat se imaginari et fingere animam corpoream, quia nomen a re ipsa non distinguit. Hic postulo ut lectores non sint praecipites ad hoc refutandum, quod, ut spero, non facient, modo ad exempla quam accurate attendant et simul ad ea quae sequuntur.*

서는 다음이 최대한 고려되어야 한다. 즉 정신이 더 적은 것을 이해하면서 더 많은 것을 지각할수록[173] 허구를 지어내는 역량은 더 커지며, 더 많은 것을 이해할수록 이 역량은 더 줄어든다. 가령, 우리가 앞에서 보았듯이, 우리가 사유하고 있는 한은 우리가 사유하거나 사유하지 않는다고 허구적으로 지어낼 수 없다. 이와 마찬가지로 일단 물체의 본성을 인지하고 나면 무한하게 거대한 파리를 허구적으로 지어낼 수 없으며, 혹은 영혼의[z] 본성을 인지하고 나면 그것이 사각형이라는 허구를 지어낼 수 없다. 그 대신에 이미 말했듯이, 자연에 대해 인지하는 것이 적을수록 사람들은 더 쉽게 많은 것을 허구적으로 지어낼 수 있다. 마치 나무들이 말하는 양, 인간이 순식간에 돌로, 샘으로 변하고, 유령들이 거울에 나타나고, 무(無)가 무언가가 되고, 심지어 신들이 짐승으로, 그리고 사람으로[174] 변하는 양, 그리고 이와 같은 유의 무한하게 많은 다른 경우처럼 말이다.[175]

[59] 혹자는 행여 허구가 [지성적] 이해 활동을 통해서가 아니라 오 23
직 허구로써만 종결된다고 여길지도 모르겠다.[176] 그러니까 일단 내가 무언가를 허구적으로 지어내고, 이것이 그런 식으로 자연 안에 실존한다고 동의하기를 모종의 자유로 원하고 나면, 차후 우리는 그것을 다른 방식으로 사유할 수 없게 된다는 것이다. 가령, 내가 (이 자들의 논리대로 말하자면) 일단 물체의 이러저러한 본성을 허구적으로 지어내고 이것이 실제로 그런 식으로 실존한다고 확신하기를 내 자유로 원하고 나면, 더 이상 무한한 크기의 파리를 허구적으로 지어낼 여지가 없어지며,

---

z  어떤 사람이 '영혼'이라는 단어를 기억에 떠올리고 이와 동시에 어떤 물체적 이미지를 형성하는 일이 종종 일어나곤 한다. 그런데 이 둘이 동시에 표상되는 나머지, 쉽사리 그는 자신이 물질적인 영혼을 상상하고 그것을 허구적으로 지어낸다고 여기는데, 이는 그가 이름을 사물 자체와 구별하지 않는 탓이다. 여기서 나는 독자들이 이를 성급하게 반박하지 않기를 바란다. 희망컨대, 독자들은 사례들과 더불어 뒤에 나올 내용에 면밀하게 주의를 기울이기만 한다면 그렇게 하지 않을 것이다.

v. g. infinitam fingere, et postquam finxi essentiam animae, eam quadrare non possum, etc. [60] Sed hoc examinandum. Primo, vel negant vel concedunt nos ailiquid posse intelligere. Si concedunt, necessario id ipsum, quod de fictione dicunt, etiam de intellectione dicendum erit. Si vero hoc negant, videamus nos, qui scimus nos aliquid scire, quid dicant. Hoc scilicet dicunt, animam posse sentire et multis modis percipere non se ipsam neque res quae existunt, sed tantum ea quae nec in se nec ullibi sunt, hoc est, animam posse, sola sua vi, creare sensationes aut ideas, quae non sunt rerum, adeo ut ex parte eam tanquam Deum considerent. Porro dicunt nos, aut animam nostram, talem habere libertatem, ut nosmet, aut se, imo suam ipsam libertatem cogat. Nam postquam ea aliquid finxit et assensum ei praebuit, non potest id alio modo cogitare aut fingere, et etiam ea fictione cogitur, ut etiam †<alia> tali modo cogitentur, ut prima fictio non oppugnetur; sicut hic etiam coguntur absurda, quae hic recenseo, admittere, propter suam fictionem; ad quae explodenda non defatigabimur ullis demonstrationibus. Sed eos in suis deliriis linquendo, curabimus ut ex verbis, quae cum ipsis fecimus, aliquid veri ad nostram rem hauriamus, nempe hoc.

[61] a'†Mens, cum ad rem fictam et sua natura falsam attendit ut

---

a'† *Quamvis hoc experientia videar concludere et quis dicat id nihil esse, quia deficit*

일단 영혼의 본질을 허구적으로 지어내고 나면, 사각형의 영혼을 허구적으로 지어낼 수 없고 등등. [60] 하지만 이것은 검토가 필요한 문제이다. 첫째, 그들은 우리가 무언가를 이해할 수 있음을 부정하거나 인정한다.[177] 만일 인정한다면, 그들이 허구에 대해 말하는 바로 그것을 이해 활동에 대해서도 말해야 할 것이다.[178] 반대로 만일 부정한다면, 우리 자신이 무언가를 안다는 것을 아는 우리가 그들이 과연 무엇을 말하는지 보도록 하자. 그들은 영혼이 느낄 수 있고 많은 방식으로 지각할 수 있지만, 영혼 자신이나 실존하는 사물들을 느끼거나 지각하는 것이 아니라 오로지 그 자체로도 있지 않고 어디에도 있지 않은 것들만을 느끼거나 지각할 수 있다고 말한다. 다시 말해, 그들은 영혼이 오직 자기 힘만으로 느낌을, 혹은 사물에 대한 것이 아닌 관념을 창조할 수 있다고 말하는 것이니, 심지어 영혼을 얼마간은 신처럼 여기는 셈이다.[179] 더 나아가 그들의 말에 따르면, 우리 혹은 우리 영혼에는 우리 혹은 우리 영혼 자신을 강제할 자유, 심지어 영혼 자신의 자유조차 강제할 자유가 있다. 왜냐하면 일단 영혼이 무언가를 허구적으로 지어내고 거기에 동의하고 나면, 영혼은 그것을 다른 방식으로 사유할 수도 허구적으로 지어낼 수도 없으며, 〈다른 것들〉도 처음의 허구와 상충하지 않는 방식으로 사유되게끔[180] † 영혼은 이 허구에 강제되기까지 할 것이기 때문이다. 여기서 그들 자신이 내가 여기서 일람하고 있는 이 불합리들을 그들 자신의 허구 때문에 받아들이도록 강제되듯이 말이다. 우리는 이 불합리들을 그 어떤 증명들로 반박하느라 공연히 진력하지 않을 것이다. 그들은 그들의 착란 속에 빠져 있도록 내버려두고, 그 대신에 우리는 바로 이 자들과 주고받은 말에서, 우리 작업에 도움이 되는 참된 어떤 것을 끌어내는 데 유념할 것이다.

　[61] 즉[a] † 허구적이면서 본성상 거짓된 것에 대해, 그것을 지어보

---

a′† *이를 내가 경험으로부터 결론 내리는 듯 보일지도 모르겠다. 또한 혹자는 증명이 결

eam pensitet et intelligat, bonoque ordine ex ea deducat quae sunt deducenda, facile | falsitatem patefaciet; et si res ficta sua natura

sit | vera, cum mens ad eam attendit ut eam intelligat, et ex ea bono ordine [†]incipit deducere quae inde sequuntur, feliciter perget sine ulla interruptione, sicut vidimus quod, ex falsa fictione modo allata, statim ad ostendendam ejus absurditatem et alias inde deductas praebuit se intellectus. [62] Nullo ergo modo timendum erit nos aliquid fingere, si modo clare et distincte rem percipiamus. Nam si forte dicamus homines in momento mutari in bestias, id valde generaliter dicitur, adeo ut nullus detur conceptus, id est idea, sive cohaerentia subjecti et praedicati in mente; si enim daretur, simul videret medium et causas, quo et cur tale quid factum sit. Deinde nec ad naturam subjecti et praedicati attenditur. Porro, modo prima idea non sit ficta et ex ea caeterae omnes ideae deducantur, paulatim praecipitantia fingendi evanescet.

[63] Deinde, cum idea ficta non possit esse clara et distincta, sed solummodo confusa, et omnis confusio inde procedat, quod mens

---

demonstratio, eam, si quis desiderat, sic habeat. Cum in natura nihil possit dari quod ejus leges oppugnet, sed cum omnia secundum certas ejus leges fiant, ut certos, certis legibus, suos producant effectus irrefragabili concatenatione, hinc sequitur quod anima, ubi rem vere concipit, perget objective eosdem effectus formare. Vide infra, ubi de idea falsa loquor.

고 이해하고 또한 연역되어야 할 것들을 그것으로부터 올바른 순서로 연역하기 위해 주의를 기울일 때, 정신은 쉽사리 거짓을 드러낼 것이다. 그리고 만일 허구적인 사물이 본성상 참되다면, 정신이 그 사물을 이해하기 위해 그것에 주의를 기울이고, 그것으로부터 따라 나오는 것들을 올바른 순서로 연역하기 시작할 때,[181†] 정신은 어떤 중단도 없이 순조롭게 계속 나아갈 것이다. 우리가 보았듯이, 방금 언급한 거짓된 허구에서 출발하여 그것의 불합리와 거기서 연역되는 다른 불합리들을 보여주기 위해 지성이 곧장 스스로를 드러냈던 것처럼 말이다. [62] 그러므로 만일 우리가 사물을 명석판명하게 지각하기만 한다면, 무언가를 허구적으로 지어내고 있을까 우려할 필요는 전혀 없을 것이다. 왜냐하면 행여 우리가 인간이 순식간에 짐승으로 변한다고 말하더라도, 이는 아주 일반적으로 말해진 것이어서 정신 안에는 어떤 개념도, 다시 말해, 어떤 관념이나 주어-술어 결합[182]도 없을 것이기 때문이다. 또 만일 그것이 있다면, 정신은 이와 동시에 그런 것이 어떻게 그리고 왜 일어나는지 그 수단과 원인 역시 깨달을 것이기 때문이다. 다음으로 사람들은 주어가 되는 것과 술어가 되는 것의 본성에도 주의를 기울이지 않는다. 게다가 처음의 관념이 허구적이지 않고 또 이 관념에서 여타의 모든 관념이 연역되기만 한다면, 허구적으로 사물들을 지어내는 성급함[183]은 조금씩[184] 사라져갈 것이다.

[63] 다음으로 허구적 관념은 명석판명할 수 없고 혼동되어 있을 뿐이기에, 일체의 혼동은 하나의 전체를 이루거나 많은 것들로 이루어진

---

여되어 있으므로 이것이 아무것도 아니라고 말할지도 모르겠다. 그러나 굳이 원한다면 그 증명은 다음과 같이 될 것이다. 자연 안에는 자연의 법칙에 대립하는 것은 아무것도 있을 수 없는 까닭에, 그 대신 모든 것은 자연의 일정한 법칙들을 따라 이루어지며 따라서 이 법칙의 일정한 순서들을 훨씬 일정한 법칙에 따라 지킬 줄 모르는 언제로 산출하는 까닭에, 사물을 참되게 생각할 때 영혼은 동일한 결과들을 표상적으로 계속 형성해나간다는** 점이 이로부터 따라 나온다. 내가 거짓된 관념에 대해 말하는 아래 부분을 보라.

rem integram aut ex multis compositam tantum ex parte noscat, et notum ab ignoto non distinguat; praeterea, quod ad multa, quae continentur in unaquaque re, simul attendat sine ulla distinctione, [64] inde sequitur, primo, quod si idea sit alicujus rei simplicissimae, ea non nisi clara et distincta poterit esse; nam res illa non ex parte, sed tota, aut nihil ejus innotescere debebit. Sequitur, secundo, quod si res, quae componitur ex multis, in partes omnes simplicissimas cogitatione dividatur et ad unamquamque seorsim attendatur, omnis tum confusio evanescet. Sequitur, tertio, quod fictio non possit esse simplex, sed quod fiat ex compositione diversarum idearum confusarum, quae sunt diversarum rerum atque actionum in natura existentium, vel melius, ex attentione $^{b'}$simul sine assensu ad tales diversas ideas. Nam, si esset simplex, esset clara et distincta, et per consequens vera; si ex compositione idearum distinctarum, esset

25    etiam earum | compositio clara et distincta, ac proinde vera. Ex. gr., postquam novimus naturam circuli ac etiam naturam quadrati, jam non $^{\dagger}$possumus ea duo componere et circulum facere quadratum, aut animam quadratam et similia.

[65] Concludamus iterum breviter et videamus quomodo fictio nullo modo sit timenda, ut ea cum veris ideis confundatur. Nam, quoad primam, de qua prius locuti sumus, ubi scilicet res clare

---

b′ *NB quod fictio, in se spectata, non multum differat a somnio, nisi quod in somniis non offerantur causae, quae vigilantibus ope sensuum offeruntur, ex quibus colligunt illa repraesentamina illo tempore non repraesentari a rebus extra se constitutis. Error autem, ut statim apparebit, est vigilando somniare; et si sit admodum manifestus, delirium vocatur.*

어떤 것을 정신이 단지 부분적으로만 아는 데서,[185] 또한 이미 알고 있는 것을 아직 모르는 것과 구별하지 않는 데서, 나아가 정신이 각 사물에 포함되어 있는 많은 것들에 아무 구별 없이 한꺼번에 주의를 기울이는 데서[186] 비롯된다. 이로부터 다음이 따라 나온다. [64] 첫째, 만일 관념이 가장 단순한 어떤 것에 대한 것이라면, 이 관념은 명석판명할 수밖에 없다는 점이다. 왜냐하면 그런 사물은 부분적으로 알려질 수는 없고 전체적으로 알려지거나 아니면 아예 알려지지 않을 수밖에 없을 터이기 때문이다.[187] 둘째, 많은 것들로 합성된 사물은 사유를 통해 가장 단순한 부분들로 낱낱이 나누고 각각의 부분에 독자적으로 주의를 기울인다면, 이제 모든 혼동이 사라지리라는 점이다.[188] 셋째, 허구는 단순할 수 없으며, 자연 안에 실존하는 상이한 사물과 활동[189]에 대한 상이한 혼동된 관념의 합성으로부터 만들어진다는 것, 더 정확히 말해 허구는 그와 같은 상이한 관념들에 동의하지는 않으면서 한꺼번에 주의를 기울임으로써[b'] 만들어진다는 것이다. 실로 허구가 단순하다고 가정해보면 그것은 명석판명할 것이고, 따라서 참일 것이고, 또 허구가 분명한 관념들의 합성에서 비롯된다고 가정해보면 이 관념들의 합성물 역시 명석판명할 것이고, 따라서 참일 것이기 때문이다. 가령, 우리가 원의 본성과 사각형의 본성까지 인지한 다음에는 이 둘을 합성하여 네모난 원, 네모난 영혼 혹은 이와 유사한 것을 만들어낼 수 없다.[190][†]

[25]

[65] 간략하게 다시 결론을 내리고 왜 허구가 참된 관념과 혼동될까 봐 우려할 필요가 없는지 보도록 하자. 앞서 말한 첫 번째 경우,[191] 즉 사물이 명료하게 생각되는 경우를 보자. 만일 명료하게 생각되는 사물과

---

b' 허구는 그 자체로 볼 때 꿈과 그다지 다르지 않음에 주목하라. 다만 깨어 있는 자에게는 이 표상들[*]이 이 시점에 자기 바깥에 있는 사물로부터 현시되는 것은 아니라고 추리하게 하는 원인들이 감각의 도움으로 제시되는 반면에, 꿈에서는 그런 원인들이 제시되지 않는다는 점을 제외하면 말이다. 그런데 곧 드러나겠지만,[**] 오류란 깨어 있으면서 꾸는 꿈이다. 그리고 그것이 아주 명백하면 착란이라고 불린다.

concipitur, vidimus, quod si ea res, quae clare concipitur, et etiam ipsius existentia sit per se aeterna veritas, nihil circa talem rem poterimus fingere; sed, si existentia rei conceptae non sit aeterna veritas, tantum est curandum, ut existentia rei cum ejus essentia conferatur, et simul ad ordinem naturae attendatur. Quoad secundam fictionem, quam diximus esse simul attentionem sine assensu ad diversas ideas confusas, quae sunt diversarum rerum atque actionum in natura existentium, vidimus etiam rem simplicissimam non posse fingi, sed intelligi, et etiam rem compositam, modo ad partes simplicissimas, ex quibus componitur, attendamus; imo, nec ex ipsis ullas actiones, quae verae non sunt, nos posse fingere; nam, simul cogemur contemplari, quomodo et cur tale quid fiat.

[66] His sic intellectis, transeamus jam ad inquisitionem ideae falsae, ut videamus circa quae versetur et quomodo nobis possimus cavere ne in falsas perceptiones incidamus. Quod utrumque non erit nobis jam difficile, post inquisitionem ideae fictae. Nam inter ipsas nulla alia datur differentia, nisi quod haec supponat assensum, hoc est (uti jam notavimus), quod nullae offeruntur causae, dum repraesentamina †ipsi offeruntur, quibus, sicut fingens, possit colligere ea non oriri a rebus extra se, et quod fere nihil aliud sit quam oculis apertis, sive dum vigilamus, somniare. Versatur itaque idea falsa vel (ut melius loquar) refertur ad existentiam rei, cujus essentia cognoscitur, sive circa essentiam, eodem modo ac idea ficta.

[67] Quae ad existentiam refertur, emendatur eodem modo ac

바로 그 사물의 실존 또한 그 자체로 영원 진리라면, 그런 사물에 대해 우리는 어떤 허구도 지어낼 수 없음을 확인했다. 반면에 생각된 사물의 실존이 영원 진리가 아니라면, 사물의 실존을 그것의 본질과 대조하면서 그와 동시에 자연의 질서에 주의를 기울이는 데 유념하기만 하면 된다. 두번째 허구의 경우,[192] 우리는 그것이 자연 안에 실존하는 상이한 사물과 활동에 대한 상이한 혼동된 관념들에 동의는 하지 않되 한꺼번에 주의를 기울이는 데서 성립한다고 말했다. 우리는 이 경우에도 가장 단순한 것들은 허구의 대상이 아니라 오로지 이해될 뿐이라는 것을, 그리고 복합적인 것도 그것으로 합성되는 가장 단순한 부분들에 주의를 기울인다면 이해될 수 있다는 것을 확인했다. 심지어 이것들로부터는 참이 아닌 어떤 활동도 허구적으로 지어낼 수 없는데, 왜냐하면 그와 동시에[193] 우리는 어떻게 왜 그런 것이 일어나는지 주시하도록 강제될 것이기 때문이다.

[66] 이것들이 이해되었으므로 이제 거짓된 관념에 대한 탐문으로 넘어가 이 관념이 무엇과 관련되며, 우리가 어떻게 거짓된 지각들에 빠지지 않도록 유의할 수 있는지 보도록 하자. 허구적 관념에 대한 탐문이 이미 이루어진 이상, 지금 우리에게는 두 문제 모두 어렵지 않을 것이다. 왜냐하면 거짓된 관념과 허구적 관념 사이에는 거짓된 관념이 동의를 상정한다는 것[194] 외에 다른 차이는 없기 때문이다. 그러니까 (우리가 이미 주목했듯이) 거짓된 관념을 가진 자에게는[195]† 표상들이 나타나되, 허구를 지어내는 자의 경우처럼 이 표상들이 자기 바깥의 사물들에서 생겨나는 것이 아니라고 추리할 수 있게 해줄 원인은 전혀 나타나지 않는다는 것, 또한 거짓된 관념은 눈 뜬 채로, 혹은 깨어 있는 동안 꾸는 꿈에 다름 아니라는 것 외에 다른 차이는 없기 때문이다. 그러므로 거짓된 관념은 허구적 관념과 동일한 방식으로, 어떤 사물의 본질이 인식된 경우라면 그 사물의 실존과 관련되거나 아니면 (너 정확히 말해) 실존에 대한 것이고, 또는 [본질이 인식된 경우가 아니라면] 본질과 관련된다.

[67] 실존에 대한 거짓된 관념은 허구와 동일한 방식으로 교정된다.

fictio. Nam si natura rei notae supponat existentiam necessariam, impossibile est ut circa existentiam illius rei fallamur; sed, si existentia rei non sit aeterna veritas, uti est ejus essentia, sed quod necessitas aut impossibilitas existendi pendeat a causis externis, tum | cape omnia eodem modo quo diximus, cum de fictione sermo esset; nam eodem modo emendatur.

[68] Quod attinet ad alteram, quae ad essentias refertur, vel etiam ad actiones, tales perceptiones necessario semper sunt confusae, compositae ex diversis confusis perceptionibus rerum in natura existentium, ut cum hominibus persuadetur in silvis, in imaginibus, in brutis et caeteris adesse numina; dari corpora, ex quorum sola compositione fiat intellectus; cadavera ratiocinari, ambulare, loqui; Deum decipi et similia. Sed ideae quae sunt clarae et distinctae nunquam possunt esse falsae. Nam ideae rerum, quae clare et distincte concipiuntur, sunt vel simplicissimae vel compositae ex ideis simplicissimis, id est, a simplicissimis ideis deductae. Quod vero idea simplicissima non queat esse falsa, poterit unusquisque videre, modo sciat quid sit verum sive intellectus, et simul quid falsum.

[69] Nam, quod id spectat quod formam veri constituit, certum est cogitationem veram a falsa non tantum per denominationem extrinsecam, sed maxime per intrinsecam distingui. Nam si quis faber ordine concepit fabricam aliquam, quamvis talis fabrica nunquam exstiterit nec etiam unquam exstitura sit, ejus nihilominos cogitatio vera est, et cogitatio eadem est, sive fabrica existat sive minus; et contra, si aliquis dicit Petrum, ex gr., existere, nec tamen scit Petrum

사실 우리가 알고 있는 사물의 본성이 필연적 실존을 전제한다면, 그 사물의 실존에 대해 우리가 속는다는 것은 불가능한 일이다. 반면에 해당 사물의 실존이 그것의 본질과는 달리 영원 진리가 아니라면, 그 대신 그것이 실존할 필연성이나 불가능성이 외적 원인들에 달려 있다면, 모든 것을 우리가 허구에 대해 말했던 것과 똑같은 방식으로 다루면 된다. 같은 방식으로 교정되기 때문이다.

[68] 다른 거짓된 관념의 경우, 즉 본질에 대한 거짓된 관념이나 본질과 활동 모두에 대한 거짓된 관념의 경우, 그런 지각은 필연적으로 늘 혼동되어 있고, 자연에 실존하는 사물에 대한 상이한 혼동된 지각들로 합성되기 마련이다. 사람들이 숲, 우상(偶像), 짐승 등에 신들이 있다고 믿을 때, 서로 합성되기만 해도 지성을 만들어낼 물체들이 있다고, 시체들이 추론하고 걷고 말한다고, 신이 속는다는 등과 같은 것을 믿을 때가 그런 경우이다. 하지만 명석판명한 관념은 결코 거짓일 수 없다. 왜냐하면 명석판명하게 생각되는 사물의 관념은 가장 단순한 것이거나 아니면 가장 단순한 관념들로 합성된 것, 다시 말해 가장 단순한 관념들로부터 연역된 것이기 때문이다. 그런데 참된 것이란 무엇인지를 또는 지성을 알고, 그와 동시에 거짓된 것이란 무엇인지를 알기만 한다면, 가장 단순한 관념이 거짓일 수 없음은 누구나 깨달을 수 있을 것이다.

[69] 실상 참된 것의 형상을 수립해주는 것을 보자면, 참된 사유는 거짓된 사유와 단지 외적 명명을 통해서만 구별되는 것이 아니라 주요하게는 내적 명명에 의해 구별된다는 것[196]이 확실하다. 왜냐하면 어떤 제작자가 어떤 제작물을 순서대로 구상한다면, 설령 그런 제작물이 실존한 적도 없고 심지어 앞으로도 결코 실존하지 않을 것이라 하더라도 그럼에도 그것에 대한 사유는 참되며, 제작물이 실존하든 실존하지 않든 그 사유는 동일할 것이기 때문이나.[197] 또한 반대로 누군가가 가령 베드로가 실존한다고 말하기는 하지만 그럼에도 베드로가 실존한다는 것을 알지 못한다면, 이 사람에게는 이 사유가 거짓이기 때문이다. 더 정확히

26

existere, illa cogitatio respectu illius falsa est, vel, si mavis, non est vera, quamvis Petrus revera existat; nec haec enunciatio, Petrus existit, vera est, nisi respectu illius qui certo scit Petrum existere.

[70] Unde sequitur in ideis dari aliquid reale, per quod verae a falsis distinguuntur. Quod quidem jam investigandum erit, ut optimam veritatis normam habeamus (ex †datae enim verae ideae norma nos nostras cogitationes debere determinare diximus, methodumque cognitionem esse reflexivam) et proprietates intellectus noscamus. Nec dicendum hanc differentiam ex eo oriri, quod cogitatio vera est res cognoscere per primas suas causas, in quo quidem a falsa valde differret, prout eandem supra explicui. Cogitatio enim vera etiam dicitur, quae essentiam alicujus principii objective involvit, quod causam non habet et per se in se cognoscitur. [71] Quare forma verae cogitationis in eadem | ipsa cogitatione sine relatione ad alias debet esse sita; nec objectum tanquam causam agnoscit, sed ab ipsa intellectus potentia et natura pendere debet. Nam, si supponamus intellectum ens aliquod novum percepisse, quod nunquam exstitit, sicut aliqui Dei intellectum concipiunt antequam res crearet (quae sane perceptio a nullo objecto oriri potuit), et ex tali perceptione alias legitime †deducere, omnes illae cogitationes verae essent et a nullo objecto externo determinatae, sed a sola intellectus potentia et natura dependerent. Quare id, quod formam verae cogitationis constituit, in ipsa eadem cogitatione est quaerendum et ab intellectus natura deducendum.

[72] Hoc igitur ut investigetur, ideam aliquam veram ob oculos ponamus, cujus objectum maxime certo scimus a vi nostra cogitandi pendere, nec objectum aliquod in natura habere; in tali enim idea, ut

27

말해 참되지 않기 때문이다.[198] 베드로가 정말로 실존한다고 해도 말이다. 베드로가 실존한다는 이 진술은 베드로가 실존한다는 것을 확실하게 아는 자에게만 참이다.

[70] 이로부터 관념들 안에는 참된 것을 거짓된 것과 구별하게 해주는 실재적인 어떤 것이 있음이 따라 나온다. 진리의 최고 규준을 갖기 위해 (이미 말했듯이, 주어진[199]† 참된 관념의 규준에 따라 우리 사유들을 규정해야 하며, 방법은 반성적 인식이기 때문에), 그리고 지성의 특성들을 인지하기 위해, 이제 탐구해야 할 것은 바로 이것이다. 참된 사유란 사물을 제1원인들을 통해 인식하는 것이기 때문에 이[200] 차이가 생겨난다고 말해서도 안 된다. 이미 설명했듯이,[201] 물론 이 점에서 참된 사유는 거짓 사유와 큰 차이가 있지만 말이다. 왜냐하면 원인이 없고[202] 그 자체를 통해 그 자체로 인식되는 어떤 원리의 본질을 표상적으로 함축하는 사유 역시 참되다고 말해지기 때문이다. [71] 이런 이유로 참된 사유[203]의 형상은 다른 것들과 관계없이 바로 그 사유 안에 자리할 수밖에 없으며, 대상을 원인으로 인정하는 것이 아니라[204] 지성의 역량 자체와 본성에 달려 있을 수밖에 없다. 사실 결코 실존한 적이 없는 새로운 어떤 것을 지성이 지각했다고 가정해보면 — 마치 어떤 이들이 신이 사물을 창조하기 이전의 그의 지성을 생각하듯이 (그 지각은 필시 그 어떤 대상에 의해서도 생겨날 수 없었기 마련이니) — , 그리고 그런 지각으로부터 다른 모든 것들을 적법하게 연역한다고[205]† 가정해보면, 그 사유 모두는 참될 것이며,[206] 어떤 외적 원인에 의해서도 규정되지 않고, 오직 지성의 역량과 본성에 의존할 것이기 때문이다. 따라서 참된 사유의 형상을 수립해주는 것은 바로 그 사유 안에서 탐색되어야 하며 지성의 본성으로부터 연역되어야 한다.

[72] 따라서 이를 탐구하기 위해 임의의 참된 관념, 그러니까 이 관념의 대상이 우리의 사유하는 힘에 달려 있을 뿐 자연 안에는 대상이 없음을 우리가 아주 확실하게 알고 있는 임의의 참된 관념을 눈앞에 놓아보

27

ex jam dictis patet, facilius id, quod volumus, investigare poterimus. Ex. gr., ad formandum conceptum globi fingo ad libitum causam, nempe semicirculum circa centrum rotari et ex rotatione globum quasi oriri. Haec sane idea vera est, et quamvis sciamus nullum in natura globum sic unquam ortum fuisse, est haec tamen vera perceptio et facillimus modus formandi globi conceptum. Jam notandum hanc perceptionem affirmare semicirculum rotari; quae affirmatio falsa esset, si non esset juncta conceptui globi vel causae talem motum determinantis, sive, absolute, si haec affirmatio nuda esset. Nam, tum mens tantum tenderet ad affirmandum solum semicirculi motum, qui nec in semicirculi conceptu continetur, nec ex conceptu causae motum determinantis oritur. Quare falsitas in hoc solo consistit, quod aliquid de aliqua re affirmetur, quod in ipsius, quem formavimus, conceptu, non continetur, ut motus vel quies de semicirculo. Unde sequitur simplices cogitationes non posse non esse veras, ut simplex semicirculi, motus, quantitatis etc. idea. Quicquid hae affirmationis continent, earum adaequat conceptum, †<nec ultra se extendit>; quare nobis licet ad libitum sine ullo erroris scrupulo ideas simplices formare.

[73] Superest igitur tantum quaerere, qua potentia mens nostra eas formare possit, et quousque ea potentia se extendat; hoc enim invento, facile videbimus summam, ad quam possumus pervenire, cogni | tionem. Certum enim est hanc ejus potentiam se non extendere in infinitum. Nam, cum aliquid de aliqua re affirmamus, quod in conceptu, quem de ea formamus, non continetur, id

자. 방금 말한 것에서 드러나듯이, 그런 관념을 통해 우리가 바라는 바를 더 쉽게 탐구할 수 있을 테니 말이다. 예를 들어, 나는 구(球)의 개념을 형성하기 위해 마음대로 어떤 원인을 허구적으로 지어내본다. 말하자면, 반원이 중심을 축으로 회전하여 이 회전에서 구가 생겨나는 양 말이다.[207] 이 관념은 분명 참되며, 비록 자연 안의 어떤 구도 결코 이렇게 발생한 적이 없음을 우리가 알고 있더라도 참된 지각이고 구의 개념을 형성하는 가장 쉬운 방식이다. 이제 이 지각이 반원의 회전을 긍정한다는[208] 점에 주목해야 하는데, 만일 이 긍정이 구의 개념이나 그런 운동을 규정하는 원인에 결부되지 않는다면, 혹은 절대적으로 말해 이 긍정이 고립되어 있다면[209] 거짓일 것이다. 왜냐하면 이럴 경우에 정신은 그저 반원에 대해 오로지 운동만을 긍정하려고 들 텐데, 이 운동은 반원의 개념에 포함되어 있지도 않고 그 운동을 규정하는 원인의 개념에서 발생하지도 않기 때문이다. 이런 이유로 거짓은 오직 다음에, 즉 반원에 대해 운동이나 정지를 긍정하듯이 우리가 어떤 사물에 대해, 우리가 형성한 그 사물 자체의 개념에 포함되지 않은 어떤 것을 긍정한다는 데 있을 뿐이다. 이로부터 반원에 대한, 운동에 대한, 양(量) 등에 대한 단순 관념과 같은 단순 사유들은 참되지 않을 수 없다는 점이 따라 나온다. 그것들이 긍정을 통해 포함하는 것이면 무엇이든 그것들의 개념에 적합하게 들어맞고[210] 〈더 멀리로 뻗어가지 않는다〉.[211]† 이런 이유로 우리는 단순 관념들은 오류에 대한 걱정 없이 마음대로 형성해도 된다.

[73] 그렇다면 이제 유일하게 남은 일은 우리 정신이 과연 어떤 역량으로 이런 관념들을 형성할 수 있는지, 그리고 이 역량이 과연 어느 정도까지인지 묻는 것이다. 이것을 발견하고 나면, 우리가 도달할 수 있는 최고의 인식이 무엇인지 쉽게 깨닫게 될 테니 말이다. 사실 정신의 이 역량이 무한한 정도가 아님은 확실하다. 왜냐하면 어떤 사물에 대해 우리 자신이 형성하는 개념에 들어 있지 않은 무언가를 우리가 해당 사물에 대해 긍정할 때 이는 우리 지각의 결손을, 또는 우리가 이를테면 손

28

defectum nostrae perceptionis indicat, sive quod mutilatas quasi et truncatas habemus cogitationes sive ideas. Motum enim semicirculi falsum esse vidimus, ubi nudus in mente est, eum ipsum autem verum, si conceptui globi jungatur vel conceptui alicujus causae talem motum determinantis. Quod si de natura entis cogitantis sit, uti prima fronte videtur, cogitationes veras sive adaequatas formare, certum est ideas inadaequatas ex eo tantum in nobis oriri, quod pars sumus alicujus entis cogitantis, cujus quaedam cogitationes ex toto, quaedam ex parte tantum nostram mentem constituunt.

[74] Sed quod adhuc venit considerandum et quod circa fictionem non fuit operae pretium notare, et ubi maxima datur deceptio est quando contingit ut quaedam, quae in imaginatione offeruntur, sint etiam in intellectu, hoc est, quod clare et distincte concipiantur, quod tum, quamdiu distinctum a confuso non distinguitur, certitudo, hoc est, idea vera cum non distinctis commiscetur. Ex. gr., quidam Stoicorum forte audiverunt nomen animae, et etiam quod sit immortalis, quae tantum confuse imaginabantur, imaginabantur etiam simul, et intelligebant, corpora subtilissima caetera omnia penetrare et a nullis penetrari. Cum haec omnia simul imaginabantur, concomitante certitudine hujus axiomatis, statim certi reddebantur mentem esse subtilissima illa corpora, et subtilissima illa corpora non dividi etc.

[75] Sed ab hoc etiam liberamur, dum conamur ad normam datae verae ideae omnes nostras perceptiones examinare, cavendo, uti initio diximus, ab iis, quas ex auditu aut ab experientia vaga habemus. Adde quod talis deceptio ex eo oritur, quod res nimis

상되고 잘려나간[212] 사유 또는 관념을 가지고 있음을 가리키기 때문이다. 사실 우리는 반원의 운동이 정신 안에서 고립되어 있을 때는 거짓임을, 그러나 바로 이 운동이 만일 구의 개념에 결부되거나 아니면 그런 운동을 규정하는 어떤 원인의 개념에 결부된다면 참임을 보았다. 그런데 만일 참된 또는 적합한 사유들을 형성하는 일이, 처음에 그렇게 보이듯이,[213] 사유하는 존재자의 본성에 속한다면 부적합한 관념들이 우리 안에 생겨나는 것은 단지 다음의 이유 때문이다. 우리가 어떤 사유하는 존재자의 일부이며, 이 존재자의 사유들 가운데 어떤 것은 그 전체가 우리 정신을 구성하고 어떤 것은 단지 일부만이 우리 정신을 구성한다는 점 말이다.[214]

[74] 그런데 허구들과 관련해서는 굳이 주목할 필요가 없었지만, 가장 큰 기만이 있는 경우로, 이제서야 고찰해야 할 것이 있다. 상상에 나타나는 어떤 것들이 또한 지성에도 있을 때, 그러니까 그것들이 명석판명하게 생각될 때이다. 그럴 경우에 분명한 것이 혼동된 것과 구별되지 않는 한 확실성, 즉 참된 관념은 분명하지 않은 것들과 뒤섞이기 때문이다.[215] 예를 들어, 스토아학파의 어떤 사람들은 어쩌다가 '영혼'이라는 이름을, 그리고 영혼이 불멸한다는 것 역시 들었고, 이 둘을 그저 혼동되게만 상상했다. 그들은 또한 가장 미세한 물체들은 여타의 모든 물체를 관통하지만 그것들 자체는 어느 물체로도 관통되지 않는다는 것 역시 상상했고, 동시에 이를 [지성으로] 이해했다. 이 공리의 확실성이 동반되는 가운데 이 모든 것을 한꺼번에 상상했기 때문에, 그들은 정신이 저 극미한 물체들[216]이며 저 극미한 물체들은 분할되지 않는다는 것 등을 곧바로[217] 확신하게 되었다.

[75] 하지만 처음에 말했듯이, 우리가 소문으로부터 혹은 무작위적 경험으로부터 얻는 지각들을 경계하면서 주어진 참된 관념의 규준에 따라 우리의 모든 지각들을 검토하고자 노력하는 동안, 우리는 이런 기만에서도 자유로워진다. 덧붙이자면, 이런 유의 기만은 사물을 매우 추

abstracte concipiunt; nam per se satis clarum est, me illud, quod in suo vero objecto concipio, alteri non posse applicare. Oritur denique etiam ex eo, quod prima elementa totius naturae non intelligunt; unde, sine ordine procedendo et naturam cum abstractis, quamvis sint vera axiomata, confundendo, se ipsos confundunt ordinemque

29    naturae perver  |  tunt. Nobis autem, si quam minime abstracte procedamus et a primis elementis, hoc est, a fonte et origine naturae, quam primum fieri potest, incipiamus, nullo modo talis deceptio erit metuenda. [76] Quod autem attinet ad cognitionem originis naturae, minime est timendum ne eam cum abstractis confundamus. Nam, cum aliquid abstracte concipitur, uti sunt omnia universalia, semper latius comprehenduntur in intellectu, quam revera in natura existere possunt eorum particularia. Deinde, cum in natura dentur multa quorum differentia adeo est exigua ut fere intellectum effugiat, tum facile (si abstracte concipiantur) potest contingere ut †confundamur. At, cum origo Naturae, †ut postea videbimus, nec abstracte sive universaliter concipi possit, nec latius possit extendi in intellectu quam revera est, nec ullam habeat similitudinem cum mutabilibus, nulla circa ejus ideam metuenda est conclusio, modo normam veritatis †(quam jam ostendimus) habeamus. Est nimirum hoc ens unicum, $z'$infinitum, hoc est, est omne $a''$esse et praeter quod nullum

$z'$  Haec non sunt attributa Dei, quae ostendunt ipsius essentiam, ut in Philosophia ostendam.

$a''$  Hoc supra jam demonstratum est. Si enim tale ens non existeret, nunquam posset produci; adeoque mens plus posset intelligere quam natura praestare, quod supra falsum esse constitit.

상적으로 생각하는 데서 생겨난다.[218] 사실 내가 내 생각의 진짜 대상에서 생각한 사항을 다른 대상에 적용할 수 없다는 것은 그 자체로 충분히 명백하다. 마지막으로 그런 기만은 또한 자연 전체의 제1요소들이 이해되지 않는 데서도 생겨나는데, 그 결과 사람들은 질서 없이 진행해가면서, 그리고 자연을 추상적인 것들 — 비록 이것들이 참된 공리들일지라도 — 과 혼동하면서, 스스로를 혼동시키고 자연의 질서를 전도한다. 그러나 만일 우리가 최대한 추상적이지 않은 방식으로 진행해가고, 할 수 있는 한 자연의 제1요소들로부터, 곧 자연의 원천과 근원에서 시작한다면, 그런 기만은 조금도 두려워할 필요가 없을 것이다. [76] 그런데 자연의 근원에 대한 인식의 경우, 그것을 우리가 추상물과 혼동하지 않을까 우려할 필요는 조금도 없다. 왜냐하면 모든 보편자들이 그렇듯 무언가가 추상적으로 생각될 때, 지성[219] 안에서 그것은 그것의 개별자들이 실제로 실존할 수 있는 것보다 더 넓은 범위에 걸쳐 있기 때문이다. 다음으로, 자연 안에는 지성이 거의 포착하지 못할 만큼 세세한 차이를 지닌 많은 것들이 있는 이상, (추상적으로 생각할 경우에) 우리가 혼동하는[220]† 일은 쉽게 일어날 수 있다. 그러나 나중에 보겠지만,[221]† 자연의 근원은 추상적인 방식으로 또는 보편적인 방식으로 생각될 수도 없고, 실제로 있는 것보다 지성 안에서 더 넓은 범위에 걸쳐 있을 수도 없으며, 가변적인 것들과의 유사성도 전혀 없기 때문에, 우리가 (이미 우리가 보여준 바 있는)[222]† 진리의 규준을 가지고 있기만 하다면 이 원천의 관념에 대해서는 혼동을 두려워할 필요가 없다. 이 원천은 분명 유일하고 무한한[z′] 존재자이다. 다시 말해, 존재하는 모든 것이며[a″] 그 너머에는 어

29

---

[z′] 내가 '철학'*에서 보여주겠지만, 이것들은 신의 본질을 보여주는 신의 속성들이 아니다.**

[a″] 이 점은 앞에서* 이미 증명되었다. 왜냐하면 만일 그런 존재자가 실존하지 않는다면 그 존재자는 결코 산출될 수 없을 것이고, 그 결과 정신은 자연이 제공하는 것보다 더 많은 것을 이해할 수 있을 텐데, 앞에서* 이는 거짓임이 밝혀졌기 때문이다.

datur esse.

[77] Hucusque de idea falsa. Superest ut de idea dubia inquiramus, hoc est, ut inquiramus quaenam sint ea, quae nos possunt in dubium pertrahere, et simul quomodo dubitatio tollatur. Loquor de vera dubitatione in mente et non de ea quam passim videmus contingere, ubi scilicet verbis, quamvis animus non dubitet, dicit quis se dubitare. Non est enim methodi hoc emendare, sed potius pertinet ad inquisitionem pertinaciae et ejus emendationem.

[78] Dubitatio itaque in anima nulla datur per rem ipsam de qua dubitatur; hoc est, si tantum unica sit idea in anima, sive ea sit vera sive falsa, nulla dabitur dubitatio neque etiam certitudo, sed tantum talis sensatio. Est enim in se nihil aliud nisi talis sensatio; sed dabitur per aliam ideam, quae non adeo clara ac distincta est, ut possimus ex ea aliquid certi circa rem de qua dubitatur, concludere; | hoc est, idea, quae nos in dubium conjicit, non est clara et distincta. Ex. gr., si quis nunquam cogitaverit de sensuum fallacia, sive experientia sive quomodocunque sit, nunquam dubitabit an sol major sit quam apparet; inde rustici passim mirantur, cum audiunt solem multo majorem esse quam globum terrae. Sed <sup>b″</sup>cogitando de fallacia sensuum oritur dubitatio, et si quis, post dubitationem, acquisiverit veram cognitionem sensuum et quomodo per eorum instrumenta res ad distantiam repraesententur, tum dubitatio iterum tollitur.

30

---

b″ *Id est, scit sensus aliquando se decepisse; sed hoc tantum confuse scit; nam nescit quomodo sensus fallant.*

떤 존재도 없다.

[77] 여기까지가 거짓된 관념에 대한 것이다. 남은 것은 의심스러운 관념을 검토하는 일이다. 즉 무엇이 우리를 의문[223]으로 끌어들일 수 있는지, 동시에 어떻게 의심이 제거되는지를 탐구하는 일이다. 내가 말하는 것은 정신 안에 일어나는 진짜 의심이지 우리가 흔히 접하곤 하는 의심, 곧 어떤 이가 마음속으로는 의심하지 않으면서 말로만 의심한다고 할 때의 그런 의심이 아니다.[224] 이런 의심을 교정하는 것은 방법의 소관이 아니며, 차라리 아집과 그것의 교정에 대한 탐문에 속하기 때문이다.

[78] 그러므로 의심이 가는 사물 자체로 인해 영혼 안에 의심이 있게 되는 경우는 없다. 다시 말해, 만일 영혼 안에 단 하나의 관념만 있다면 이 관념이 참이든 거짓이든 간에 어떤 의심도 없을 것이고, 확실성 또한 없을 것이며,[225] 단지 그런 느낌[226]만 있을 것이다. 왜냐하면 이 관념은 그 자체로는 그런 느낌 외에 다른 것이 아니며, 의심은 오히려 다른 관념, 곧 의심이 가는 사물과 관련하여 우리가 확실한 무언가를 결론 내릴 수 있을 정도까지 명석판명하지는 않은 다른 관념으로 인해 있게 될 것이기 때문이다. 다시 말해, 우리를 의문에 빠뜨리는 관념은 명석판명하지 않다. 가령, 만일 누군가가 경험으로든 그 어떤 방식으로든 감각의 속임에 대해 전혀 사유해본 적이 없다면, 태양이 보기보다 더 큰지 아니면 더 작은지 전혀 의심하지 않을 것이다. 그래서 농부들은 태양이 지구보다 훨씬 더 크다는 말을 들을 때 놀라기 십상이다. 반면에 감각의 속임에 대해 사유하면서 의심이 생겨난다.[b″†] 그리고 만일 어떤 이가 의심을 했다가도 감각들에 대한 참된 인식을 획득하고 또한 과연 어떤 방식으로 사물이 이 감각이라는 도구를 통해 먼 거리에서 표상되는지에 대한 참된 인식을 획득한다면, 의심은 이제 다시금 제거된다.[227]

[b″†] 다시 말해, 그는 감각들이 언젠가 자신을 기만했음을 알지만 단지 혼동되게 알 뿐인데, 왜냐하면 그는 감각들이 어떻게 속이는지는 알지 못하기 때문이다.

[79] Unde sequitur nos non posse veras ideas in dubium vocare ex eo quod forte aliquis Deus deceptor existat, qui vel in maxime certis nos fallit, nisi quamdiu nullam habemus claram et distinctam †<Dei> ideam, hoc est, †si attendamus ad cognitionem quam de origine omnium rerum habemus, et nihil inveniamus quod nos doceat eum non esse deceptorem eadem illa cognitione qua, cum attendimus ad naturam trianguli, invenimus ejus tres angulos aequales esse duobus rectis; sed si talem cognitionem Dei habemus qualem habemus trianguli, tum omnis dubitatio tollitur. Et eodem modo, quo possumus pervenire ad talem cognitionem trianguli, quamvis non certo sciamus an aliquis summus deceptor nos fallat, eodem etiam modo possumus pervenire ad talem Dei cognitionem, quamvis non certo sciamus an detur quis summus deceptor et, modo eam habeamus, sufficiet ad tollendam, uti dixi, omnem dubitationem quam de ideis claris et distinctis habere possumus.

[80] Porro, si quis recte procedat investigando quae prius sunt investiganda, nulla interrupta concatenatione rerum, et sciat quomodo quaestiones sint determinandae antequam ad earum cognitionem accingamur, nunquam nisi certissimas ideas, id est, claras et distinctas habebit. Nam dubitatio nihil aliud est quam suspensio animi circa aliquam affirmationem aut negationem †<rei>, quam affirmaret aut negaret, nisi occurreret aliquid, quo ignoto, cognitio ejus rei debet esse imperfecta. Unde colligitur quod dubitatio semper oritur ex eo, quod res absque ordine investigentur.

[81] Haec sunt quae promisi tradere in hac prima parte methodi.

[79] 이로부터 다음이 따라 나온다. 심지어 가장 확실한 것에서조차 우리를 속이는 어떤 기만자 신(神)이 혹시 실존할지도 모른다는 이유로 우리가 참된 관념들을 의문에 부칠 수 있다면,[228] 이는 오직 우리가 〈신에 대한〉[229]✝ 명석판명한 관념을 갖고 있지 않은 한에서일 뿐이다. 다시 말해, 만물의 근원에 대해 우리가 가진 인식에 주의를 기울이는 경우, 그러나 삼각형의 본성에 주의를 기울일 때 그 세 각이 180도와 같음을 발견하게 해주는 것과 마찬가지 인식으로 우리에게 신이 기만자가 아님을 가르쳐주는 것을 전혀 발견하지 못할 경우이다.[230]✝ 반면에 만일 우리가 삼각형에 대해 갖는 인식과 동일한 유의 인식을 신에 대해 갖는다면, 그럴 경우 모든 의심은 제거된다. 또한 비록 어떤 최고의 기만자가 우리를 속이는지 아닌지 확실하게 알지는 못해도 우리가 삼각형에 대한 그런 부류의 인식에 도달할 수 있는 것과 마찬가지로, 비록 어떤 최고의 기만자가 있는지 아닌지 확실하게 알지는 못함에도 우리는 신에 대한 그런 부류의 인식에 도달할 수 있다. 우리가 이 인식을 갖기만 한다면, 이미 말했듯이, 명석판명한 관념들에 대해 우리가 가질 수 있는 모든 의심을 제거하는 데 충분할 것이다.

[80] 더 나아가[231] 만일 누군가가 먼저 탐구되어야 할 것들을 탐구하면서 사물들의 연쇄가 조금도 중단되지 않게 올바르게 진행해가고, 또한 질문에 대한 인식[232]을 마련하기 전에 질문이 어떻게 규정되어야 하는지를 안다면, 그는 매우 확실한 관념만을, 즉 명석판명한 관념만을 가질 것이다. 실상 의심이란 〈사물에 대한〉[233]✝ 어떤 긍정이나 부정과 관련하여 마음이 중지된 것일 뿐, 잘 알지 못하는 어떤 일이 일어나 해당 사물에 대한 인식 역시 불완전할 수밖에 없는 상황만 아니더라도 마음은 〈이 사물을〉 긍정하거나 부정할 것이기 때문이다. 이로부터 의심이란 항상 사물들이 순서 없이 탐구되기 때문에 발생한다는 것이 도출된다.

[81] 이것이 내가 방법의 첫 번째 부분에서 다루겠다고 약속했던 것

Sed, | ut nihil omittam eorum quae ad cognitionem intellectus et ejus vires possunt conducere, tradam etiam pauca de memoria et oblivione. Ubi hoc maxime venit considerandum, quod memoria corroboretur ope intellectus et etiam absque ope intellectus. Nam, quoad primum, quo res magis est intelligibilis, eo facilius retinetur, et contra, quo minus, eo facilius eam obliviscimur. Ex. gr., si tradam alicui copiam verborum solutorum, ea multo difficilius retinebit quam si eadem verba in forma narrationis tradam.

[82] Corroboratur etiam absque ope intellectus, scilicet a vi qua imaginatio, aut sensus quem vocant communem, afficitur ab aliqua re singulari corporea. Dico *singularem*; imaginatio enim tantum a singularibus afficitur. Nam, si quis legerit, ex gr., unam tantum †fabulam amatoriam, eam optime retinebit, quamdiu non legerit plures alias ejus generis, quia tum sola viget in imaginatione; sed si plures sint ejusdem generis, simul omnes imaginamur et facile †confunduntur. Dico etiam *corpoream*; nam a solis corporibus afficitur imaginatio. Cum itaque memoria ab intellectu corroboretur, et etiam sine intellectu, inde concluditur eam quid diversum esse ab intellectu, et circa intellectum in se spectatum nullam dari memoriam neque oblivionem.

[83] Quid ergo erit memoria? Nihil aliud quam sensatio impressionum cerebri, simul cum cogitatione ad determinatam durationem $^{d'}$sensationis. Quod etiam ostendit reminiscentia; nam,

---

d' *Si vero duratio sit indeterminata, memoria ejus rei est imperfecta, quod quisque etiam videtur a natura didicisse. Saepe enim, ut alicui melius credamus in eo quod dicit, rogamus*

들이다.[234] 그런데 지성과 지성의 힘에 대한 인식으로 이끌 수 있는 것들 가운데 아무것도 빠뜨리지 않도록 기억과 망각에 대해서도 조금이나마 다루어야겠다. 여기서 가장 고려해야 할 점은 기억이 지성의 도움으로 강화되지만, 또한 지성의 도움 없이도 강화된다는 것이다. 전자의 경우 사물은 그것이 이해 가능하면 할수록 더 쉽게 간직되며, 역으로 이해 가능하지 않을수록 우리는 그것을 더 쉽게 망각하기 때문에 그렇다. 가령, 만일 내가 누군가에게 서로 연관되지 않는 많은 말들을 제시한다면, 그는 이 말들을 내가 같은 말들을 이야기의 형태로 제시하는 경우보다 훨씬 어렵게 간직할 것이다.

[82] 기억은 지성의 도움 없이도 강화된다. 그러니까 상상 또는 이른 바 공통 감각[235]이 어떤 개별적인 물질적 사물에 의해 변용되는 힘에 의해서도 기억은 강화된다. 나는 '개별적인'이라 말하는데, 왜냐하면 상상은 오직 개별적인 것들에 의해서만[236] 감응되기 때문이다. 실상 만일 누군가가 가령 하나의 연애담[237] †만 읽는다면, 같은 종류의 여러 이야기를 읽지 않는 한 그는 이 이야기를 가장 잘 간직할 것인데, 왜냐하면 이 경우 그의 상상에서는 이 이야기만이 홀로 활기를 띨 것이기 때문이다. 그러나 같은 종류의 여러 연애담이 있다면, 우리는 이것들 모두를 한꺼번에 상상하며 이 이야기들은 쉽게 혼동된다.[238] † 나는 또한 '물질적인'이라고 말하는데, 왜냐하면 상상은 오직 물체들에 의해서만 감응되기 때문이다. 따라서 기억은 지성에 의해 강화되고 지성 없이도 강화되므로 이로부터 기억은 지성과는 다른 무엇이며, 또한 지성을 그 자체로 보았을 때 거기에는 기억도 망각도 없다는 결론[239]이 도출된다.

[83] 그렇다면 기억이란 무엇이겠는가? 뇌에 찍힌 인상들에 대한 느낌에 불과하며,[240] 여기에 이 느낌의 규정된 지속$^d$에 대한 사유가 동반

---

d′ 반대로 만일 지속이 미규정적이라면 해당 사태에 대한 기억은 불완전한데, 이 점은 누구나 자연으로부터도 배운 듯 보인다. 흔히 우리는 누군가가 말하는 바를 더 잘 믿

ibi anima cogitat de illa sensatione, sed non sub continua duratione, et sic idea istius sensationis non est ipsa duratio sensationis, id est, ipsa memoria. An vero ideae ipsae aliquam patiantur corruptionem, videbimus in Philosophia. Et si hoc alicui valde absurdum videatur, sufficiet ad nostrum propositum ut cogitet quod, quo res est singularior, eo facilius retineatur, sicut ex exemplo comoediae modo allato patet. Porro, quo res in | telligibilior, eo etiam facilius retinetur. Unde maxime singularem et tantummodo intelligibilem non poterimus non retinere.

[84] Sic itaque distinximus inter ideam veram et caeteras perceptiones, ostendimusque, quod ideae fictae, falsae et caeterae habeant suam originem ab imaginatione, hoc est, a quibusdam sensationibus fortuitis †(ut sic loquar) atque solutis, quae non oriuntur ab ipsa mentis potentia, sed a causis externis, prout corpus, sive somniando sive vigilando, varios accipit motus. Vel si placet, hic per imaginationem quicquid velis cape, modo sit quid diversum ab intellectu, et unde anima habeat rationem patientis. Perinde enim est quicquid capias, postquam novimus eandem quid vagum esse et a quo anima patitur, et simul etiam novimus quomodo ope intellectus

된 것일 뿐이다. 상기(想起) 또한 이를 보여준다. 왜냐하면 이 경우에 영혼은 위와 같은 느낌에 대해 사유하지만, 이 느낌을 연속적인 지속 아래에 놓고 사유하지는 않으며, 따라서 이 느낌에 대한 관념은 느낌의 지속 자체, 곧 기억 자체는 아니기 때문이다.[241] 관념들 자체가 부패 같은 것을 겪는지의 여부는 '철학'에서 살펴볼 것이다. 그리고 만일 혹자에게 이것이 아주 불합리해 보인다면, 극(劇)[242]의 사례에서 우리가 말한 바에서 드러나듯이 사물이 개별적일수록 더 쉽게 간직된다고 생각하는 것으로 우리 취지에는 충분할 것이다. 게다가 사물이 이해 가능한 것일수록[243] 이 경우에도 역시 그것은 더 쉽게 간직된다. 그러므로 아주 개별적인 사물의 경우 그것이 이해 가능한 것이기만 하다면, 우리는 그것을 간직하지 않을 수 없을 것이다.

[84] 따라서 이렇게 우리는 참된 관념과 여타의 지각들을 구별했고 허구적 관념과 거짓된 관념 및 그 밖의 관념들의 근원이 상상, 그러니까 (이를테면)[244†] 우발적이며 서로 연관성이 없는 감각들이라는 점을 보여주었다. 이들 감각은 정신의 역량 자체에 의해서가 아니라 신체가 — 꿈꾸고 있든 깨어 있든 간에 — 갖가지 운동들을 받아들이는 대로 외적 원인들에 의해 생겨난다. 아니, 원한다면, 여기서 상상을 당신이 원하는 그 어떤 것으로 여겨도 괜찮은데,[245] 다만 그것이 지성과는 상이한 무엇이며 영혼이 수동적 성격을 띠게 하는 것이기만 하면 된다.[246] 실상 이미 우리는 상상이 무작위적이며 그것에 의해 영혼이 수동적이 된다는 것을 인지했고, 이와 동시에 지성의 도움으로 우리가 어떻게 상상으로부터 자유로워지는지도 인지하고 난 다음이므로, 당신이 상상을 무엇으로 여기든 마찬가지이다. 그러므로 여기서 내가 신체가 있다는 것[247]과

고자 그것이 언제 어디서 일어났는지를 묻기 때문이다. 비록 관념들 자체도 정신 안에서 그것들 나름의 지속을 갖지만, 그럼에도 우리는 운동의 척도 같은 것의 도움으로 지속을 규정하는 데 익숙해져 있고 이런 규정은 상상의 도움으로도 이루어지기 때문에, 지금까지 우리는 순수 정신에 속할 그런 기억은 결코 관찰해본 바가 없다.*

ab eadem liberamur. Quare etiam nemo miretur me hic nondum probare dari corpus et alia necessaria, et tamen loqui de imaginatione, de corpore et eius constitutione. Nempe, ut dixi, est perinde quid capiam, postquam novi esse quid vagum etc.

[85] At ideam veram simplicem esse ostendimus aut ex simplicibus compositam, et quae ostendit quomodo et cur aliquid sit, aut factum sit, et quod ipsius effectus objectivi in anima procedunt ad rationem formalitatis ipsius objecti. Id quod idem est quod veteres dixerunt, nempe veram scientiam procedere a causa ad effectus; nisi quod nunquam, quod sciam, conceperunt, uti nos hic, animan secundum certas leges agentem et quasi aliquod †automa spirituale.

[86] Unde, quantum in initio licuit, acquisivimus notitiam nostri intellectus et talem normam verae ideae, ut jam non vereamur ne vera cum falsis aut fictis confundamus. Nec etiam mirabimur, cur quaedam intelligamus quae nullo modo sub imaginationem cadunt, et alia sint in imaginatione quae prorsus oppugnant intellectum, alia denique cum intellectu conveniant, quandoquidem novimus operationes illas, a quibus imaginationes producuntur, fieri secundum alias leges, prorsus diversas a legibus intellectus, et animam circa imaginationem tantum habere rationem patientis. [87] Ex quo etiam 33 constat, quam facile ii in | magnos errores possunt delabi, qui non accurate distinxerunt inter imaginationem et intellectionem. In hos, ex. gr., quod extensio debeat esse in loco, debeat esse finita, cujus partes ab invicem distinguantur realiter, quod sit primum et unicum

여타의 필수적인 것들을 아직 입증하지 않고도 상상에 대해, 신체와 그 상태[248]에 대해 말하더라도 하등 이상할 것이 없다. 왜냐하면, 이미 말했듯이 상상이 무작위적이라는 것 등등[249]을 인지하고 난 이후에는, 내가 상상을 무엇으로 여기든 마찬가지이기 때문이다.

[85] 그래도 우리는 참된 관념이 단순 관념이거나 단순 관념들로 합성된 관념이라는 것을, 또한 참된 관념은 무언가가 어떻게 그리고 왜 있는지 혹은 만들어졌는지를 보여준다는 것을, 그리고 참된 관념의 표상적 결과들은 바로 이 관념의 대상이 갖는 형상성의 관계에 따라[250] 영혼 안에서 진행된다는 것을 보여주었다. 이는 고대인들이 말했던 바, 곧 참된 앎은 원인에서 결과로 진행된다는 것과 같다.[251] 단, 내가 아는 한 그들은 결코 여기서의 우리처럼, 영혼을 일종의 정신적인[252] 자동기계[253] † 처럼 일정한 법칙들에 따라 활동한다고 생각지는 않았다는 점을 제외하면 말이다.

[86] 이로부터 우리는 시작 단계에서 허용되는 만큼[254] 우리 지성에 대한 인지에 도달했고, 또한 이제 참된 것을 거짓된 것 또는 허구적인 것과 혼동하지나 않을까 겁내지 않게 될 정도로 참된 관념의 규준을 획득했다. 그뿐만 아니라 왜 우리가 상상으로는 어떤 식으로도 포착되지 않는 어떤 것들을 지성적으로 이해하는지, 왜 지성에 전적으로 대립되는 어떤 것들이 상상 안에 있는지, 마지막으로 왜 또 다른 것들은 지성과 합치하는지[255] 의아해하지도 않을 것이다. 왜냐하면 우리는 상상들[256]을 산출하는 작용이 지성의 법칙과는 전적으로 다른 법칙에 따라 이루어진다는 것을, 그리고 상상과 관련하여 영혼은 오직 수동적 성격만을 띤다는 것을 인지했기 때문이다.[257] [87] 상상과 [지성적] 이해 활동을 면밀히 구별하지 않는 자들이 얼마나 쉽게 커다란 오류들에 빠질 수 있는지 또한 이로부터 분명하다. 이 오류들에는 가령 연장이 장소 안에 있을 수밖에 없다거나,[258] 유한할 수밖에 없다거나,[259] 연장의 부분들이 서로 간에 실재적으로 구별된다거나,[260] 연장이 만물의 일차적이며 유

fundamentum omnium rerum, et uno tempore majus spatium occupet quam alio, multaque ejusmodi alia, quae omnia prorsus oppugnant veritatem, ut suo loco ostendemus.

[88] Deinde, cum verba sint pars imaginationis, hoc est, quod, prout vage ex aliqua dispositione corporis componuntur in memoria, multos conceptus fingamus, ideo non dubitandum quin etiam verba, aeque ac imaginatio, possint esse causa multorum magnorumque errorum, nisi magnopere ab ipsis caveamus. [89] Adde quod sint constituta ad libitum et captum vulgi, adeo ut non sint nisi signa rerum, prout sunt in imaginatione, non autem prout sunt in intellectu. Quod clare patet ex eo, quod omnibus iis, quae tantum sunt in intellectu et non in imaginatione, nomina imposuerunt saepe negativa, uti sunt incorporeum, infinitum etc.; et etiam multa, quae sunt revera affirmativa, negative exprimunt et contra, uti sunt increatum, independens, infinitum, immortale etc., quia nimirum horum contraria multo facilius imaginamur, ideoque prius primis hominibus occurrerunt et nomina positiva usurparunt. Multa affirmamus et negamus, quia natura verborum id affirmare et negare patitur, non vero rerum natura; adeoque, hac ignorata, facile aliquid falsum pro vero sumeremus.

[90] Vitamus praeterea aliam magnam causam confusionis, et quae facit, quominus intellectus ad se reflecta : nempe, cum non distinguimus inter imaginationem et intellectionem, putamus ea, quae facilius imaginamur, nobis esse clariora, et id, quod imaginamur, putamus intelligere. Unde, quae sunt postponenda anteponimus, et sic verus ordo progrediendi pervertitur, nec aliquid legitime concluditur.

일한 토대라거나,[261] 연장이 어떤 때에 다른 때보다 더 큰 공간을 차지한다[262] 같은 많은 다른 부류가 있는데, 우리가 적당한 자리에서 보여주겠지만, 이 모든 것은 진리와 전적으로 대립된다.

[88] 다음으로 말은 상상의 일부이므로, 다시 말해 신체의 어떤 배치에 따라 말이 기억 안에서 무작위적으로 합성되는 대로 우리는 많은 개념을 허구적으로 지어내므로,[263] 우리가 극도로 경계하지 않으면 말도 상상과 똑같이 많은 커다란 오류의 원인이 될 수 있다는 것은 의심할 바 없다. [89] 덧붙이자면 말은 세인의 임의대로, 또한 세인의 사고방식에 따라 수립되었고,[264] 그래서 말은 지성 안에 있는 대로가 아니라 상상 안에 있는 대로의 사물을 나타내는 기호에 불과하다.[265] 이 점은 오직 지성 안에만 있고 상상 안에는 없는 모든 것에 '비물체적' '무한한' 등등처럼 자주 부정적인 이름이 붙여졌다는 사실로부터 명료하게 드러난다. 그뿐만 아니라 '창조되지 않은' '비의존적인' '무한한' '불멸의' 같이 실제로는 긍정적인 많은 것들이 부정적으로 표현된다는 사실로부터 역시 명료하게 드러나는데, 이는 우리가 이 말들의 반대말을 훨씬 더 쉽게 상상하며, 그런 나머지 이 반대말들이 최초의 인간들에게 우선적으로 떠올랐고 적극적인 이름을 찬탈했다는 데 기인한다. 많은 것을 우리는 사물의 본성이 아니라 말의 본성이 그것을 긍정하거나 부정하도록 허용하기 때문에 긍정하거나 부정한다. 그래서 이 점을 간과할 경우 쉽게 우리는 거짓된 무언가를 참된 것으로 취급하게 된다.[266]†

[90][267] 아울러 우리는 지성으로 하여금 스스로에 대해 덜 반성하게 하는, 혼동의 또 다른 중요한 원인을 피한다. 즉 상상과 이해 활동을 구별하지 않은 나머지 더 쉽게 상상되는 것을 우리에게 더 명료하다고 여기고 무언가를 상상하면서도 이해한다고 여기는 것이다.[268] 그 결과 우리는 뒤에 외야 할 것을 앞에 놓고, 이렇게 해서 신행의 참된 순서는 도착(倒錯)되며, 어떤 결론도 적법하게 도출되지 않는다.

[91] <sup>e'</sup>Porro, ut tandem ad secundam partem hujus methodi perve

| niamus, proponam, primo, nostrum scopum in hac methodo, ac deinde media, ut eum attingamus. Scopus itaque est claras et distinctas habere ideas, tales videlicet, quae ex pura mente, et non ex fortuitis motibus corporis factae sint. Deinde, omnes ideae ad unam ut redigantur, conabimur eas tali modo concatenare et ordinare, ut mens nostra, quoad ejus fieri potest, referat objective formalitatem naturae, quoad totam et quoad ejus partes.

[92] Quoad primum, ut jam tradidimus, requiritur ad nostrum ultimum finem, ut res concipiatur vel per solam suam essentiam vel per proximam suam causam. Scilicet, si res sit in se, sive, ut vulgo dicitur, causa sui, tum per solam suam essentiam debebit intelligi. Si vero res non sit in se, sed requirat causam ut existat, tum per proximam suam causam debet intelligi; nam, revera, <sup>f'</sup>cognitio effectus nihil aliud est quam perfectiorem causae cognitionem acquirere.

[93] Unde, nunquam nobis licebit, quamdiu de inquisitione rerum agimus, ex abstractis aliquid concludere; et magnopere cavebimus, ne misceamus ea, quae tantum sunt in intellectu, cum iis quae sunt in re. Sed optima conclusio erit depromenda ab essentia aliqua particulari affirmativa, sive a vera et legitima definitione. Nam ab axiomatibus solis universalibus non potest intellectus ad singularia

---

e' *Praecipua hujus partis regula est, ut ex prima parte sequitur, recensere omnes ideas, quas ex puro intellectu in nobis invenimus, ut eae ab iis, quas imaginamur, distinguantur; quod ex proprietatibus uniuscujusque, nempe imaginationis et intellectus, erit eliciendum.*

f' *Nota, quod hinc appareat nihil nos de Natura posse intelligere, quin simul cognitionem primae causae, sive Dei, ampliorem reddamus.*

[91] 더 나아가ᵉ′ 우리가 마침내 방법의 두 번째 부분에 도달하기 위 34
해, 나는 먼저 이 방법에서 우리가 목표²⁶⁹로 삼는 것을 제시하고, 그런
다음 거기에 이를 수단을 제시할 것이다. 목표는 그러므로 명석판명한
관념들을 갖는 것, 즉 신체의 우발적인 운동들로부터가 아니라 순수 정
신²⁷⁰으로부터 만들어진 그런 관념을 갖는 것이다.²⁷¹ 다음으로 모든 관
념이 하나의 관념에 환원되도록 우리는 우리 정신이 가급적 자연 전체
에서나 부분들에서나 자연의 형상적 존재²⁷²를 표상적으로 재현하게끔
모든 관념을 연쇄시키고 질서 지우고자 노력할 것이다.²⁷³

[92] 첫 번째와 관련해서는, 우리가 이미 다루었듯이,²⁷⁴ 우리의 궁극
목적을 위해서는 사물이 오직 그 본질만으로 인식되거나 아니면 그것
의 가까운 원인을 통해 인식될 것이 요구된다. 즉 만일 사물이 그 자체
로 존재한다면, 혹은 흔히 말하듯이 자기 원인이라면²⁷⁵ 그것은 오직 자
기 본질만을 통해 이해되어야 할 것이다. 반대로 만일 그것이 그 자체로
존재하지 않고 실존하는 데 어떤 원인이 요구된다면, 그것은 가까운 원
인을 통해 이해되어야 한다. 왜냐하면 결과에 대한 인식은 실제로 원인
에 대한 더 완전한 인식을 획득하는 것에 다름 아니기 때문이다.ᶠ′

[93] 그러므로 사물에 대한 탐문에 관한 한, 우리가 추상적인 것들로
부터 어떤 결론을 내리는 일은 결코 없어야 하며,²⁷⁶ 단지 지성²⁷⁷ 안에
있을 뿐인 것을 실제로 있는 것과 뒤섞지 않도록 최대한 경계해야 할 것
이다. 그 대신에 최상의 결론은 어떤 특정의 긍정적 본질로부터, 혹은
참이면서 적법한 정의로부터 도출되어야 할 것이다. 왜냐하면 지성은

---

ᵉ′ 이 부분의 주요 규칙은, 첫 번째 부분에서 따라 나오듯이, 우리가 우리 안에서 순수 지
성으로부터 발견하는 모든 관념들*을 일람하여,** 그것들이 우리가 상상하는 것들과
구별되도록 하는 것이다. 이는 각각이 갖는 특성, 곧 상상의 특성 및 이해 활동***†의
특성들****로부터 유도되어야 할 것이다.

ᶠ′ 자연을 이해하면서 이와 동시에 제1원인 또는 신에 대한 인식 역시 더 넓히지 않고서
는 자연에 대해 우리는 아무것도 [적법하게: NS] 이해할 수 없다는 점*이 이로부터 명
백해짐에 주목하라.

descendere, quandoquidem axiomata ad infinita se extendunt, nec intellectum magis ad unum quam ad aliud singulare contemplandum determinant.

[94] Quare recta inveniendi via est ex data aliqua definitione cogitationes formare; quod eo felicius et facilius procedet, quo rem aliquam melius definiverimus. Quare cardo totius hujus secundae methodi partis in hoc solo versatur, nempe in conditionibus bonae definitionis cognoscendis et deinde in modo eas inveniendi. Primo, itaque, de conditionibus definitionis agam.

[95] Definitio, ut dicatur perfecta, debebit intimam essentiam rei explicare, et cavere ne ejus loco propria quaedam usurpemus. Ad quod explicandum, ut alia exempla omittam, ne videar aliorum errores velle detegere, adferam tantum exemplum alicujus rei abstractae, quae perinde est quomodocunque definiatur, | circuli scilicet. Quod, si definiatur esse figuram aliquam, cujus lineae, a centro ad circumferentiam ductae, sunt aequales, nemo non videt talem definitionem minime explicare essentiam circuli, sed tantum ejus aliquam proprietatem. Et quamvis, ut dixi, circa figuras et caetera entia rationis hoc parum referat, multum tamen refert circa entia physica et realia; nimirum, quia proprietates rerum non intelliguntur, quamdiu earum essentiae ignorantur. Si autem has praetermittimus, necessario concatenationem intellectus, quae naturae concatenationem referre debet, pervertemus et a nostro scopo prorsus aberrabimus. Ut itaque hoc vitio liberemur, erunt haec observanda in definitione.

[96] Si res sit creata:

1. definitio debebit, uti diximus, comprehendere causam proximam. Ex. gr., circulus, secundum hanc legem, sic esset definiendus: eum

35

보편적인 공리[278]들만으로는 개별적인 것들로 내려갈 수 없기 때문이다. 공리들은 무한한 범위에 걸쳐 적용되며, 개별적인 것들 가운데 어느 하나를 다른 것보다 더 주시하도록[279] 지성을 규정하지 않기 때문이다.

[94] 그러므로 발견의 올바른 길이란 어떤 주어진 정의로부터 사유들을 형성하는 것이다. 이 일은 우리가 어떤 사물을 더 잘 정의했다면 그만큼 더 순조롭고 더 용이하게 진행될 것이다. 그러므로 방법의 이 두 번째 부분 전체가 오로지 바람직한 정의의 조건들을 인식하는 일, 다음으로 그것들을 발견하는 방식으로 수렴된다. 따라서 첫 번째로 나는 정의의 조건들을 다룰 것이다.

[95] 어떤 정의가 완전하다고 말해지려면 그것은 사물의 내밀한 본질을 설명해야 할 것이며, 우리가 이 본질 대신에 어떤 고유성들을 사용하지 않도록 막아주어야 할 것이다.[280] 이를 설명하기 위해 나는, 다른 자들의 오류를 들추어내고자 하는 것처럼 보이지 않게끔 다른 사례들은 놔두고, 어떤 식으로 정의되든 마찬가지인 추상적 사물의 사례 하나만 들어보겠다. 원의 사례인데, 만일 원이 중심에서 둘레에 이르는 선들의 길이가 같은 도형으로 정의된다면, 그런 정의가 원의 본질이 아니라 단지 원의 특성 가운데 하나를 설명할 뿐이라는 것을 깨닫지 못할 자는 없다. 또한, 이미 말했듯이, 이는 도형 및 여타 사고상의 존재자들[281]과 관련해서는 별로 중요하지 않을지 모르지만 물리적이고 실재적인[282] 존재자들과 관련해서는 매우 중요하다. 사물의 본질을 모르는 한, 사물의 특성은 이해되지 않기 때문이다. 그런데도 우리가 이 본질들을 소홀히 한다면, 우리는 자연의 연쇄를 재현해야 하는 지성의 연쇄를 필연적으로 도착시킬 것이고 우리 목표에서도 완전히 멀어질 것이다. 그러므로 우리가 이런 과오에서 자유로워지려면 정의에서 다음을 준수해야 할 것이다

[96] 만일 창조된 사물이라면,

1. 정의는, 우리가 이미 말했듯이, 가까운 원인을 포함해야 할 것이다.

esse figuram quae describitur a linea quacunque, cujus alia extremitas est fixa, alia mobilis, quae definitio clare comprehendit causam proximam.

2. Talis requiritur conceptus rei, sive definitio, ut omnes proprietates rei, dum sola, non autem cum aliis conjuncta, spectatur, ex ea concludi possint, uti in hac definitione circuli videre est. Nam ex ea clare concluditur omnes lineas a centro ad circumferentiam ductas aequales esse. †Quodque hoc sit necessarium requisitum definitionis, adeo per se est attendenti manifestum ut non videatur operae pretium in ipsius demonstratione morari, nec etiam ostendere ex hoc secundo requisito omnem definitionem debere esse affirmativam. Loquor de affirmatione intellectiva, parum curando verbalem, quae, propter verborum penuriam, poterit fortasse aliquando negative exprimi, quamvis affirmative intelligatur.

[97] Definitionis vero rei increatae haec sunt requisita.

1. Ut omnem causam secludat, hoc est, objectum nullo alio praeter suum esse egeat ad sui explicationem.

2. Ut, data ejus rei definitione, nullus maneat locus quaestioni, an sit.

3. Ut nulla, quoad mentem, habeat substantiva, quae possint adjectivari, hoc est, ne per aliqua abstracta explicetur.

36  4. Et ultimo (quamvis hoc notare non sit valde necessarium) | requiritur, ut ab ejus definitione omnes ejus proprietates concludantur. Quae etiam omnia attendenti accurate fiunt manifesta.

가령, 원은 이 법칙에 따라 다음과 같이 정의되어야 할 것이다. 곧 한 끝이 고정되어 있고 다른 끝이 움직이는 임의의 한 선에 의해 그려지는 도형이라고 말이다. 이 정의는 가까운 원인을 명백하게 포함하고 있다.[283]

2. 사물의 개념 혹은 정의는, 원에 대한 위의 정의에서 보이듯이, 다른 것들과 결합하지 않고 그것만 고찰할 때, 그것으로부터 해당 사물의 모든 특성이 도출될 수 있는 것이어야 한다. 실상 중심에서 둘레에 이르는 모든 선의 길이가 같다는 결론은 이 정의에서 명료하게 도출된다. 이것이[284]† 정의의 필수 요건임은 주의를 기울이는 자에게 그 자체로 너무 명백하여 이것을 굳이 증명하느라 지체할 필요는 없어 보이며, 또 이 두 번째 요건을 바탕으로 모든 정의가 긍정적이어야 한다는 것 역시 굳이 보여줄 필요가 없어 보인다. 내가 말하는 것은 지적 긍정이며, 언어 표현상 긍정이냐의 여부에는 별로 개의치 않는다. 긍정적으로 이해됨에도, 말의 부족 때문에 그것은 혹여 때때로 부정적으로 표현될 수도 있을 것이다.

[97] 한편, 창조되지 않은 사물[285]의 정의에는 다음과 같은 것이 요구된다.

1. 그것은 일체의 원인을 배제해야 한다.[286] 즉 [정의의] 대상은 자신이 설명되는 데 그 자신의 존재 이외에 다른 어떤 것도 필요하지 않아야 한다.

2. 그 사물의 정의가 주어지면 그것이 존재하는가라는 물음의 여지가 없어야 한다.

3. 정신과 관련해서는[287] 형용사화될 수 있는 명사들[288]이 전혀 없어야 한다. 즉 어떤 추상적인 것들을 통해 설명되지 않아야 한다.

4. 마지막으로 (이 점에 주목하는 것이 아주 필수적이지는 않지만) 그 사물의 정의로부터 그 사물의 모든 특성이 도출될 것이 요구된다. 이 모든 것은 또한 면밀하게 주의를 기울이는 자에게는 명백히 드러나는 것이기도 하다.

36

[98] Dixi etiam quod optima conclusio erit depromenda ab essentia aliqua particulari affirmativa; quo enim specialior est idea, eo distinctior ac proinde clarior est. Unde cognitio particularium quam maxime nobis quaerenda est.

[99] Quoad ordinem vero, et ut omnes nostrae perceptiones ordinentur et uniantur, requiritur ut, †quamprimum fieri potest et ratio postulat, inquiramus an detur quoddam ens, et simul quale, quod sit omnium rerum causa, ut ejus essentia objectiva sit etiam causa omnium nostrarum idearum, et tum mens nostra, uti diximus, quam maxime referet naturam; nam, et ipsius essentiam et ordinem et unionem habebit objective. Unde possumus videre apprime nobis esse necessarium ut semper a rebus physicis, sive ab entibus realibus, omnes nostras ideas deducamus, progrediendo, quoad ejus fieri potest, secundum seriem causarum, ab uno ente reali ad aliud ens reale, et ita quidem, ut ad abstracta et universalia non transeamus, sive ut ab iis aliquid reale non concludamus sive ut ea ab aliquo reali non condudantur: utrumque enim verum progressum intellectus interrumpit.

[100] Sed notandum me hic, per seriem causarum et realium entium non intelligere seriem rerum singularium mutabilium, sed tantummodo seriem rerum fixarum aeternarumque. Seriem enim rerum singularium mutabilium impossibile foret humanae imbecillitati assequi, cum propter earum omnem numerum superantem multitudinem, tum propter infinitas circumstantias in una et eadem re, quarum unaquaeque potest esse causa, ut res existat aut non existat, quandoquidem earum existentia nullam habet connexionem cum earundem essentia, sive (ut jam diximus) non

[98] 나는 또한 최상의 결론은 어떤 특정의 긍정적 본질로부터 도출되는 것이라고 말했다. 실상 관념은 더 특수할수록 더 분명하며, 따라서 더 명료하다. 그러므로 최대한 우리는 특정적인 것들에 대한 인식을 추구해야 한다.

[99] 그런데 순서와 관련해 말하자면, 그리고 우리 모든 지각들을 질서 지우고 통일하려면, 만물의 원인이어서 그 표상적 본질이 또한 우리 모든 관념의 원인이 되는 어떤 존재자가 있는지, 동시에 그것이 무엇인지를[289] 될 수 있는 한 빨리 — 그리고 이성은 이를 요청한다 — 탐문할 것이 요구된다.[290][†] 그 경우에 우리 정신은, 이미 말했듯이, 자연을 최대한 재현할 것이다. 왜냐하면 정신은 자연 자체의 본질과 순서를, 그리고 통일을 표상적으로 가질 것이기 때문이다. 이로부터 우리는 우리의 모든 관념을 항상 물리적인 것들로부터, 혹은 실재적 존재자들로부터 연역하는 것이 우리에게 특히 필요하다는 점을 깨달을 수 있다. 될 수 있는 한 원인들의 계열을 따라 하나의 실재적 존재자로부터 다른 실재적 존재자로 진행해가면서, 더욱이 추상적이고 보편적인 것들로 넘어가지도 말고, 그래서 이것들로부터 실재적인 무언가를 도출하지도, 혹은 실재적인 무언가로부터 이것들이 도출되지도 않게끔 하면서 말이다. 이 두 가지가 지성의 진정한 진행을 중단시키기 때문이다.

[100] 단, 내가 여기서 말하는 원인들의 계열 및 실재적 존재자들의 계열이란 가변적인 개별 사물들의 계열을 뜻하는 것이 아니라 오직 부동의 영원한 사물들의 계열만을 뜻한다는 점에 주목해야 한다. 실상 인간의 지적 허약함 때문에 가변적인 개별 사물들의 계열을 따라가기란 아마도 불가능할 것이다. 한편으로 이는 가변적인 개별 사물들이 헤아릴 수 없을 만큼 많기 때문이다. 다른 한편으로는 하나의 동일한 사물에도 무한하게 많은 정황들이 있고, 가변적인 개별 사물의 실손은 그 사물의 본질과 아무런 연관도 없는 까닭에 혹은 (우리가 이미 말했듯이)[291] 영원 진리가 아닌 까닭에 이 정황들 각각이 해당 사물을 실존하게 하거나

est aeterna veritas. [101] Verumenimvero neque etiam opus est ut earum seriem intelligamus, siquidem rerum singularium mutabilium essentiae non sunt depromendae ab earum serie sive ordine existendi, cum hic nihil aliud nobis praebeat praeter denominationes extrinsecas, relationes aut ad summum circumstantias: quae omnia longe absunt ab intima essentia rerum. Haec vero tantum est petenda a fixis atque aeternis re | bus, et simul a legibus, in iis rebus tanquam in suis veris codicibus inscriptis, secundum quas omnia singularia et fiunt et ordinantur. Imo, haec mutabilia singularia adeo intime atque essentialiter (ut sic dicam) ab iis fixis pendent, ut sine iis nec esse nec concipi possint. Unde haec fixa et aeterna, quamvis sint singularia, tamen, ob eorum ubique praesentiam ac latissimam potentiam, erunt nobis tanquam universalia, sive genera definitionum rerum singularium mutabilium et causae proximae omnium rerum.

[102] Sed, cum hoc ita sit, non parum difficultatis videtur subesse ut ad horum singularium cognitionem pervenire possimus; nam, omnia simul concipere res est longe supra humani intellectus vires. Ordo autem ut unum ante aliud intelligatur, uti diximus, non est petendus ab eorum existendi serie, neque etiam a rebus aeternis: ibi enim omnia haec sunt simul natura. Unde alia auxilia necessario sunt quaerenda praeter illa quibus utimur ad res aeternas earumque leges intelligendum; attamen non est hujus loci ea tradere neque etiam opus est, nisi postquam rerum aeternarum, earumque infallibilium legum, sufficientem acquisiverimus cognitionem, sensuumque

실존하지 않게 하는 원인일 수 있기 때문이기도 하다. [101] 실상 이 가변적인 개별 사물들의 계열을 이해할 필요가 있는 것도 아니다. 가변적인 개별 사물들의 본질이 이 사물들의 계열로부터, 혹은 실존의 질서로부터 도출될 것도 아닌 이상 말이다. 이 실존의 질서는 우리에게 외적근거에 따른 명명, 관계 혹은 기껏해야 정황밖에 제공하지 않고, 이것들모두는 사물들의 내밀한 본질과는 거리가 멀기 때문이다. 반대로 이 내밀한 본질은 오직 부동의 영원한 사물들[292]에서 구해야 하며, 동시에 진짜 법령집[293] 안에 기입되듯이 이 사물들 안에 기입되어 있는 법칙들에서, 모든 개별적인 것이 어떻게 만들어지고 질서 지어지는지를 지배하는 법칙들[294]에서 구해야 한다. 실로 이 가변적인 개별 사물들은 이 부동의 것들에 너무나 내밀하게 그리고 (말하자면) 본질적으로[295] 의존하여, 이것들 없이는 존재할 수도 생각될 수도 없다. 그러므로 이 부동의 영원한 사물들은 물론 개별적이기는 하지만, 어디에나 현전하며 아주 광범위한 역량을 행사하므로 우리에게는 마치 가변적인 개별 사물들의 정의에 나타나는 보편자 혹은 유(類) 같은 것일 테고, 만물의 가까운 원인일 것이다.

[102] 그런데 사정이 이런 이상, 우리가 이 [가변적인] 개별 사물들의 인식에 도달할 수 있으려면 적지 않은 어려움이 도사리고 있는 듯 보인다. 모든 것을 동시에 생각하기란 인간 지성의 힘에 한참 부치는 일이기 때문이다. 그런데 과연 어떤 순서에 따라 어느 하나를 다른 것에 앞서 이해해야 하는지는, 우리가 이미 말했듯이, 이 개별 사물들의 실존의 계열에서 구해서는 안 되지만, 또 영원한 사물들에서 구해서도 안 된다. 영원한 사물들에서 이 모든 것들은 본성상 동시적이기 때문이다. 그러므로 영원한 사물들과 그 법칙들을 이해하는 데 우리가 사용하는 보조물 위에 다른 보조물[296]을 반드시 찾아야 한다. 하지만 여기가 그것을 나룰 자리는 아니며, 영원한 사물들과 어김없이 지켜지는 그것들의 법칙들에 대한 충분한 인식을 획득한 이후, 그리고 우리 감각들의 본성이 우

nostrorum natura nobis innotuerit.

[103] Antequam ad rerum singularium cognitionem accingamur, tempus erit ut ea auxilia tradamus quae omnia eo tendent, ut nostris sensibus sciamus uti, et experimenta certis legibus et ordine facere, quae sufficient ad rem, quae inquiritur, determinandam, ut tandem ex iis concludamus, secundum quasnam rerum aeternarum leges facta sit, et intima ejus natura nobis innotescat, ut suo loco ostendam.

[104] Hic, ut ad propoditum revertar, tantum enitar tradere quae videntur necessaria ut ad cognitionem rerum aeternarum pervenire possimus, earumque definitiones formemus conditionibus supra traditis. Quod ut fiat, revocandum in memoriam id quod supra diximus, nempe quod, ubi mens ad aliquam cogitationem attendit ut ipsam perpendat bonoque ordine ex ea deducat quae legitime sunt deducenda, si ea falsa fuerit, falsitatem deteget; sin autem vera, tum feliciter perget sine ulla interruptione res veras inde de

38 | ducere. Hoc, inquam, ad nostram rem requiritur. Nam, ex nullo fundamento cogitationes nostrae †terminari queunt. [105] Si igitur rem omnium primam investigare velimus, necesse est dari aliquod fundamentum, quod nostras cogitationes eo dirigat. Deinde, quia methodus est ipsa cognitio reflexiva, hoc fundamentum, quod nostras cogitationes dirigere debet, nullum aliud potest esse quam cognitio ejus quod formam veritatis constituit, et cognitio intellectus ejusque proprietatum et virium. Hac enim acquisita, fundamentum habebimus a quo nostras cogitationes deducemus, et viam qua intellectus, prout ejus fert capacitas, pervenire poterit ad rerum aeternarum cognitionem, habita nimirum ratione virium intellectus.

리에게 알려지게 된 이후가 아니라면 그것은 필요하지도 않다.

[103] 이 보조물들은 우리가 개별 사물에 대한 인식에 착수하기 이전에 다룰 때가 있을 텐데,[297] 그것들은 모두 다음을 지향한다. 곧 우리가 우리 감각들을 사용할 줄 알게 되고,[298] 또한 탐문의 대상을 규정하기에 충분할 만큼의 실험[299]을 일정한 법칙들에 따라 순서대로 실행할 줄 알게 되는 것, 그 결과 이 사물이 영원한 사물들의 어떤 법칙에 따라 만들어졌는지 이 실험들로부터 마침내 결론을 내리고, 또한 그 사물의 내밀한 본성이 우리에게 알려지는 것이다. 우리는 이를 적당한 자리에서 보여줄 것이다.

[104] 이제 주제로 되돌아가서 나는 우리가 영원한 사물들의 인식에 도달할 수 있기 위해, 그리고 앞서 내가 제시했던 조건들에 따라 이 사물들의 정의를 형성하기 위해 필수적이라 여겨지는 것만을 다루고자 한다. 이를 위해서는 우리가 앞에서 말한 것[300]을 상기해야 한다. 즉 정신이 어떤 사유에 주목하여 그 사유를 가늠해보고, 적법하게 연역되어야 할 것들을 그 사유로부터 올바른 순서로 연역할 때, 만일 그 사유가 거짓이라면 정신은 거짓을 적발할 것이며, 반대로 참되다면 그것으로부터 참된 것들을 아무런 중단 없이 순조롭게 연역해갈 것이다.[301] 말하건대, 이것이 우리 목표에 요구되는 것이다. 왜냐하면 우리 사유들이 어떤 토대에 의해서도 한정될[302]† 리 없기 때문이다. [105] 따라서 만일 우리가 모든 것 가운데 제1의 것을 탐구하고자 한다면, 우리 사유들을 거기로 이끌 어떤 토대가 필요하다. 다음으로 방법이란 반성적 인식 자체이므로, 우리 사유들을 이끌어야 하는 이 토대란 진리의 형상을 수립해주는 것에 대한 인식, 그리고 지성 및 지성의 특성과 힘에 대한 인식 외에 다른 것일 수 없다. 왜냐하면 이 인식을 획득하면 우리는 우리 사유들을 연역하도록 해줄 토대를, 그리고 분명 지성의 힘을 고려하건내,[303] 지성으로 하여금 그 능력이 닿는 대로 영원한 사물들의 인식에 도달할 수 있도록 해줄 길을 갖게 될 것이기 때문이다.

38

[106] Quod si vero ad naturam cogitationis pertineat veras formare ideas, ut in prima parte ostensum, hic jam inquirendum quid per vires et potentiam intellectus intelligamus. Quoniam vero praecipua nostrae methodi pars est vires intellectus ejusque naturam optime intelligere, cogimur necessario (per ea quae in hac secunda parte methodi tradidi) haec deducere ex ipsa cogitationis et intellectus definitione.

[107] Sed hucusque nullas regulas inveniendi definitiones habuimus; et quia eas tradere non possumus, nisi cognita natura sive definitione intellectus ejusque potentia, hinc sequitur quod vel definitio intellectus per se debet esse clara vel nihil intelligere possumus. Illa tamen per se absolute clara non est; attamen, quia ejus proprietates, ut omnia quae ex intellectu habemus, clare et distincte percipi nequeunt nisi cognita earum natura, ergo definitio intellectus per se innotescet si ad ejus proprietates, quas clare et distincte intelligimus, attendamus. Intellectus igitur proprietates hic enumeremus easque perpendamus, deque nostris innatis g′ instrumentis agere incipiamus.

[108] Intellectus proprietates, quas praecipue notavi et clare intelligo, hae sunt.

1. Quod certitudinem involvat, hoc est, quod sciat res ita esse formaliter ut in ipso objective continentur.

2. Quod quaedam percipiat, sive quasdam formet ideas abso |
39 lute, quasdam ex aliis. Nempe, quantitatis ideam format absolute nec ad alias attendit cogitationes; motus vero ideas non, nisi attendendo

—————

g′ *Vide supra, pag. 365. 366 et seqq.*

[106] 그러나 우리가 첫 번째 부분[304]에서 보여주었듯이, 만일 참된 관념들을 형성하는 것이 사유의 본성에 속한다면,[305] 여기서는 이제 우리가 이해하는 지성의 힘과 역량이 과연 무엇인지 따져보아야 한다. 그런데 우리 방법의 주요 부분은 지성의 힘과 본성을 최상으로 이해하는 일이므로, 필연적으로 (내가 방법의 이 두 번째 부분에서 제시했던 바에 의해) 우리는 이것들을 다름 아닌 사유와 지성에 대한 정의로부터 연역할 수밖에 없다.

[107] 하지만 지금까지 우리는 정의들을 발견하는 어떤 규칙도 가진 바 없고, 이 규칙들은 지성의 본성 또는 정의, 그리고 지성의 역량이 인식되지 않고서는 제시할 수 없으므로[306] 둘 중 하나일 수밖에 없다. 지성의 정의가 그 자체로 명료하기 마련이든지, 아니면 우리가 아무것도 이해할 수 없든지. 그런데 지성의 정의는 그 자체로 절대적으로 명료하지는 않다. 다만 우리가 지성으로부터 가지는 모든 것처럼 지성의 특성들은 그것들의 본성이 인식되지 않고서는 명석판명하게 지각될 수 없기 때문에, 만일 명석판명하게 이해되는 지성의 특성들[307]에 우리가 주의를 기울인다면 지성의 정의는 그 자체로 알려지게 될 것이다. 따라서 여기서는 지성의 특성들을 열거하고 가늠해보며, 우리의 본유적 도구들[g′]을 다루기 시작할 것이다.

[108] 내가 주로 주목했던, 그리고 명료하게 이해하는 지성의 특성들은 다음과 같다.

1. 지성은 확실성을 함축한다. 다시 말해, 지성은 사물들이 지성 자신 안에 표상적으로 포함되어 있는 것과 같이 형상적으로 존재함을 안다.[308]

2. 지성은 어떤 것들을 지각한다. 다시 말해, 어떤 관념들은 절대적으로 형성하고, 어떤 관념들은 다른 관념들로부터 형성한다. 곧 양[309]의

---

g′ 앞의 §39~40을 보라.

ad ideam quantitatis.

3. Quas absolute format, infinitatem exprimunt; at determinatas ex aliis format. Ideam enim quantitatis, si eam per causam percipit, [†]tum quantitatem determinat, ut cum ex motu alicujus plani corpus, ex motu lineae vero planum, ex motu denique puncti lineam oriri percipit; quae quidem perceptiones non inserviunt ad intelligendam, sed tantum ad determinandam quantitatem. Quod inde apparet, quia eas quasi ex motu oriri concipimus, cum tamen motus non percipiatur nisi percepta quantitate, et motum etiam ad formandam lineam in infinitum continuare possumus, quod minime possemus facere, si non haberemus ideam infinitae quantitatis.

4. Ideas positivas prius format quam negativas.

5. Res non tam sub duratione, quam sub quadam specie aeternitatis percipit et numero infinito. Vel potius, ad res percipiendas nec ad numerum nec ad durationem attendit; cum autem res imaginatur, eas sub certo numero, determinata duratione et quantitate percipit.

6. Ideae, quas claras et distinctas formamus, ita ex sola necessitate nostrae naturae sequi videntur, ut absolute a sola nostra potentia pendere videantur, confusae autem contra. Nobis enim invitis saepe formantur.

7. Ideas rerum, quas intellectus ex aliis format, multis modis mens determinare potest: ut, ad determinandum, ex. gr., planum ellipseos,

관념은 다른 사유들에 주의를 기울일 것 없이 절대적으로 형성하며, 반면에 운동의 관념들은 양의 관념에 주의를 기울이지 않고서는 형성하지 못한다.

3. 지성이 절대적으로 형성하는 관념들은 무한을 표현하며, 반면에 규정된 관념들은 다른 관념들로부터 형성한다.[310] 실로 지성이 양의 관념을 만일 어떤 원인을 통해 지각한다면, 이 경우 지성은 양을 규정하고 있다.[311]† 임의의 한 면의 운동으로부터 물체가 생겨남을 지각하고, 선의 운동으로부터 면이, 마지막으로 점의 운동으로부터 선이 생겨남을 지각하는 것처럼 말이다. 그런데 이 지각들은 양을 이해하는 데 소용되는 것이 아니라 단지 규정하는 데 소용된다. 이는 다음으로부터 명백하다. 운동은 양이 지각되지 않고서는 지각되지 않는데, 그럼에도 우리는 위의 지각들이 마치 운동으로부터 생겨나는 듯이 생각한다. 뿐만 아니라 우리는 선을 형성하기 위해 운동을 무한하게 연속시킬 수 있는데, 만일 우리에게 무한량에 대한 관념이 없었다면 결코 그렇게 할 수 없었을 것이다.

4. 지성은 부정적 관념들에 앞서 긍정적 관념들을 형성한다.[312]

5. 지성은 사물을 지속의 관점에서보다는 영원의 어떤 상(像) 아래에서[313] 지각하며 또한 무한하게 많은 것을 지각한다. 더 정확히 말해, 사물을 지각하는 데에 지성은 수에도 지속에도 주의를 기울이지 않으며, 반대로 사물을 상상할 때 그것을 정해진 수와 규정된 지속 및 규정된 양 아래에서 지각한다.[314]

6. 우리가 명석판명하게 형성하는 관념들은 오직 우리 본성의 필연성으로부터 따라 나오는 듯 보이며, 그래서 오직 우리 역량에만 절대적으로 의존하는 듯 보인다.[315] 그러나 혼동된 관념들은 그 반대이다. 사실 혼동된 관념들은 종종 우리 뜻과 무관하게 형성된다.[316]

7. 지성이 사물의 관념을 다른 것들로부터 형성하는 경우에, 정신은 이 관념을 많은 방식으로 규정할 수 있다.[317] 가령, 타원형의 면을 규정

fingit stylum chordae adhaerentem circa duo centra moveri, vel concipit infinita puncta eandem semper et certam rationem ad datam aliquam rectam lineam habentia, vel conum plano aliquo obliquo sectum, ita ut angulus inclinationis major sit angulo verticis coni, vel aliis infinitis modis.

8. Ideae, quo plus perfectionis alicujus objecti exprimunt, eo perfectiores sunt. Nam fabrum, qui fanum aliquod excogitavit, non ita admiramur ac illum, qui templum aliquod insigne excogitavit.

[109] Reliqua, quae ad cogitationem referuntur, ut amor, laetitia etc., nihil moror; nam, nec ad nostrum institutum praesens faciunt nec etiam possunt concipi nisi percepto intellectu. Nam, perceptione omnino sublata, ea omnia tolluntur.

[110] Ideae falsae et fictae nihil positivum habent (ut abunde ostendimus) per quod falsae aut fictae dicuntur; sed solo defectu cognitionis ut tales considerantur. Ideae ergo falsae et fictae, quatenus tales, nihil nos de essentia cogitationis docere possunt, sed haec petenda ex modo recensitis proprietatibus positivis. Hoc est, jam aliquid commune statuendum est, ex quo hae proprietates necessario sequantur, sive, quo dato, hae necessario dentur, et quo sublato, haec omnia tollantur.

Reliqua desiderantur.

하기 위해 지성은 임의의 끈에 묶여 있는 펜이 두 개의 중심을 축으로 운동한다고 허구적으로 지어내거나, 아니면 주어진 임의의 직선에 대해 항상 동일하고 정해진 비율을 갖는 무한하게 많은 점들을 생각하거나, 아니면 원뿔의 경사각이 원뿔의 꼭지점 각보다 크도록 어떤 장방형 면에 의해 잘려나간 원뿔을 생각할 수 있으며, 그 밖에도 많은 방식으로 타원형을 규정할 수 있다.

8. 관념은 한 대상의 완전성을 더 많이 표현할수록 더 완전하다. 실상 작은 예배당을 생각해낸 자에 대해 우리는 웅장한 사원을 생각해낸 자에 대해서만큼 경탄하지는 않는다.

[109] 나는 사랑, 기쁨 같이 사유에 관련되는 여타의 것[318]을 다루느라 지체하지 않을 것이다. 왜냐하면 그것들은 현재의 우리 기획에 관련되지도 않고 지성이 지각되지 않고서는 생각될 수도 없기 때문이다. 실상 지각이 모조리 제거되면 그것들도 모조리 제거된다.[319] 40

[110] 거짓된 관념과 허구적 관념에는 (우리가 충분히 보여주었듯이) 그것들을 거짓되다거나 허구적이라고 말하게 할 어떤 적극적인 것도 없으며,[320] 단지 인식의 결여로 인해 그렇게 간주될 뿐이다. 따라서 거짓된 관념과 허구적 관념은, 거짓되거나 허구적인 한에서는, 사유의 본질에 대해 우리에게 아무것도 가르쳐줄 수 없다. 그 대신에 이 본질은 방금 일람해본 적극적인 특성들로부터 구해져야 한다. 다시 말해, 이 특성들이 필연적으로 따라 나오게 되는 [전제로서의] 어떤 공통적인 것, 혹은 그것이 주어지면 이것들이 필연적으로 주어지고 그것이 제거되면 이 모든 것들이 제거되는 어떤 것[321]을 이제 수립해야 한다.

나머지는 없음.

# 옮긴이의 주석

1     이 표현의 타당성과 관련된 제목의 출처 문제, 그리고 '교정'이라는 번역어의 문제
       는 이 책의「해제」제III장, 237~41쪽 참조.

2     NS 판본의 부제는 "동시에 지성을 완전하게 만드는 길"(en te gelijk van de middel
       om het zelfde volmaakt te maken)이다. '길'(via)의 용법에 대해서는 주 62를 참조
       하라.

3     라틴어 유고집 편집자들이 쓴 것이다. 정확한 필자가 누구일지에 대해서는 몇 가지
       추측이 있다. 유고집 전체의 서문을 썼다고 추정되는 스피노자의 친구인 야리흐 옐
       러스(Jarig Jelles)가 네덜란드어로 쓰고, 이것을 라틴어 유고집의 네덜란드어 번역
       자인 얀 H. 흘라즈마커(Jan H. Glazemaker)나 스피노자의『르네 데카르트의 '철학
       의 원리'에 대하여』(1633)의 편집자인 로더베이크 메이어르(Loderwijk Meyer)가
       라틴어로 번역했을 수도 있고, 메이어르가 쓴 라틴어 원문을 옐러스가 다시 네덜란
       드어로 번역했을 수도 있다.

4     'imperfectus'는 '불완전함'과 '미완성' 모두를 뜻하지만, 라틴어 원어 자체는 후자
       의 뜻이 더 강하다. 바로 뒤에 나오는 'perficere'(완성하다)라는 단어와도 대조를 이
       루므로 '미완'으로 옮긴다. NS 판본에서는 두 단어가 모두 사용된다("미완이고 불
       완전하다"onvolmaakt en gebrekkelijk).

5     스피노자가 이 논고의 대강을 1662년 상반기 이전(「해제」217쪽과 주 45 참조)에
       썼다고 본다면, 그 이후의 시간에는 실제로 다른 논고의 집필에 몰두했다. 스피노
       자는 우선 1665년 이전(아마도 1662년)에『윤리학』집필을 시작하여, 1665년에는
       이미 상당 정도 시를 진척시켰다. 1663년에『르네 데카르드의 '철학의 원리'에 내
       하여』와「형이상학적 사유」를 출판했으며, 1665년부터『신학정치론』을 집필하여
       1670년에 출판했다. 그리고 1670~75년에는『윤리학』을 교정했고, 1675~77년에
       는 역시 미완으로 남은『정치론』을 썼다. 물론 이런 외적 정황만으로 이 논고의 미

완성을 설명할 수 없기에 이론적 문제를 따져보아야 한다. 미완성의 이론적 이유에 대해서는 「해제」 제III장, 225~36쪽 참조.

6  '일상적'이라는 뜻과 '공통의'라는 뜻을 모두 포함한다. 이는 이후에 나오는 새로운 기획의 필요와 대조되면서 특별한 변화의 필요 없이 늘 거기 있는 삶, 우리 삶의 조건의 자생적 형태를 뜻한다(Pierre-François Moreau, 1995, p. 107 참조).

7  '부질없음'으로 번역한 'futilis'라는 단어는 스피노자의 저작 전체 중에서 여기서 단 한 번 나온다. '헛됨'으로 번역한 'vanus'는 『윤리학』에서 '헛된 명예심'(제4부 정리 58의 주석)과 '헛된 미신'(제4부 정리 36의 주석 1), 『신학정치론』 제2장에서 성경을 참조하면서 운이 가져다주는 선(善)들이 '헛되며' 지성이 가장 탁월한 선이라고 말하는 대목에 나타난다.

8  이 논고의 서설 부분은 스피노자가 전 저작에 걸쳐 경험의 주체로서의 '나'를 화자(話者)로 내세우는 유일한 곳이다. "경험이 가르쳐주다"(experientia docere)라는 표현은 『윤리학』과 『신학정치론』에서 자주 사용되는 표현이지만, '나에게'라는 목적어가 사용된 곳은 오직 여기뿐이다. 이 '나'는 미셸 드 몽테뉴(Michel de Montaigne)의 경우처럼 스피노자 자신의 경험을 반영하고 있으므로 자전적인 성격의 '나'이기도 하고, 데카르트의 경우와 같이 수사학적 성격의 나로서 철학자 스피노자를 대변하는 것이기도 하며, 또한 교육적 성격의 '우리'이기도 하다(Bernard Rousset, 1992, p. 149 참조).

9  에드윈 컬리(Edwin Curley)는 "우려의 원인이 되고 우려의 대상이 되는"이라고 의미를 보다 분명히 하여 의역하고 있다(Spinoza, 1985, p. 7).

10  '경험이 가르쳐준 이후'(postquam)와 '깨달았기에'(cum)를 알렉상드르 쿠아레(Alexandre Koyré)를 비롯한 많은 번역자들이 동시적인 것으로 번역하지만, 둘 사이에는 시간적인 간격이 있다. 즉 ① 경험의 가르침 이전의 자생적 확실성의 단계, ② 헛되고 부질없음에 대한 가르침, ③ §2에 제시될 주저함의 시간, ④ 결단이라는 네 단계로 나눌 수 있다. '깨달았기에'는 네 번째 단계에 상응하면서 결단의 최종적 조건을 이루는 것이라고 보아야 한다. 그렇지 않을 경우, 주저의 시간은 무의미해지고 결단은 마치 돌연한 계시에 의해서인 양 이루어지게 될 것이다. 그러나 주저의 시간이야말로 확실성을 획득하는 시간이다(P.-F. Moreau, 1995, pp. 74~76 참조).

11  'sui communicabilis'는 일의적이지 않아 보이는데, 그 일차적인 의미에 따라 '전파될 수 있는'으로 옮긴다(NS 판본에 쓰인 'mededeelbar'도 마찬가지이다). 여기에는 '획득 가능한'(우리가 누릴 수 있는, 우리에게 그 좋음이 전달될 수 있는)과 더불어 '공유 가능한'(타인과 공유할 수 있는)의 뜻도 있다. 이 두 의미는 스피노자의 학설에도 부합한다. 『윤리학』에 따르면, 정신의 최고선은 신에 대한 인식에 있으며(제4부 정리 28), 이것은 모두에게 공통적이고 모두에게 만족을 주며(제4부 정리 36, 37), 여기서 생기는 사랑은 더 많은 사람이 공유할수록 더 커진다(제5부 정리 20).

12  『윤리학』에서처럼 필연과 결합된 영원의 의미보다는 아직까지는 심리적·도덕적 연속성의 강세 표현으로 보인다.

13  이것은 '지복'(beatitudo)과 달리, 외적인 운의 몫을 배제할 수 없는 것으로서의 '행

118

복'에 가깝다.

14 †NS 판본에는 '나의'(mea)에 해당하는 단어가 없다. 여기서 말하는 삶의 질서가 '통상적'(communis)인 것이라는 점에 비추어보면 타당성이 있다. 하지만 어쨌든 이 이야기가 개인적 여정에 대한 것이라는 사실을 고려할 때, 이를 편집자가 부적절하게 덧붙인 것이라 볼 수는 없으므로 OP 판본의 표현을 보존한다.

15 'institutum'은 (1) 이미 수립된 행위 양식이나 습관, (2) 구조나 짜임, (3) 의도나 기획의 뜻을 다 포함한다. 여기서는 대개 앞의 두 의미로 사용되므로 '짜임'이라는 우리말로 옮긴다. 스피노자가 이 단어를 '의도'나 '계획'의 뜻으로 사용하는 곳도 있다. "하지만 내 계획(institutum)은 오직 인간 정신만을 다루는 것이다"(『윤리학』 제3부 정리 9); "나의 주된 계획은 오직 성서에 관련된 것만을 다루는 것이다"(『신학정치론』 제1장, G III, 16). 데카르트도 이 단어를 인공적인 기획의 의미로 쓴다("그러나 이 기획[근본적 의심]은 매우 고된 것이므로"〔제1성찰, AT VII, 23〕). 그러나 스피노자가 1인칭으로 '의도'의 의미를 부각하고자 할 때는 주로 'propositum'을 사용하며, 이와 달리 여기서 'institutum'은 수립하려는 의도나 기획의 의미보다는 이미 수립된 구조나 규칙을, 'vitae institutum'은 한 개인의 공적·사적 삶을 지탱하는 행위들의 지속적 질서를 의미한다고 볼 수 있다(P.-F. Moreau, 1995, p. 110 참조). NS 판본에서도 'institutum'에 상응하는 단어로 짜임, 구조, 체질 등을 뜻하는 'gesteltenis'가 사용되고 있다.

16 비슷한 표현으로 세네카(Seneca)의 『루킬리우스에게 보내는 편지 24』에 'in animo voluta'라는 표현이 있으며, 이것은 '곰곰이 생각해보다' 또는 '곱씹다'라는 뜻으로 쓰인다("네가 자주 들었던 말과 내뱉었던 말을 곱씹어보라").

17 아리스토텔레스(특히 『니코마코스 윤리학』 제1권 제4장 참조)나 세네카(『루킬리우스에게 보내는 편지』 66, 23; 69, 4; 78, 13)를 비롯하여 서양 철학의 전통에서 이 세 가지는 인간이 가장 기본적으로 추구하는 것으로 간주되었다. 이 세 가지 각각은 자기 자신(정욕), 타인(명예), 세계(부)와의 관계를 나타낸다. 다른 곳에서 스피노자는 이 논고보다 외적이고 객관적인 관점을 취하면서, 이것들을 사람들을 지배하는 가장 소외된 형태의 사랑(『소론』 제2부 제5장 제6절)이나 심지어 착란(『윤리학』 제4부 정리 44의 주석)으로 기술한다.

18 정신을 자극하는 동시에 분열시킨다는 의미로, 데카르트의 인식론적 의미(정신의 흐트러짐)와 블레즈 파스칼(Blaise Pascal)의 도덕적 의미(기분전환, 오락 divertissement)를 모두 포함한다.

19 'libido'는 오늘날 주로 '성욕'을 가리키고 『윤리학』에서도 '신체를 섞으려는 욕망'(제3부 부록 제48항)으로 정의된다. 여기서도 주되게 겨냥하는 것은 성욕이지만, 반드시 성욕으로 한정된다고 볼 필요는 없다. 피에르-프랑수아 모로(Pierre-François Moreau)가 지적하듯이, 그것은 음식물처럼 신체의 즉각적 만족과 관련되는 모든 것으로 볼 수 있다. 빔 클레버(Wim Klever, 1986, p. 113)는 여기에 심지어 마약에 대한 것도 포함시키는데 이 역시 타당하다. 참고로 스피노자가 참조한 레옹 헤브뢰(Leon l'Hebrei) 역시 먹는 것과 마실 것에 대한 욕망, 그리고 성욕을

'libido'의 사례로 든다.

20 포만(飽滿)으로 쾌가 불쾌로 바뀌는 현상에 대한 설명으로는『윤리학』제3부 정리 59의 주석(G II, 189, l. 15~18)을 보라.

21 '명성'으로 번역한 'honores'는 '명예'로 번역한 'honor'의 복수형이다. 이 부분 앞 뒤에서는 단수(honor)가 쓰이다가 여기서만 복수(honores)가 쓰인다. 모로에 따르 면. 단수로 쓰인 것은 다른 이들과의 사회적 관계, 즉 다른 이들과 소통하고 있다는 사실을 가리키는 반면에 복수로 쓰인 것은 이 관계의 한 측면인 '권력'을 가리킨다 (P.-F. Moreau, 1995, p. 139). §17에서 스피노자가 다시 명예를 긍정적으로 복권 시키면서 그것을 의사소통의 방식으로서 "세인(世人)의 사고방식에 맞추어 말하 기"로 규정한다는 점을 감안할 때, 이 구별은 의미가 있다. 이를 표시하기 위해 우리 는 복수형을 '명성'으로 번역한다.

22 곧 명예와 부.

23 †필리포 미니니(Filippo Mignini)는 기존의 짜임과 새로운 짜임의 양자택일만이 있으므로 편집자가 불필요하게 '어떤'을 첨가했다고 보고 이를 제거한다. 그러나 우리는 새로운 짜임이 아직 명확해지지 않은 단계라는 점을 감안할 때, 의미 있는 표현이라 보고 이를 보존한다.

24 지금까지 추구해왔던 것들.

25 †NS 판본에서는 괄호가 없으나, 이 부분은 문장 전체의 요지와 별도의 설명을 제 공하는 부분이므로 괄호 속에 처리한 OP 판본이 더 합당하다.

26 여기서 'deliberare'에는 우리말 '숙고하다'와는 달리, 행동이 뒤따르는 결정의 의미 도 포함됨을 염두에 두어야 한다. 그래야 §10에서 이 표현이 "사고상으로 명료하게 지각하다"와 대조되어 쓰이는 것을 이해할 수 있다. 이 때문에 이 단어는 '결단하 다'에 가까운 's'engager'(쿠아레와 미셸 베이사드Michel Beyssade)나 'resolve'(컬 리)로 번역되기도 한다. 그럼에도 이 동사는 §1에 나오는 '결단하다'(constituere) 와는 구별되며, 어쨌든 이 결단에 이르는 과정을 의미하므로 우리는 '결단하다'와 구별하여 '숙고하다'라고 옮긴다.

27 †원문에는 접속법 현재형인 'possim'이 사용되고, 미니니도 이를 따르고 있다. 그 러나 판플로텐(van Vloten) 이래 주석가들은 대개 단순 가정보다는 비현실적 가정 이 문맥상 맞다고 보고 이를 접속법 과거형인 'possem'으로 교정해왔고, 우리도 이 를 따른다.

28 바로 뒤에 나올 '병'과 더불어 '치유책'이라는 의학적 용어를 윤리적 의미로 사용 하는 것은 고전적인 용법이다. 가령, 세네카의『분노에 대하여』(De ira) 제2권을 보면, "분노와 슬픔에 대해서는 각각 다른 치유책이 이용되어야 한다"(aliis contra iram, aliis contra tristitiam remediis utendum est, §20)나 "분노에 대한 최대의 치 유책은 시간이다"(Maximum remedium irae mora est, §29)라는 구절이 나온다. 또 한 토마스 아퀴나스(Thomas Aquinas)의『신학대전』(Summa Theologica)에도 "슬 픔 혹은 고통에 대한 치유책에 대하여"(Ia IIae, qu. 38)와 "분노에 대한 치유책에 대하여"(같은 곳, qu. 47) 등의 제목이 나온다. 데카르트의『정념론』(Les passions de

120

*l'âme*)의 마지막 부분인 제203항과 제211항에는 "관대함은 과잉에 대한 치유책이라는 것" "정념들에 대한 일반적 치유책" 같은 표현이 사용된다. 스피노자의 『윤리학』 제5부에서 이 표현은 여러 번 사용된다. "정서에 대한 치유책들을 …… 오직 정신에 대한 인식만을 통해 규정할 것이다"(서문의 마지막 부분, G II, 280, l. 22~25); "나는 여기에 정서들에 대한 모든 치유책, 혹은 그 자체로 고찰되었을 때의 정신이 정서들에 대해 할 수 있는 모든 것을 포괄했다"(제5부 정리 20의 주석, G II, 293, l. 4~6); "정서들에 대한 모든 치유책"(같은 주석, G II, 294, l. 17). 『윤리학』 제5부의 서문에서도 스피노자는 논리학과 지성의 관계를 의학과 신체의 관계로 보고 있다. 25년 정도 이후에 출판된 발터 폰 치른하우스(Walther von Tschirnhaus)의 『정신의 의학』(*Medicina Mentis*, 1687)은 이 토포스를 가장 뚜렷하게 구현하고 있다.

29 나쁜 정념을 치명적인 독에 비유하는 것은 『윤리학』 제5부 정리 49의 주석에도 등장한다.

30 스피노자 철학의 핵심 원리 가운데 하나인 '코나투스'(conatus)가 처음으로 표현된 곳이다. 『윤리학』에서 "모든 것은 자기 존재를 유지하고자 노력한다"(제3부 정리 6)로 정식화될 코나투스 원리는 자연적 사실일 뿐만 아니라 선악에 대한 정의와 덕의 토대이자 자연권의 바탕이지만, 여기에 쓰인 표현은 아직 이런 전문적 의미를 담고 있지는 않은 것 같다.

31 NS 판본에는 "그것을 소유한 자들(이렇게 말할 수 있다면)에게는"으로 되어 있다. 컬리에 따르면, 괄호 안의 말은 번역자가 덧붙인 것으로 보이며 사람들이 대개 부를 소유하기보다 부에 소유당하기 마련이라는 생각을 반영하는 듯하다. 이런 표현은 스피노자가 디오게네스 라에르티오스(Diogenes Laertios)의 책을 통해 접했을 것으로 추측되는 키레네학파의 창시자 아리스티포스(Aristippos)의 다음과 같은 말을 참조한 것으로 보인다. "돈 때문에 나를 잃는 것보다 내가 돈을 잃는 편이 낫다." "나는 [화류계 여인] 라이스를 소유하지만, 나는 그녀에 소유당하지 않는다."

b †이 원주의 위치는 '…… et semper' 바로 앞이라 애매함이 있다. 컬리와 쿠아레는 그 앞의 구절인 "그것을 소유한 자들에게는 자주 파멸의 원인이 되고"에 대한 것으로 보지만, 베르나르 루세(Bernard Rousset)와 미니니는 'et semper' 이후의 구절에 대한 것으로 보고 문장 끝에 위치시킨다. 우리는 내용상 후자를 따른다. 한편, 루세(1992, p. 155)는 이 부분이 『윤리학』에서 전개될 정념론을 염두에 둔 것으로 보고 이 주석이 『윤리학』을 준비하던 즈음에 붙여진 것이라 추측한다.

32 'opes'의 일차적 의미가 '수단'이라는 점을 고려하면, 이 상황의 역설적 성격이 더 뚜렷해진다.

33 '병'이라는 토포스에서 인간의 '어리석음(광기나 우행愚行)'이라는 토포스로 넘어가고 있다. 앞서 언급된 세 가지 선 가운데 부에 대해서만 인간의 어리석음이 언급된다. 그 이유는 세 가지 선 가운데 부만이 본성상 '수단'이며 수단을 얻기 위해 목숨을 바치는 상황이 가장 어리석기 때문일 것이다.

34 †이것은 정욕, 부, 명예라는 세 가지 선의 추구 결과로 생겨나는 '위험' '박해' '죽

음'·'고통'을 의미한다고 볼 수 있다. 이 문장에서도 사랑하는 대상의 소멸 가능성이나 공유 불가능성 때문에 슬픔과 시기심 등의 갖가지 고통스러운 감정, 즉 악이 생겨남을 보여주고 있다. 반면에 미니니는 '이 악들'을 세 가지 선(정욕, 부, 명예) 자체로 간주한다. 곧 정욕, 부, 명예는 우리가 사랑하는 대상의 속성으로 인해 악이 된다는 것이다. 그래서 그는 이 문장이 어디서 "이 악들(haec mala)이 발생하는지 (orta esse)"가 아니라 왜 "이것들(haec)[=정욕, 부, 명예]이 악인지(esse mala)"라고 보고, 뒤에 나오는 'orta'(발생하다)를 삭제한다(그는 OP 판본 편집자가 바로 뒤에 나오는 '분쟁이 발생하다'를 고려하여 'orta'를 추가한 것으로 짐작한다). NS 판본도 이 해석을 지지한다. 더구나 뒤의 §11에 나오는 "저런 악들"은 정욕, 부, 명예를 가리킴이 분명하다. 이처럼 통상적 선이 악으로 전도될 수 있다는 것이 스피노자가 말하려는 바일 수 있다. 그러나 세 가지 선이 그 자체로 악이 아니라 단지 그 자체로 추구될 때 생겨나는 결과 때문에 악이 된다는 점을 감안하면, 그것들을 악으로 지칭하는 것은 이 단락에서는 너무 강한 표현으로 보인다. 그러므로 우리는 다른 대부분의 번역자들처럼 OP 판본의 원문을 따른다.

35  사랑은 전통적으로, 특히 플라톤주의의 영감을 받은 기독교 철학에서 일차적인 윤리적 문제였다. 이 중요성은 스피노자의 『소론』 첫 번째 대화에 등장하는 인물 가운데 '정욕'과 구별되는 '사랑'이 등장하여 지성과 이성의 도움을 받는다는 내용에도 반영되어 있다. 그러나 『윤리학』에 가면 사랑은 기초 정서가 아니라 기쁨의 파생 정서라는 자리로 밀려나며, 이 점에서 중세적 전통과 결별했다고 할 수 있다.

36  §1의 '마음이 움직이다'를 명사화한 표현으로 볼 수 있다. '감정'과 외연이 동일하지만, 'commotiones'는 갑작스러운 움직임과 격동을 강조한 표현이다.

37  † '슬픔에서 면제된'이 '사랑'을 한정하는지, '기쁨'을 한정하는지에 대해서는 번역상의 이견이 존재한다. OP 판본의 'ipsaque'(여성)는 남성 명사인 'amor'(사랑)가 아니라 여성 명사인 'laetitia'(기쁨)를 가리키도록 되어 있다. 따라서 "…… 사랑은 마음을 오직 기쁨으로, 그것도 일체의 슬픔에서 면제된 기쁨으로 살찌운다"가 될 것이다. 그러나 카를 겝하르트(Carl Gebhardt)와 미니니는 문맥상 '사랑'을 가리키는 것이 맞다고 본다(그리고 NS 판본에는 'ipsaque'의 상응어가 빠져 있으므로 이 해석을 허용한다). 이렇게 볼 수 있는 이유는 첫째, 마음을 '오직 기쁨으로만' 살찌운다고 했으므로 '슬픔에서 면제된 기쁨'은 동어반복이 된다. 더 결정적으로는 둘째, 앞 절에서 문제되었던 것은 가멸적인 것에 대한 사랑이었고, 특히 이 사랑이 슬픔을 동반한다는 것이었으므로 여기서는 슬픔에서 면제된 사랑이 언급되는 것이 문맥상 합당하다. 그래서 미니니는 'ipsaque'를 'ipseque'로 바로잡고 있으며, 우리 역시 이를 따른다.

38  † 스피노자는 앞의 §7에서 스스로가 한 말을 정확하게 인용하고 있지는 않다. 앞에서는 '진지하게'(serio)가 아니라 '철저하게'(penitus)라고 했다. 그러나 이것은 오류가 아니라 스타일상의 변이일 수 있으므로 편집상 교정할 필요는 없다. 반면에 §7에서와 마찬가지로 여기서도 '할 수만 있다면'이 원문에서는 단순 가정인 'possim'으로 되어 있지만, 주 27에서 밝힌 이유대로 대부분의 주석가들을 따라 그

것을 'possem'으로 교정했다.

39  NS 판본에는 '이 악을'로 되어 있지만, 통상적 선의 포기가 확실한 선을 위한 확실한 악의 포기인 이유들로 보는 것이 더 합당해 보인다.

40  통상적 삶의 선들이 숱한 악을 낳는다는 것을 알고도 그것들에 계속해서 끌리는 이 역설적 상황을 『윤리학』에서는 "더 좋은 것을 보고 또 그것에 동의하면서도 더 나쁜 것을 따르네"(제4부 정리 17의 주석)라는 오비디우스(Ovidius)의 유명한 문구를 인용하여 표현한다. 흔히 '자제력 없음'으로 번역되는 이와 같은 '아크라시아'(akrasia)의 본질을 플라톤적 전통에서는 인식의 불충분함으로 본다면, 이후 『윤리학』에서 스피노자는 그것을 정념의 힘으로 보고 그것이 더 강하고 상반되는 정념에 의해 극복될 수 있다고 본다.

41  곧 탐욕과 정욕 그리고 영예를 말한다.

42  '위안'을 뜻하는 'consolatio'(스토아의 용어이며, 데카르트가 엘리자베스 공주에게 보낸 편지에서 세네카를 요약하면서 사용한 단어)가 아니라 '경감'과 '완화'를 뜻하는 'solatium'임에 유의해야 한다. 즉 단순한 위안보다 더 적극적인 치유의 의미로 볼 필요가 있다. 파스칼의 내기 비유를 빌리자면, 화자는 기존의 선을 버리고 획득이 의심스러운 새로운 선에 내기를 걸어야 하는 상황에 처해 있지만, 파스칼의 내기에서와는 달리 왜 내기를 해야 하는가를 성찰하는 과정 자체 안에 선이 있는 셈이다. 이전까지는 기존에 추구하던 선의 해로움에 대한 부정적 논변이 주를 이루고 이것이 이런 선의 해로움을 알고도 이 앎을 따르지 못하는 상황(곧 아크라시아)을 낳았다면, 성찰 과정에 내재하는 이 적극적 선이 아크라시아를 극복하게 하는 실질적 동력이 되는 셈이다.

43  탐욕과 정욕, 영예가 여전히 마음을 지배하는 가운데서도 정신이 새로운 선을 향하는 일종의 틈새로서의 '막간'(intervalla)이 있고, 일단 이 운동이 일어나기 시작하면 틈새는 점점 벌어져 '시간 동안'(temporis spatium)이 되고 '더 빈번해지고 길어지게' 된다.

44  이 이야기가 전통적인 개종(改宗)이나 회심(回心)의 토포스와 차별화되는 지점이다. 개종 이전과 이후 사이에 단절은 있지만, 이전의 선이 '거짓 선'으로 부인되는 대신에 적절한 자리를 찾게 된다.

45  이 논고에서 선악의 상대성 문제는 이하에서 잠시 언급될 뿐이지만, 『소론』에서는 한 장(章)에 걸쳐 이론적으로 논의되고(제I부 제10장), 『윤리학』에서는 인간 본성과 정서의 본성을 참조하여 제4부 전체에 걸쳐 논의된다. 단, 이 차이는 두 저작의 성격 차이에 기인할 수 있으므로 이것이 『소론』과 『지성교정론』의 시기상의 선후 관계에 대한 단서가 되지는 못한다.

46  'respective'는 고려되는 측면에 따라 좋음과 나쁨이 달라진다는 의미에서 '상대적'이라는 뜻일 수도 있고, 좋음과 나쁨이 서로를 전제한다는 의미에서 '상관적'이라는 뜻일 수도 있다. 이어지는 내용을 보면 '상대적'이 더 적합하다. 전자('상대적')의 경우, 『소론』(제I부 제10장)과 『윤리학』(특히 제4부 서문)에 따르면, 좋음과 나쁨은 어떤 일반 관념을 미리 상정하고 그것과 비교하여 그것에 합치하면 '좋다'라

고, 그렇지 않으면 '나쁘다'라고 칭해진다. 본문의 이어지는 내용도 이 점을 가리킨다. 후자('상관적')의 사례로, 『윤리학』제4부 정리 68에 따르면, 인간이 태어나면서부터 자유로웠다면 '악의 관념'을 형성하지 않았을 것(악의 관념은 의식된 슬픔이며 슬픔은 수동이므로)일 뿐만 아니라 '선의 관념' 역시 형성하지 않았을 텐데, 왜냐하면 "선과 악은 상관적(correlata)"이기 때문이다.

47 †"같은 사물이 상이한 측면에 따라 좋다고도 나쁘다고도, 마찬가지로 완전하다고도 불완전하다고도 말해질 수 있다"라고 하는 것이 자연스럽다. 단, 그러려면 여성 형용사 'bona'(좋은)에 맞게 'perfecta'(완전한)가 사용되어야 하는데, 중성인 'perfectum'이 쓰이고 있다. NS 판본은 여성으로 번역(volmaakt＝perfecta)되어 앞의 해석을 지지하지만, 'imperfecta'(불완전한)에 해당하는 것은 누락되어 있어 OP 판본이 더 일관적으로 보인다. 따라서 OP 판본 원문에 따라 본문과 같이 옮긴다.

48 좋음-나쁨과 달리, 완전성-불완전성은 다소 갑작스럽게 도입되는데, 도입 이유는 바로 다음 문장에서 시사된다. '완전한'의 라틴어 'perfectus'는 '완성된'과 '완료된'을 뜻하며 따라서 제작자의 최종 목적과 관련해서만 의미를 지니는데, 모든 것이 자연법칙에 따라 이루어진다면 명백히 의미를 상실할 수밖에 없다. 이 점은 이후『윤리학』제4부의 서문에서 상세히 제시될 것이다.

49 자연의 '질서'(ordo)와 '법칙들'(leges)이 이렇게 함께 쓰인 것은 여기가 처음이다. 이와 관련된 보다 본격적인 내용은 이후 § 102에서 확립되며, 또한『신학정치론』제4장에서 주제화된다.

50 이것이 논고 전체에 걸쳐 제시된 유일한 형이상학적 테제이다.

51 이 표현은 더 강력한 인간 본성을 생각하고 추구하는 것이 단지 인간의 허약함과 자연 전체 질서에 대한 무지 때문일 뿐이라는 제한의 뉘앙스를 포함하는 듯 보인다. 베이사드 역시 이를 지적하고 있다(Spinoza, 2007, p. 144).

52 '인간 본성'이 인간들에게 동일한 것이라면 이 문장은 납득하기 어려울 수 있다. 그래서 주석가들 중에는 "자신의 인간적 본성보다 훨씬 강력한 어떤 [초인간적 본성]"(natura aliquam HUMANA sua multo firmiorem)으로 고칠 것을 제안한 학자들도 있다(Spinoza 1994, p. 98에서 쿠아레의 보고 참조). NS 판본은 이런 해석의 여지를 남기지만, '더 강력한 인간 본성'이『윤리학』에 더 부합한다("우리는 우리가 염두에 두고 바라볼 수 있는 인간 본성의 모델humanae naturae exemplar로서의 인간의 관념을 형성하고자 욕망한다"(G II, 208, l. 8~9)). 그러나 어쨌든 이 논고에서 이 본성을 지시하는 특별한 단어가 사용되지 않고 그 가치에 대한 판단도, 따라서 이 문장의 어조도 분명하지 않다는 점은 주목해둘 만하다. 이 애매성은『소론』에서도 확인되는데, 거기서는 더 완전한 인간의 관념을 '사고상의 존재자'에 불과하다고 하면서도 어쨌든 지성으로 인식되는 것으로 보기도 한다. 물론『윤리학』에서는 이 본성을 '표본'(exemplar)이라는 단어로 분명히 지칭하고, 선악이라는 통념의 유용성과 더불어 이 표본에 적극적 가치를 부여한다. 그럼에도 유명론자인 스피노자에게 인간 본성이라는 일반 관념이 그만큼 적극적 가치를 가질 수 있는지는『윤리학』에서까지 여전히 문제로 남는다. 어쨌든 그것은 각자가 스스로 설정하는 표본

일 뿐 '규준'(norma)이 아니다. 마찬가지로 여기서도 '규준'이라는 단어는 주어진 참된 관념에 대해서만 사용된다.

53 흔히 이 구절은 스피노자를 신비주의로 보는 해석의 논거로 사용된다. 반면에 루세는 이 구절의 의미가 최고선이 정신과 자연의 합일에 있다는 것이 아니라 그것이 무엇인지에 대한 정의가 정신과 자연의 합일에 대한 인식에 토대를 두고 있다는 것임을 강조한다. 존재의 신비적인 '분유'(分有)가 아니라 인간이 자연의 '일부'에 불과하다는 인간 조건에 대한 인식이 핵심이라는 것이다(Spinoza, 1992, p. 167). 어쨌든 이 구절은 우리 행복이 사랑의 최고 대상인 신과의 합일에 있다는『소론』(제2부 제22장)의 테제보다는『윤리학』에 더 가까운 입장으로 보인다. 한편, 인간이 자연의 일부이며 자연의 보편적 법칙들을 따른다는 이 명제를 스토아적인 것으로 볼 수도 있다(Curley in Spinoza, 1988, p. 11, note 9; Koyré in Spinoza, 1994, p. 99 등). 이에 대한 판단은 '자연'을 무엇으로 이해하느냐에 달려 있으나, 이 물음은 여기서 본격적으로 다뤄지지 않으므로 판단을 내리기가 어렵다.

c * 이 현재형 표현은 이 주석을 덧붙일 당시『윤리학』이나 이 테제 자체가 구상 중이었음을 시사한다.

54 프롤로그 가운데서도 여기서부터 §17의 잠정 도덕까지의 논의는 데카르트적 주제 위에서 전개되므로 스피노자가 그것을 어떻게 변용시키는지 주목해볼 필요가 있다.『정신지도를 위한 규칙』(이하『규칙』)에서 데카르트는 목적을 '지혜'(sapientia)로 보고 "모든 것은 그 자체로가 아니라 지혜에 기여하는 정도에 따라 가치를 갖는다"(규칙 1, AT X, 360)라고 규정한다.

d * 여기서 말하는 학문의 계열 관계에 대해서는 데카르트의 경우에 학문이 하나의 전체('학문의 나무')를 이루며, 그 순서가 형이상학(뿌리), 자연학(줄기), 기계학과 의학, 도덕학(열매들)으로 되어 있음을 참조할 수 있다.

55 뒤의 §25에서 언급되는 '사물들의 본성을 필요한 만큼 알기' 같은 발상을 담은 표현이다. '자연에 대한 이해'는 '그런 본성의 획득'이라는 목적에 따르며, 필요한 이해의 정도는 이 목적에 따라 규정된다('충분할 만큼'). 초점은 윤리학이며, 이것은 데카르트의『철학의 원리』에서만큼 상세한 자연학 없이도 수행될 수 있다는 것이다. 쿠아레에 따르면, 우리가 알고 있는『윤리학』을 스피노자가 이 논고에서 '철학'이라 불렀다가 1665년에 '윤리학'으로 바꾼 것도 이 때문이다. 동일한 문제의식을『윤리학』제2부의 서문, "다만 우리를 인간 정신과 그 최고 지복에 대한 인식으로 이끌 수 있는 것만을" 설명할 것이라는 대목에서 발견할 수 있다.

56 몽테뉴부터 계몽주의까지 교육에 부여해온 중요성을 생각하면 교육에 대한 이런 언급은 그리 놀라운 일은 아니지만, 고전주의 철학에서는 그리 당연한 것이 아니다. 가령, 데카르트의 학문의 나무 비유에서 여기서 언급되는 도덕철학과 의학, 기계학은 있지만 교육학이 자리는 없다. 루세는 스피노자가 랍비 학교(여기서는 종교와 도덕, 교육이 일체를 이룬다)와 그다음 판덴엔덴 학교를 통해 교육의 중요성을 느끼게 되었으리라 추측한다(Spinoza, 1992, p. 171).

57 지성을 완전하게 하는 방법으로서의 논리학과 더불어 신체가 그 직능을 올바로 수

행하도록 돌보는 기예로서의 의학의 필요성은 『윤리학』 제5부의 서문에서도 재차 언급된다.

58 정신의 의학적 치유라는 발상은 고전적이기도 하지만(앞의 주 28 참조), 당대의 새로운 철학에도 널리 퍼진 생각이다. 대표적으로 지성이 본래적으로 사태를 왜곡하는 성향(가령, 우상)이 있으므로 치유 혹은 정화가 필요하다는 프랜시스 베이컨(Francis Bacon)의 『신기관』(부제가 '지성의 정화에 대한 교설'doctrinale expurgatione intellectus이다)을 들 수 있다. 이외에 데카르트의 『규칙』과 『방법서설』, 포르-루아얄(Port-Royal)의 『사유의 기예』(L'art de penser), 스피노자의 『윤리학』 제5부의 서문, 치른하우스의 『정신의 의학』 등도 사례로 꼽을 수 있다. 그러나 지성이 병들거나 기만당할 수 있음을 함축하는 이 표현은 베이컨적인 것이며, 지성을 참된 것 자체로 보는 스피노자 자신의 사상에 부합하지는 않으므로 많은 논란을 낳기도 했다. 이에 대한 자세한 논의는 「해제」 231~33, 237~38쪽을 참조하라.

59 여기서 'licet'은 'potest'에 비해 우연한 정황상 '허용되어 있는 만큼'의 의미가 더 강하다.

60 †우리는 OP 판본을 따라 "처음에 할 수 있는 만큼 지성을 정화하는"(ipsumque, quantum initio licet, expurgandi)으로 옮긴다. 그러나 NS 판본에 따르면, "할 수 있는 만큼 처음부터 지성을 정화하는"(voor zo veel men kan, in 't begin zuiveren)이다. 미니니는 후자가 더 합당하다고 보고 이에 맞추어 OP 판본을 수정할 것을 제안하는데(곧 ipsumque, quantum licet, initio expurgandi), 그 이유는 다음과 같다. 우선, '처음에'(initio)는 그 앞의 '모든 것에 앞서'(ante omnia)와 조응하며, 그러므로 '할 수 있는 만큼'이 아니라 '지성을 정화하다'를 한정한다("처음부터 지성을 정화하다"). 다음으로 지성의 정화가 이루어지려면 지성 자체가 작동되어야 하기 때문에, 처음에 지성을 정화하는 데는 한계가 있을 수밖에 없고, 이 한계를 표시하는 것이 '할 수 있는 만큼'이다("할 수 있는 만큼 처음부터 지성을 정화하다"). 이 해석은 설득력이 있지만, §86에서도 동일한 구문이 나온다는 사실은 결정적 반대 논거가 될 수 있다. 곧 "처음에 할 수 있었던 만큼(quantum in initio licuit) 우리 지성에 대한 앎을 획득했고". 이런 이유에서 우리는 OP 판본의 원문을 따른다.

61 빅토르 골드슈미트(Victor Goldschmidt)에 따르면, 목적과 목표의 구별은 스토아학파적 어법에 따른 것으로, 목적은 이상(가령, 지혜)을 가리키며 목표는 이 목적을 의도함으로써 선택되는 결과(가령, 지혜를 얻고자 하면서 산출되는 학문적 사유)를 가리킨다(Rousset in Spinoza, 1992, p. 172). 미니니는 라틴어 원문에서 '목표를'('et scopum')을 제거했는데, 아마도 이런 이유 때문에 문맥상 '목적'이 더 부합하기 때문일 것이다. 그러나 원문이 꼭 틀린 것은 아니므로 우리는 다른 대부분의 번역처럼 원문을 따른다.

62 제목 외에 여기서 처음으로 '길'이라는 단어가 등장한다. 'via'는 베이컨과 데카르트 모두에게서 '방법'과 거의 동의어로 사용된다. 가령, 『규칙』에서 데카르트는 "사물에 대한 인식에 도달하는 두 가지 방식(via)"으로 경험과 연역을 든다(AT X, 364~65). 베이컨 역시 "진리를 탐구하고 발견하는 두 가지 길(viae)"로 귀납과 연

역을 들거나(『신기관』제1권 제19항), 자신이 도전하는 것은 "옛 저자들의 지력이나 능력(ingeniorum aut facultatem)이 아니라 방법(viae)"(같은 책, 제32항)이라고 말한다.

63 앞에서 좋음과 나쁨은 상대적인 것에 불과하며 단지 주관적이고 실용적인 목적으로 그렇게 불린다고 말했기 때문에, 여기서 '좋음'의 설정은 강제된 것('cogimur')으로 표현된다. 『윤리학』에서는 형이상학은 물론, 인간 본성의 모델과 정서 법칙을 바탕으로 하여 선악을 더 객관적으로 정의할 것이다.

64 이 대목은 데카르트의 잠정 도덕(morale par provision)과 동시에, 『윤리학』제4부 및 부록에 제시된 '올바른 삶의 규칙'(recta vivendi ratio)을 환기시킨다. 여기의 잠정적 규칙과 달리, 『윤리학』의 삶의 규칙은 형이상학적 체계(제1부와 제2부) 및 정념들의 연역(제3부)을 거쳐 도달한 것이다. 이런 연역을 아직 거치지 않았기 때문에 여기서의 규칙은 '상정해두다'(supponere)라고 표현된다. 내용상 특별한 점은 이 규칙들이 앞서 치명적 병에 비유했던 세 가지 선에 목적을 부여하면서 제 가치를 되찾아준다는 점이다. 즉 첫 번째 규칙은 명예에, 두 번째는 정욕에, 세 번째는 부에 상응한다.

65 돈은 수단이 아니라 그 자체로 추구할 경우에만 악이라는 점은 『윤리학』제4부 부록 제28~29장에도 제시된다. 단, 거기서는 신체의 보존을 돕는 측면이 강조되고 풍속을 따르는 측면은 없어진다.

66 NS 판본에는 'zuiveren'(정화하다).

67 『윤리학』에서는 '방식'(modus)이라는 용어 대신에 '종류'(genus)라는 용어가 사용된다. '방식'은 각 지각의 본성이나 원천, 대상을 아직 참조하고 있지 않기 때문에 사용된 용어로 볼 수 있다(Rousset in Spinoza, 1992, p. 179). 지각이나 인식의 '본성'은 발생적으로만 알려지는 반면에, 여기서 스피노자가 하려는 작업은 단지 상이한 지각 방식들에 대한 '기술'에 불과하기 때문이다. 한편, 여기서 이루어지는 지각 방식에 대한 기술과 『윤리학』의 발생적 설명 간의 차이를 단지 각 저작의 목적에 따른 방법적 차이에 불과한 것으로 보아야 하는지(Alexandre Matheron, 2011a, b), 아니면 진화의 산물로 보아야 하는지(Martial Gueroult, 1974, Appendice XVI)도 논쟁점으로 남아 있다.

이 문제들과는 별도로 주목해둘 점은 여기서 지각 방식의 구별이 우리가 사용해온 선행 지각에 대한 반성으로부터 도출되며, 또한 지각 방식은 개별자로부터냐 보편자로부터냐, 감각에 의해서이냐 지성에 의해서이냐가 아니라 말 그대로 인식이 이루어지는 '방식'에 따라, 특히 인식이 우연적으로 이루어지느냐 아니냐에 따라 나뉜다는 점이다. 이 두 특성은 『윤리학』과도 공통적이다. 거기에서도 인식 종류는 '보편 통념을 형성하는 방식들'(『윤리학』제2부 정리 40의 주석 2)에 대한 반성으로부터 도출되며, 우연적 마주침에 따르는 것이거나(1종의 인식), 사물 혹은 관념들의 필연적 연관에 따르는 것(2, 3종의 인식)으로 구별된다. 지각 방식에 대한 스피노자의 다른 언급은 『소론』II, 1(구별)과 2(가치평가); 『윤리학』제2부 정리 40의 주석 2(구별), 「편지 2, 6, 12」(경험에 대해); 『신학정치론』제1장(예언에 대해),

제6장(기적에 대해), 제7장(성서 해석, 자연 인식 및 역사 인식, 과학과 해석)을 참조하라. 이 모든 곳에서 스피노자가 '감각'을 지각 방식의 명칭에 포함시키지 않고 있다는 점 역시 주목하라.

68 여기서 스피노자가 참조하고 있는 데카르트의 행보를 대조해볼 필요가 있다. 우선 지금까지의 인식들을 회집(會集)하고 점검하여 가장 적절한 것을 선별하는 작업은 공통적이다. 그리고 회집의 기준이 의심의 부재라는 점도 공통적이다. 그러나 데카르트가 의심의 방법을 통해 '의심할 수 없는' 참된 진리의 원천을 찾아낸다면, 여기서는 의심이 갖는 방법상의 중요성은 제거되어 있다. 이 때문에 데카르트에게서는 의심의 방법에서 곧바로 가장 확실한 인식이 도출되지만, 여기서는 §25에서와 같이 최적의 지각 방식을 가려내기 위한 기준을 별도로 설정하는 작업이 필요해진다.

69 NS 판본에서는 세 가지라고 예고하면서도 실제로는 OP 판본처럼 네 가지를 나열한다. 이러한 불일치에 대한 해석은 NS 판본의 출처를 무엇으로 보느냐에 따라 달라진다. 즉 NS 판본이 OP 판본의 번역이라면, 이 불일치는 단지 네덜란드어 번역자가 OP 판본을 잘못 번역한 때문일 것이다. 그러나 NS 판본이 OP 판본 이전에 스피노자가 쓴 다른 수고본의 번역이라면, 이 불일치는 두 라틴어 판본의 차이로 소급될 것이다. 겝하르트는 후자를 지지하면서 이를 NS 판본이 OP 판본을 번역한 것이 아니라 OP 판본 이전에 쓰인 다른 라틴어 수고를 번역한 것이라는 자신의 주장을 뒷받침하는 증거 가운데 하나로 간주한다. 이 주장에 대한 반론에 대해서는 「해제」 218~21쪽을 참조하라.

스피노자의 사상과 관련하여 여기서 주목할 점은 인식 분류에서 이와 유사한 혼동 혹은 애매성이『소론』과『윤리학』에도 나타난다는 점이다. 이 두 저작 모두에서 지각의 종류는 셋으로 나눠지기는 하지만, 이 논고에서와 같은 네 가지 분류의 틀은 그대로 나타난다.『소론』의 경우에 비례식의 예를 드는 부분에서,『윤리학』의 경우에는 1종의 인식을 두 가지로 나눈다는 점에서 그러하다. 그러므로 문제는 결국 이후 이 논고의 첫 번째 지각 방식과 두 번째 지각 방식을 구별하면서도 하나의 종류로 묶어야 할 필요가 무엇인가일 것이다. 이에 대해서는 주73을 참조하라.

70 †즉 "사람들이 규약적인 것이라고 부르는 기호". 표현 자체는 "사람들이 규약적으로 부르는 기호"로 해석될 수도 있으나, 앞의 번역이 더 정확하다고 판단된다. 여기에도 두 가지 해석이 가능한데, 한편으로 해럴드 H. 요아킴(Harold H. Joachim)에 따르면, '이른바'(quod vocant)는 'ad placitum'(규약적인, 임의에 의한, 합의에 의한)이 당대 논리학자들 사이에 통용되던 전문 용어임을 시사한다(Harold H. Joachim, 1940, p. 27, 주 1 참조). 이는 스피노자가 이런 식의 지칭에 거리를 두었다는 점을 드러낸다고 볼 수 있다. 실제로『윤리학』에 따르면, 자연적 기호와 규약적 기호 사이의 구별이 없다.『윤리학』의 해당 대목에서는 규약과 관련된 이 표현이 제거되고, 대신에 들은 것과 읽은 것 모두를 기호에 의한 지각으로 규정한다. 즉 "기호로부터, 가령 어떤 단어들을 듣거나 읽음으로써"(제2부 정리 40, G II, 122, l. 4). 다른 한편으로는 스피노자가 '임의로' 혹은 '자의적으로'를 의미하고자 할 때 이 논고의 나머지 부분은 물론이고(§72, §89),『윤리학』이나 다른 저작에

서도 'ad libitum'(임의로)만을 사용한다. 미니니는 이 표현이 베이컨의 『신기관』 (제1권 제45항의 "이른바[quod vocant] 원소들의 밀도 역시 …… 규약적으로[ad placitum] 설정된다"; 제124항의 "규약적인 추상들에 불과한 것"[nihil aliud quam abstractiones ad placitum])에서 발견된다는 점에 주목한 바 있다(Spinoza, 2009, p. 139). 그렇다면 'quod vocant'는 'ad placitum'의 용법이 드물다는 사실을 시사하는 것이라고도 볼 수 있다.

71  첫 번째와 세 번째 지각 방식에 '어떤'(aliquis)이라는 표현이 쓰이고 있음(각각 '어떤 기호로부터'와 '어떤 결과로부터')에 주목해야 한다. 두 번째 지각 방식의 '무작위적'(vagus)이라는 표현과 더불어 이 표현은 지각의 우연성을 시사하는 것으로 볼 수 있다.

72  소문에 의한 것과 기호에 의한 것이라는 분류는 『윤리학』의 표현대로 들은 것과 읽은 것이라는 분류로 이해할 수 있다. 루세(Spinoza, 1992, p. 182)는 이를 각각 말씀[전통]과 경전이라는 종교적·신학적 구별과 연관시키기도 한다.

73  『윤리학』에서는 여기서의 첫 번째 지각 방식과 두 번째 지각 방식을 묶어 1종의 인식이라고 부른다. 아울러 이 두 지각 방식의 제시 순서 역시 바뀐다. 『윤리학』에서는 무작위적 경험에 의한 지각이 기호에 의한 지각보다 먼저 온다. 마르시알 게루 (Martial Gueroult)에 따르면, 이 순서의 뒤바뀜은 이 논고와 『윤리학』의 근본적 차이와 관련된다(Martial Gueroult, 1974, Appendice XVI, p. 595). 즉 『윤리학』의 발생적 관점에서 보면 경험에 의한 지각(이는 신체의 현행적 변용과 관련된다)이 기호에 의한 지각(이는 기억을 함축한다)에 선행하며, 후자의 원천이 된다. 이 점은 또한 『윤리학』에서 이 둘이 왜 동일한 종류의 인식으로 묶이는지 역시 해명해준다. 반면에 인식론적으로 보면 기호에 의한 지각이 가장 열등하다고 볼 수 있는데, 왜냐하면 그것이 실재와 가장 거리가 멀기 때문이다. 이 논고는 이 관점을 따르고 있다. 한편, 『소론』에서는 『윤리학』처럼 첫 번째 지각 방식과 두 번째 지각 방식을 동일한 인식 양식에 포함시키며, 이 점에서 『윤리학』에 더 가깝다. 그러나 '기호'에 의한 지각이 누락되어 있다. 그러므로 인식 종류를 기준으로 『지성교정론』과 『소론』의 선행 관계를 판단할 수는 없다.

74  드물기는 하지만 '무작위적 경험'은 '경험'으로 축약되어 사용되기도 한다(적어도 § 23과 아마도 § 27의 주석이 그렇다). 그러나 이처럼 부정적 수식어가 붙어서 사용된다는 것 자체가 모든 경험이 다 부정적인 것은 아님을 함축한다. 실제로 이후 § 27의 주석 i에서 스피노자는 경험을 '경험주의자들' 및 '새로운 철학자들'의 방법과 관련하여 언급하며, 이 경우 '경험'은 무작위적 경험이 아니라 구축된 경험을 가리킨다.
여기서 '무작위적'이라고 번역한 'vagus'는 사전적으로 '여기저기 방랑하는, 유동하는, 무계획적인'을 뜻하나, 인식론적으로는 '비항상석인'이나 '불확실한'(incertus)을 뜻한다(가령, "vaga sententia, id est incerta"[키케로Cicero]). 『성찰』에서 데카르트 역시 '불확실하고 변하기 쉬운 의견'(vagas et mutabiles opiniones)을 '참되고 확실한 지식'(vera et certa scientia)과 대립시키면서(제5성찰, AT VII,

옮긴이의 주석 | 129

69), 후자를 오직 신에 대한 앎을 토대로 해서 얻을 수 있는 것으로 간주한다. 스피노자에게서도 이 용례가 이 논고 외에 딱 한 번 발견되며, 거기서도 이런 뜻으로 쓰인다. "상상은 불확실하고 비항상적(imaginatio vaga est et inconstans)이기 때문에, 예언은 예언자들에게서 오래 머물지 않았고, 빈번하지도 않았으며"(『신학정치론』제1장, G III, 29). 그 외에 스피노자가 참조했을 법한 네덜란드의 데카르트주의 스콜라 철학자들(Franco Burgersdijk, Adriaan Heerebood, Rudolph Goclenius)의 논리학 책에서는 'determinata'와 대비되는 '불특정의'라는 뜻으로 쓰였다(이에 대해서는 Alan Gabbey, 2006, pp. 172~76을 참조).

그러나 이 논고에서 이 단어는 베이컨적 배경 아래 쓰인 것으로 보아야 한다. 이 표현은 베이컨의 『신기관』(제1권 제100항)에 있으며, 거기서 차용한 것으로 볼 수 있다. 거기서 그것은 '일정한 법칙에 따라 진행되는 경험'과 대조를 이룬다. "무작위적 경험(experientia vaga)은, 단지 그 자신의 코만 보고 따라갈 때 …… 단지 어둠 속을 더듬을 따름이며, 인간을 가르치기보다 오히려 혼동시킨다. 그러나 경험이 부동의 법칙에 의해 중단없이, 그리고 일정한 순서에 따라 진행될 때, 우리는 학문에 좀 더 나은 것을 희망해도 될 것이다"(같은 책, 제1권 제25, 70, 105항 역시 참조하라. 데카르트에게서 유사한 대조와 베이컨의 영향이 시사되는 곳으로 『규칙』, 규칙 12 (AT X, 427)를 참조하라). 이는 이후 스피노자가 『윤리학』에서 정신이 "자연의 통상적 질서에 따라, 곧 사물들과의 우발적 마주침에 따라 이것 또는 저것을 주시하다"(제2부 정리 29의 주석)라고 할 때와 같은 의미로 볼 수 있다. 이런 베이컨적 의미와 『윤리학』의 '우발적 마주침에 따라'라는 의미를 살려 우리는 '무작위적'으로 옮긴다.

75 곧 경험에 의한 지각으로. 관찰이나 실험처럼 조직된 경험을 통해 능동적으로 획득한 인식이 아니라 마주침에 따라 수동적으로 주어진 후 다른 경험에 의해 대체되지 않았을 뿐이므로 고유한 의미의 경험에 의한 지각은 아니라는 의미이다.

76 앞에 나온 'experientia'와 달리, 'experimentum'이라는 용어가 쓰였다. 이 단어를 보고 독자들은 오늘날의 'experimentation'(실험)을 바로 떠올릴 수도 있다. 그러나 이는 생각만큼 자명하지는 않다. 라틴어에서 'experimentum'은 'experientia'와 거의 동의어이며, 나아가 'experientia'보다 체험된 사실의 의미가 더 강하다. 베이컨도 감각적이고 우연한 경험과 구축된 경험(실험) 모두에 대해 'experientia'를 사용했다. 이를 바탕으로 모로는 이 단어의 정확한 의미를 '실험'보다는 '우리가 체험한 것'으로 볼 수 있다고 본다(P.-F. Moreau, 1992, pp. 263~67). 그러나 이후 §103에서 스피노자가 다시 이 단어를 정확히 '실험'의 뜻으로 사용한다는 점을 참고하면, '실험'으로 보는 것이 더 합당하다. 그리고 이럴 경우에 이 문장의 의미도 명확해진다. 곧 '경험에 의한 지각'은 엄밀히 말해 경험론자들처럼 관찰과 실험을 통해 이루어지는 인식이어야 하는데, 사람들은 단지 우연한 경험만으로 이루어진 것을 그렇게 부른다는 것이다. 참고로 컬리 역시 'experiment'로 번역하며, 베이사드는 'habere experimentum'을 하나의 동사 'experimenter'(경험하다, 실험하다)로 번역하고 있다. 쿠아레는 '거기에 대립하는 다른 실험'을 베이컨의 귀납 방법에서

의 '반대 사례'(instantia contradictoria)로 본다.

77  다른 세 가지 지각 방식과 달리, 세 번째 지각 방식에는 단적으로 지칭할 수 있는 이름이 없다. 요아킴은 '추상적인 추론적 지식'으로 명명하고(Harold H. Joachim, 1940, p. 28), 이와 같은 단적인 이름의 부재가 이 논고에서 이 지각 방식의 성격과 지위가 분명하지 않다는 점과 무관하지 않음을 지적한다. 곧 이 지각 방식은 참되긴 하지만『소론』의 두 번째 인식 양식인 '올바른 믿음'에 비해 '올바름'이 부족하고, 『윤리학』의 이성이나 공통 개념(notiones communes)을 통한 인식과 달리 적합한 인식에 포함되지 않는다.

78  스피노자에게서 진리 규준을 대표하는 용어인 '적합하게'(adaequate)라는 단어가 최초로 등장하는 곳이다. 여기서 그것은 아무런 해명 없이 쓰이고 있지만,『윤리학』에서는 "대상과의 관련 없이 그 자체로 고려되는 한에서, 참된 관념의 본연의 특성들 혹은 명명들 모두를 가진 관념"을 '적합한 관념'(idea adaequata)으로 정의하면서(제2부 정의 4), 그것을 관념의 대상과의 합치를 기준으로 평가하는 외래적 명명들과 대립시킨다(같은 곳, 해명).

f   * † '두 번째 경우'를 바로 앞의 경우를 가리키는 것으로 보면, 뒤의 내용과 맞지 않다. 그렇다면 이는 이 주석의 두 번째 경우가 아니라 본문 중의 두 번째 경우(보편적인 것으로부터 결론을 도출하는 경우)로 보아야 할 것이다. 그렇다면 이 주는 원래 본문에 나오는 선언지(選言肢)의 첫 번째 경우('cum vel' 바로 앞에)에 붙어 있지만, 첫 번째 경우에만 해당되는 것이 아니라 두 번째 경우까지 포함한다고 보아야 할 것이다. 이렇게 볼 때, 이 주석은 세 번째 지각 방식이 어떤 점에서 부적합한지를 두 경우로 나누어 분명하게 제시하는 셈이다. 곧 첫 번째 경우에는 결과에서 원인으로 나아간다는 점에서이며, 두 번째 경우에는 일반적인 것으로부터 결론으로 나아간다는 점에서이다. 이를 근거로 루세는 한편으로 이 주석이 본문 집필 이후에 붙여진 것이되, 이후에 전개되는 내용의 중심이 적합성이므로 단지 약간 이후에 붙여진 것으로 간주한다.

** † 원문의 흐름상 '명료하게 생각된'은 바로 앞에 오는 '결과'를 한정하는 것처럼 보이지만(샤를 아퓽Charles Appuhn, 쿠아레), '결과'(effectus)는 남성 명사이나 관계대명사는 중성형(quod)이 쓰였으므로 문법적으로는 훨씬 앞에 오는 '어떤 것'을 한정한다고 보아야 한다(컬리, 루세, 베이사드). 우리는 후자를 따른다. 이럴 경우에 이 구문은 §21의 첫 번째 사례, 곧 신체에 대한 명료한 지각(결과)으로부터 심신합일(원인)을 도출하는 경우에 해당되는 것이 아니라 §21의 두 번째 사례에 해당된다. 곧 명료하게 인식된 시각의 특성을 사물의 크기에 대한 판단의 원인으로 간주하지만, 이것은 특성(proprietas) 또는 고유성(proprium)이지 본질은 아니라는 것이다.

*** † '특정의'(particularis)는 라틴어에서는 '사물'을 수식할 수도 있고 '본질'을 수식할 수도 있지만, NS 판본에 따르면 '사물'을 수식하도록 되어 있다. 요아킴과 폴 아이젠버그(Paul Eisenberg), 컬리는 NS 판본을 따라 '특정 사물의 본질'로, 다른 대부분의 번역자들(쿠아레, 루세, 베이사드)은 후자를 택하여 '사물의 특정 본

질'로 옮기고 있다. 우리는 '본질'과 '특성'이, 그리고 '특정의'와 '보편적인'이 대비를 이룬다고 보고 후자를 택한다.

**** '고유성'(proprium)은 뒤의 §95 및 『소론』 제1부 제3장 §1에서 부정적으로 언급된다. 아리스토텔레스에 따르면(『변증론』 I, 5, 102a), 'proprium'은 사물의 본질을 표현하지 않으면서도 오직 그 사물에만 속하고 그것과 호환적인 것을 가리킨다.

79　가령, §21에서 든 사례로 보면, 시각 일반의 본성과 특성.

80　원문에서는 주어가 빠져 있으며, NS 판본에서는 '원인'이 주어이다.

81　여기서의 'proprietas'(특성)와 원주 f의 'proprium'(고유성)의 차이에 유의하라. 이 논고에서 스피노자가 둘을 분명히 구별하고 있는지는 확실하지 않다.

82　아리스토텔레스에 따르면, 이는 본질을 통한 정의이겠지만 스피노자는 그것을 무작위적 경험, 따라서 우연류(accidents)를 통한 규정으로 취급하고 있다.

g　*† 라틴어 원문은 'effectus'인데, 이는 17세기 강세 사용법에 맞지 않다. 겝하르트는 이 사용법에 맞게 그것을 'effectûs'(2격)로 고친다. 이럴 경우에 느낌은 '결과에 대한 느낌'이 될 것이다(루세는 이렇게 해석한다). 반대로 이것이 대격 'effectum'이었어야 한다고 보는 해석자들도 있으며, NS 판본 역시 이를 지지한다. 이럴 경우에 본문은 '느낌 자체, 즉 결과'로 해석된다(쿠아레, 컬리, 미니니). 우리 역시 대부분의 번역가들처럼 후자로 교정하여 옮긴다.

83　여기 본문에서는 신체에 대한 느낌이라는 결과로부터 영혼과 신체의 합일이라는 원인으로 거슬러 올라가는 것처럼 진술하고 있지만, 원주 g에서 적시하듯이 합일 자체는 실상 결과에 지나지 않는다. 데카르트 역시 합일을 감각을 설명해주는 원인으로 간주하기보다는 더 이상의 설명이 불가능한 사실의 진리로 보았다. 데카르트가 「제6성찰」 및 엘리자베스 공주에게 보낸 1643년의 편지들(특히 6월 28일자)에서 느낌의 단순한 현전을 심신합일의 근거로 삼는 논변을 참조하라. '합일'이 무엇인지에 대한 스피노자 자신의 규정은 『윤리학』 제2부 정리 1~13의 과정을 거쳐 이루어지며, 정리 13의 주석에서 명시적으로 언급된다.

84　태양의 크기에 대한 감각과 믿음의 문제는 아리스토텔레스로까지 거슬러 올라가지만(『영혼론』 제3부 제3장, 428b 3~5), 이런 언급은 스피노자가 『성찰』에 대한 반박과 답변, 특히 토머스 홉스(Thomas Hobbes)(세 번째 반박) 및 피에르 가상디(Pierre Gassendi)(다섯 번째 반박)의 반박과 이에 대한 데카르트의 답변을 면밀히 읽었음을 시사한다. 『성찰』에서 데카르트는 자기 안에 태양에 대한 두 가지 관념이 있음을, 곧 감각에 의해 만들어진 외래 관념과 천문학적 근거에서 도출된 본유 관념이 있고, 후자는 태양이 지구보다 몇 배 크다는 것을 보여준다고 말한 바 있다(「제3성찰」 AT 39, l. 22~24). 이에 대해 홉스(세 번째 반박 가운데 제8항)와 가상디(다섯 번째 반박 가운데 제6항)는 본유 관념의 존재를 부인한다. 이 차이는 그들이 관념을 데카르트와는 다른 것으로, 곧 오직 감각적으로 형성된 이미지만으로 이해하는 데서 비롯된다.

h　*, ** 『윤리학』에서 1종의 인식 전체를 대표하는 중요한 개념인 '상상' 및 '상상하

다'라는 단어가 처음 등장하는 곳이다. 그러나 본문에서 이 단어는 뒤의 §74에 가서야 등장하고, 그다음부터는 빈번하게 사용된다. 이는 이 논고가 오랜 기간의 수정을 거쳤다는 증거 가운데 하나로 간주되기도 한다(Séverine Auffret-Ferzli, 1992, pp. 283~84 참조).

85  요아킴이 지적하듯이(Harold H. Joachim, 1940, pp. 50~51), 수학적 진리들이 대부분 여기에 포함될 수 있을 텐데 왜 '아주 조금뿐'이라고 하는지, 여기까지의 논의로만 보면 의아할 수 있다. 이를 이해하려면 수학적 지식이 실재적 존재자를 다루는 것이 아니라는 이후의 논의를 참조해야 할 것이다. 가령, 도형 및 사고상의 존재와 물리적이고 실재적인 존재를 대비하는 §95를 참조하라.

86  수학적 사례를 든 것은 "수학이 진리의 규준을 보여주었다"라는 『윤리학』(제1부 부록, G II, 79, l. 30~33)에서의 언급과 상통한다. 또한 『윤리학』에서 인식 종류들이 제시될 때에도 동일한 비례식의 사례가 이용된다(제2부 정리 40의 주석 2).

87  'nudus'는 직역하면 '벌거벗은 채'이며, 뒤의 §72에서 다시 사용된다. 거기서 이 단어는 한 관념이 다른 관념들과의 연관 없이 홀로 있는 경우('고립된')를 가리키며, 여기서의 용법도 이런 뜻을 함축한다.

88  'operatio'는 수학에서의 연산을 가리키지만 철학, 특히 논리학에도 해당되는 용어이다. 이 문맥에서 그것은 추론적 성격(discursivité)을 의미하면서 직관적 성격과 대조를 이룬다.

89  쿠아레와 컬리는 '항상'을 '좋다'를 수식하는 것으로 번역하지만, 원문상으로 이는 '발견하다'를 수식한다.

90  비례법을 적용하여 네 번째 비례수의 값을 얻는다고 하더라도 네 수가 함께 형성하는 특정한 비례성 자체는 보지 못한다는 것이다. 가령, 161, 9913, 931에서 네 번째 비례수 X를 구하는 경우처럼 주어진 수가 클 때, 수학자는 우선 비례(proportio)의 본성과 특성("첫 번째 수와 네 번째 수의 곱은 두 번째 수와 세 번째 수의 곱과 같다")을 유클리드 기하학 제7권 정리 19에 힘입어 증명을 통해 안다. 그런 후 이 특성을 위의 사례에 적용하여, 가운데 두 수를 곱하고 이를 첫 번째 수로 나누어 57323이라는 값을 얻는다. 그러나 이 값을 얻는다 하더라도 그는 161, 9913, 931, 57323의 주어진 네 수가 함께 형성하는 특정한 비례성 자체는 보지 못한다. 이 유클리드 비례식 사례에 대한 가장 상세한 설명으로는 A. Matheron, 1996을 참조(최초로 출판된 영어 번역본은 종종 오역이 있으며, 더 정확한 내용은 A. Matheron, 2011a 중 pp. 505~29를 참조)하라.

마트롱에 따르면, 네 번째 비례수는 오직 주어진 세 수가 아주 단순할 때만 네 번째 지각 양식에 의해 발견된다. 가령, 2, 4, 3이라는 수의 네 번째 비례수 X를 찾을 경우에는 첫 번째 단계에서 2와 4의 최대공약수가 2이며 이 최대공약수가 2에는 한 번, 4에는 두 번 포함되어 있고, 따라서 이 두 수의 비(ratio)가 1/2임을 알게 되는데, 이를 이해하는 데는 나눗셈이나 곱셈 같은 연산은 전혀 필요 없다. 그리고 두 번째 단계에서 3에 한 번 포함되어 있는 수가 3이고 3과 미지수 X의 최대공약수가 3이며, 3을 두 번 포함하는 수가 6이라는 것을 알게 되는데, 여기서도 나눗셈이나 곱셈은 필요 없다. 스피노자가 말하듯이, "직관적으로 아무런 연산도 수행하지 않고" 보는 것이다. 그러나 네 번째 지각 양식이 '직관적'이라고 해서 이것이 '연역적이지 않다'라고 생각해서는 안 된다는 점에 유의해야 한다. 이 점은『윤리학』의 관련 정리(제2부 정리 40의 주석 2)에 가면 더 명확해진다. 여기서 스피노자는 보다 더 단순한 1, 2, 4, X의 사례를 들고, (여기서의 네 번째 지각 양식에 해당하는) 3종의 인식에 대해 여기처럼 "직관적으로, 아무런 연산도 수행하지 않고" 비례성을 본다고 말하는 대신에 절차의 두 단계를 명시적으로 분석한다. 먼저 앞의 두 수 사이의 비를 '한 번의 직관으로' 본 다음, 이로부터 세 번째 수와 동일한 비례를 맺기 위해 네 번째 수가 어떠해야 하는지 '결론 내린다'(concludere).

91　네 번째 지각 방식이 가장 좋다고 바로 결론을 내리지 않고 다시 이렇게 묻는 절차가 왜 필요한지에 대해서는 앞의 주 55를 참조하라.

92　보다 정확한 이해를 위해서는 요아킴의 다음과 같은 수준 조정을 참조하라(Harold H. Joachim, 1940, p. 34, note 2).

　1. 우리 본성의 인지
　2. 사물들의 본성 인지
　　1) 이로부터 사물들의 차이와 합치, 대립을 올바르게 추론하기 위해
　　2) 사물들이 수용할 수 있는 것과 없는 것을 올바르게 생각하기 위해
　　3) 이를 인간의 본성 및 역량과 비교하기 위해

　컬리 역시 요아킴의 이런 제안을 따르고 있다.

93　이것들은 귀납에 필요한 현전과 부재의 표에서 베이컨이 사용한 표현들이다. 즉 자연사(historia naturalis)의 방법은 성급한 추상화를 경계하고 '합치와 일탈, 차이, 대립의 표'를 수립하는 것이다(프랜시스 베이컨,『신기관』제2권 제10~15항 참조).

94　여기서 '개별적인'이라고 옮긴 'singularis'와 뒤에 나올 'particularis'('특정의'), 그리고『윤리학』에서 등장할 'individuum'('개체')은 각각 존재론적·논리적·물리적인 것으로, 고려되는 측면에는 다소 차이가 있지만 모두 같은 것을 가리킨다고 보면 된다.

　† 의미상으로나『윤리학』의 일반적 어법을 볼 때에도 '개별적인'은 '사물'을 수식해야 할 것 같다. 또 이것이 문법상으로 허용되지 않는 것은 아니다. 그러나 라틴어 표현 자체로 보면 '실존'을 수식하는 것이 자연스러우며, NS 판본에서도 '실존'을 수식하도록 되어 있다(컬리는 이를 오류로 보고 '개별적인'이 '사물'을 수식하도록 번역한다).

95　'proprius intellectus'를 '고유한 의미의 지성'으로 볼 수도 있다(쿠아레의 경우, 그는 "소문에, 고유한 의미의 지성이 수반하지 않는 한"이라 옮기고 있다). 그러나 여기서 더 중요한 것은 소문으로 아는 것과 스스로 깨닫는 것 사이의 대비이므로 위와 같이 옮긴다(컬리와 베이사드 등도 이렇게 옮기고 있다).

96　§1의 '감응시키다'(afficere)를 제외하면, '감응되다'(affici)가 이 논고에서는 처음이자 마지막으로 쓰인 용례이다.『윤리학』에 가면 이 용어는 신체의 상태나 주목할 만한 변화를 가리키며, 모든 관념들의 물리적 상관항으로서 중요한 용어가 된다.

이 경우 대개 '변용'이라는 어근을 써서 번역되어왔다(변용시키다afficere, 변용되다affici, 변용affectio). 여기서 이 단어는 아직 이와 같은 전문적 의미로 사용된 것 같지는 않고, 문맥상 '감응'(感應)이 더 자연스러우며 이후 사용될 개념의 중요한 함의 중 하나를 보여주는 용례이다.

97 소문에 의한 지각을 『소론』(제2부 제1장 제3절)에서는 보다 단도직입적으로 앵무새에 비유하고 있다.

i *이것이 '좀 더 길게' 다뤄지는 곳은 §§ 102~03밖에 없지만, 거기서도 상세한 언급을 다른 곳으로 미루고 있다. 이는 단지 이 논고의 성격으로 인한 것으로도 볼 수 있지만 경험, 특히 실험에 대한 스피노자의 입장이 아직 명확히 수립되지 않았기 때문으로도 볼 수 있다. 그래서 이 공백을 이 논고의 미완성 이유로 보는 주석가도 있다(Jules Lagneau, 1895). 그러나 § 102에서 스피노자는 이 논고가 그것을 다룰 자리는 아니라고 한정하므로 꼭 그렇게 볼 필요는 없다. 경험에 대한 스피노자의 입장에 대해서는 특히 1661년 올덴부르크에게 보낸 「편지 2」(베이컨에 대한 평가)와 「편지 6」(실험의 역할), 1663년 시몬 더프리스(Simon de Vries)에게 보낸 「편지 10」(본질 인식에서 경험의 역할), 그리고 1663년 『르네 데카르트의 '철학의 원리'에 대하여』 제2부 정리 6의 주석 마지막 부분(추론과 대비되는 감각의 소극적 기능)을 참조하라. 이런 글들과 다른 저작들 전체를 통해 보건대, 스피노자의 입장은 과학적 실험만이 아니라 일상적 경험까지 포함하여 경험의 가르침의 중요성을 무시하지는 않지만, 그것에 토대의 역할을 부여하지는 않는 것이라고 요약할 수 있다. 이 때문에 경험과 실험, 그리고 경험주의자들에 대한 스피노자의 입장은 대부분 부정적이거나 소극적으로 나타난다.

**NS 판본: "모든 것을 경험에서 비롯되게끔 하려는 경험주의자들." 이와 달리, OP 판본에서는 '경험주의자들'에 대해 따로 설명하지 않는다. 이는 라틴어를 읽는 독자들에게는 그 의미가 아주 분명했음을 시사한다. 이 '경험주의자들'은 의사들 혹은 자연에 대해 실험하되 기성 이론을 참조하지도 새 이론을 도입하지도 않는 자들을 가리키는 것으로 보이며, '최근의 철학자들'은 좁게 보면 베이컨과 데카르트, 넓게 보면 반(反)아리스토텔레스 진영에 속해 있던 일군의 철학자들을 가리킨다(P.-F. Moreau, 1992, pp. 262~63을 참조하라).

98 OP 판본에는 영어로 'that'을 뜻하는 'illius'이지만, NS 판본에는 'any'를 뜻하는 'enige'로 되어 있다. 이 경우 "어떤 비율의 관념도 가지고 있다고 해서는 안 된다"가 될 것이다. 여기서 우리는 OP 판본을 따랐다.

99 주어에 붙을 수 있는 술어들 가운데 비본질적인 술어들을 통칭하는 말. 「형이상학적 사유」(제1부 제1장)에서 스피노자는 운동과 같은 양태(이는 실재적 존재이다)와 달리, 우연류를 단지 사고상의 존재에 불과하다고 규정한다.

100 『윤리학』과 비교할 때, 가장 크게 변하는 것은 세 번째 지각 방식의 지위이다. 『윤리학』에서 이것은 2종의 인식에 해당한다. 『윤리학』에 따르면, 오직 1종의 인식만이 오류의 원천이며, 2종의 인식은 오류의 위험이 없을 뿐만 아니라 3종의 인식과 마찬가지로 적합한 인식이다. 이 변화의 주된 계기를 질 들뢰즈(Gilles Deleuze)는

공통 개념의 발견으로 본다(Gilles Deleuze, 1968, pp. 271~75; 질 들뢰즈(1999), 「제5장: 스피노자의 진전」(『지성개선론』의 미완성에 대하여), 165~79, 171~79쪽; Martial Gueroult, 1974, pp. 597~600). 더 자세한 논의는 「해제」 235~36쪽을 참조하라.

101 †OP 판본을 직역하면 '말해져야 한다'이고, NS 판본은 '말해질 수 있다'(kan gezegd worden)이다. 바로 뒤에 이어지는 양보 문장과 네 번째 지각 방식만을 오류의 위험이 없다고 보는 다음 단락을 고려하면, '말해져야 한다'라는 OP 판본의 표현은 너무 강하고 NS 판본의 미묘한 표현이 더 타당해 보일 수 있다(컬리는 이를 따르고 있다). 그러나 첫 번째와 두 번째 지각 방식과의 대비를 강조하기 위한 것으로 본다면, 더욱이 그 앞에 '어떤 의미에서는'(aliquo modo)이라는 한정이 있다는 점을 고려하면 OP 판본의 표현을 보존할 필요가 있다. 이 점을 종합적으로 고려하여 여기서는 OP 판본의 표현에 다소 뉘앙스를 주어 번역했다.

102 이 지각 방식이 현실적으로 매우 드물다는 사실(§22)과 대비되며, 그만큼 그 중요성이 더 커진다.

103 †OP 판본과 NS 판본 모두 단락을 바꾸지 않고 세미콜론 표시만 해두고 있으며(NS 판본은 그다음에 설명적 이행사인 '즉'(dat is)을 추가), 컬리는 이를 따른다. 그러나 내용상 쿠아레나 미니니처럼 여기서 단락을 바꾸는 것이 논리적이다.

104 동어반복적 표현이다. '방법'(methodus)은 '길(hodos)을 따르다(meta)'를 뜻하는 희랍어를 그대로 가져온 것이며, '방법'의 라틴어 번역어가 '길'(via)이다.

105 다음에 나오는 제작의 비유는 아리스토텔레스의 'organon'에서 연원하지만, 직접적으로는 베이컨에게서(가령, 『신기관』 서문: I, 2; I, 126; I, 152; I, 157), 그리고 데카르트에게서(『규칙』 규칙 8, AT X, 397) 가져왔을 것이다. 스피노자는 베이컨의 저작들은 물론(앞의 주 58, 74, 93 참조), 당시 네덜란드에서 유통되던 데카르트 『규칙』의 복사 원고들을 읽었을 것이다(Sânchez Estop, 1987 참조). 그러나 베이컨도 데카르트도 유비를 무한퇴행의 위협과 관련하여 사용하지는 않았다. 무한퇴행의 문제를 제기하는 가운데, 스피노자는 인식 자체에 대한 방법의 외재성 및 선행성을 부정한다. 이에 대한 자세한 논의는 「해제」(189~201쪽)를 참조하라.

106 †OP 판본에는 '필요하지 않으며'(non opus est)로 되어 있고, 대부분의 판본은 이를 따른다. 그러나 NS 판본에는 부정 표현이 없고 이것이 더 합당해 보인다. 물론 해당 부분 자체는 원문의 부정 표현을 따라 해석 가능하다("또 다른 방법이 필요한 것은 아니며, 이 두 번째 방법을 탐구하기 위한 제3의 방법이 필요한 것은 아니고 ……"). 그러나 미니니의 지적대로 이 해석은 바로 뒤에 오는 '이렇게 무한히 나아가다'와 부합하지 않으며, 방법의 유비로 쓰인 물질적 도구의 경우('필요하다'opus est)와도 맞지 않다. 따라서 우리는 미니니를 따라 부정 표현 'non'을 제거한 NS 판본을 따른다.

k  *†NS 판본에서는 'non'이 누락되어 있으나, 의미상 이는 명백히 잘못된 것이다.

107 방법에 선행적으로 요구되는 것은 이 본유적 도구들뿐이며 이것으로 충분하다는 뜻이다.

108 참된 관념은 지성의 내용일 뿐만 아니라 인식의 일차적 도구이다. 이는 회의주의에 대한 답변일 뿐만 아니라 인식의 참됨에 대한 신의 보증이 필요하다는 데카르트적 입장에 대한 반박을 함축한다. 이에 대한 더 상세한 논의는 「해제」(193~201쪽)를 참조하라.

109 지성의 대상이 될 수 있는, 혹은 다른 관념의 대상이 될 수 있는. 라틴어 'intelligibilis' 는 '지성(intellectus)의 대상이 되는', '가지적(可知的)인'의 뜻으로(영어로 intelligible, 희랍어 noetos의 번역어), 한편으로는 능동적 의미의 'intellectualis'(지성적으로 인식하는: 영어로 intellectual, 희랍어 noēros의 번역어)와 대비되며, 다른 한편으로는 감각과 관련되는 'sensibilis'(감각의 대상이 되는)와 대비된다. 이 문맥에서는 지성의 대상이 되는 실재 사물처럼 관념 역시 지성의 대상으로서 그 대상과 별도로 실재성을 가지며, 그 대상처럼 다른 관념의 대상이 될 수 있음을 강조하고 있다.

110 이 용어들은 중세 철학, 특히 중세 후기 철학자인 프란시스코 수아레스(Francisco Suárez)의 '형상적(formalis) 개념' 및 '표상적(objectivum)* 개념'(혹은 형상적 존재와 표상적 존재)을 이어받은 데카르트의 '형상적 실재성' 및 '표상적 실재성' 개념으로 거슬러 올라간다. 간단히 말해 형상적 실재성은 실존하는(혹은 현실적인) 사물이 갖는 실재성을 의미하며, 표상적 실재성은 사물이 무언가의 표상으로서(곧 지성 안의 '인식된 대상'으로서) 갖는 실재성을 의미한다. 두 실재성을 모두 가진 유일한 존재는 '관념'인데, 위의 두 실재성은 각각 관념의 형식과 내용으로 볼 수 있다. 다시 말해, 관념이 하나의 '존재자'로서 갖는 실재성이 '형상적 실재성'이고, 무언가를 표상하는 데서 갖는 실재성이 '표상적 실재성'이다. 관념의 형상적 실재성은 인식 주체인 '나'에게서 오며, 이 때문에 관념들은 '나'의 사유 양태로서 형상적 실재성에서 모두 동일하다. 관념들은 그 내용인 표상적 실재성에서만 다를 뿐이다. 관념들이 형상적 실재성의 측면에서 갖는 동일성과 표상적 실재성의 측면에서 갖는 차이(가령, 유한자에 대한 관념과 무한자에 대한 관념의 차이)라는 이 간극을 근거로 데카르트는 나(정신)의 바깥으로 나가지 않고도 나 외의 다른 존재, 곧 무한자인 신의 존재를 증명하게 된다.

스피노자는 형상적 실재성과 표상적 실재성의 짝을 다시 '형상적 본질'과 '표상적 본질'로 바꾼다. 이것은 단순한 용어의 차이가 아니다. 첫째, 형상적 '본질'과 표상적 '본질'이라는 용어는 관념이 존재나 내용에서 인식 주체나 외부 대상에 의존하는 것이 아니라 관념 그 자체로 명실상부한 실재성을 가짐을 함축한다. 둘째, 데카르트에게서는 관념만이 형상적 실재성과 표상적 실재성을 갖는다면, 스피노자에게서는 모든 존재자가 형상적 본질과 표상적 본질을 갖는다. 이는 한편으로 모든 존재자가 가지적(可知的)임을 의미하며(표상적 본질), 다른 한편으로는 모든 관념이 (인식 주체에 의해서가 아니라) 그 자체 존재성을 가짐을 의미한다(형상적 본질). 셋째, 앞서 보았듯이, 데카르트에게서 중요한 것이 관념의 형상적 실재성(관념들의 동일성)과 표상적 실재성(관념들의 차이) 간의 간극이라면, 스피노자에게서 중요한 것은 관념의 이 두 측면이 함께 간다는 점이다. 스피노자에게서는 관념의 내용

(표상적 본질)은 물론이거니와 존재(형상적 본질) 역시 인식 주체인 '나'가 아니라 관념들 자체의 질서에, 따라서 신에 의존하고 이 때문에 둘은 분리되지 않는다. 더 구체적으로 이 단락에서 그는 '형상적 본질'을 데카르트의 '형상적 실재성'처럼 인식 주체인 정신에의 의존성에서 찾는 대신에, 관념 자체가 (정신 외부의 대상처럼) 다른 관념의 대상이 될 수 있다는 점으로 규정한다. 즉 관념은 그 자체 '표상적 본질'이지만, 그것이 다른 관념의 대상이 될 수 있다는 점에서 '형상적 본질'을 가진다(곧 관념 자체가 '실재적이며 이해 가능하다').

＊여기서 'objectivum'은 '대상적'과 '객관적' 등으로 번역되기도 하지만, 여기서 말하는 '대상'은 인식된 대상으로서 지성 내에 있는 것을 가리키기 때문에 관념이 표상하는 '외부 대상'과 혼동될 우려가 있다. 이 혼동을 피하기 위해 전통적으로 사용되어 오던 번역어 '표상적'을 사용한다.

111 'experiri'는 앎이라는 작용 자체에 대한 체험 혹은 느낌으로서, 『윤리학』 제5부에서 "우리는 우리가 영원하다고 느끼고 경험한다"[sentimus et experimurque](정리 23의 주석)라고 할 때의 경험과 같은 부류로 볼 수 있다. '무작위적 경험'과 같이 지각 방식 가운데 하나로 언급된 경험과는 다르다.

n ＊"정신의 본성과 기원에 대하여"라는 제목의 『윤리학』 제2부에서 다뤄질 것이다. 따라서 이 주석은 이 논고에 속하는 과제와 『윤리학』에 속하는 과제를 분할하면서 이와 동시에 두 글의 집필이 연속적으로 이루어지고 있음을 보여준다. 이 점은 이 원주의 마지막 문장에서 사용된 현재형 동사에서도 시사된다.

112 이것이 『윤리학』(제2부 정리 43)에서 말하는 앎과 앎에 대한 앎 사이의 동시성에 위배되는 것이 아니냐고 물을 수 있다(이에 대한 자세한 논의는 Alexandre Matheron, 2011b 참조). 그렇게 볼 수도 있으며, 이 점에 이 논고와 『윤리학』의 차이가 있다고 생각할 수 있다. 그럼에도 이 구절은 앎에 대한 앎이 앎 안에 들어 있다는 것을 뜻하므로 동시성에 위배되지는 않는다. 다만 앎에 앞서 진리에 대한 보증이 필요하다는, 곧 앎에 대한 앎이 앎에 선행해야 한다는 데카르트적 관점에 대한 반박의 함의가 강해 보인다.

113 '기호'는 가장 저급한 지각 방식의 정의항이기도 하다. "참된 것은 자기 자신과 거짓된 것의 지표"(index sui et falsi)(「편지 76」, 1675년 알베르트 뷔르흐(Albert Burgh)에게 보낸 편지, G IV, 320)라는 표현 역시 동일한 생각을 담고 있다. 기호가 필요 없는 이 직접성이 동사 '느끼다'를 통해 표현된다.

114 '적합하지 않게'(§19)나 '적합한 본질'(§29) 외에 '적합한 관념'이라는 표현은 여기서 처음으로 사용된다.

115 우리가 가진 명석판명한 관념들 외에 진리에 대한 보충적 표지(標識)를 찾는 데카르트적 탐구가 이에 해당한다.

o ＊여기서 '나의 철학'이란 『윤리학』 제2부를 가리키며, 여기서도 현재형 동사는 그것이 이 논고와 같은 시기에 집필되고 있었음을 시사한다.

116 §30에서 나온 표현이다. '길'의 의미에 대해서는 주 104를 참조하라.

117 방법은 인식에 선행하거나 인식 외부에 있지 않지만, 그럼에도 인식의 실행 자체와

는 구별된다는 것을 말한다. 이후 방법은 인식 자체에 대한 반성적 인식이라고 규정될 것이다.

118 바로 다음의 내용을 보아 '혹은'(aut)은 선언이 아닌 연언(連言)의 '그리고'(et)로 읽을 수도 있다. 그 이유에 대해서는 주 119를 참조하라.

119 즉 지성 작용. 스피노자는 여기서 '원인을 이해하기'와 '원인을 이해하기 위해 추론하기', 곧 지성 작용과 이성 작용을 구별하고 있다. 이것은 플라톤에서부터 내려오는 전통적 구별, 즉 본질에 대한 직접적·직관적 인식(noesis)과 추론적 인식(dianoia) 사이의 구별을 참조한 것으로 보인다. 물론 지성과 이성의 구별은 스피노자 철학에서도 의미가 있는 구별이기는 하다. 이 논고에서의 네 번째와 세 번째 지각 방식, 나아가 『윤리학』에서의 3종의 인식(지적 직관)과 2종의 인식(이성지)의 구별도 거기에 상응하는 면이 있다. 그러나 여기서는 초점이 방법에 맞춰져 있으므로 스피노자 고유의 인식 이론보다는 전통적 도식을 따르고 있다고 보는 편이 더 자연스럽다.

120 † 여기서 희랍어 관사 'to'의 등장(OP 판본)은 갑작스러우며, 따라서 스피노자 자신의 것인지 분명하지 않다. 그러나 내용상으로는 적절하며 더구나 『윤리학』 제2부 정리 43의 주석에서의 'ipsum intelligere'에도 조응한다.

121 이 앞의 구문은 §39에서, 다음 이하는 §40에서 다시 진술된다.

122 삼단논법과 같은 형식논리의 규칙이 아니라 오히려 정신이 피로해지지 않도록 돕는 보조물로서의 규칙들이 필요하다고 보는 것은 분명 데카르트적 관점을 반영하고 있다(『규칙』의 규칙 4; 『방법서설』 제2부 참조). 그러나 진리의 규준이 참된 관념으로부터 내재적으로 주어진다는 생각이나, 방법이 이에 대한 반성적 관념에 다름 아니라는 것은 데카르트와 달라지는 지점이다.

123 NS 판본은 'regel'(규칙)과 'rechtsnoer'(규준)의 두 단어를 사용하면서도 동일한 라틴어(norma)를 지시한다("naar die regel, en naar dat rechtsnoer"). 루세에 따르면(Spinoza, 1992, p. 237), 이는 번역자가 아마도 '규준'이라는 말보다 더 익숙한 단어를 찾았고 그것은 데카르트의 '규칙'이겠지만, 스피노자의 '규준'과는 동일한 의미가 아니기 때문이었을 것이다. 이 난점은 §75에서도 다시 나타날 것이다. 두 단어의 차이를 간단히 요약해보면, 데카르트의 '규칙'은 진리의 도구로서 인식에 선행하며 인식에 외적이지만, 스피노자가 말하는 '규준'은 인식의 실행 자체를 통해 주어지는 진리, 또한 인식의 '길'에서 더 멀리 나아가도록 하는 진리를 의미한다. 그래서 『윤리학』에서는 '진리는 그 자신과 거짓된 것의 규준'(제2부 정리 43의 주석)이라고 말한다. 이런 의미에서 '규준'은 앞서 말한(앞의 주 113) '지표'(index)와 비슷하다. 다만 지표가 단지 참된 것의 현전을 의미한다면, 규준은 이미 참된 것의 구축으로서 전체 건축물의 구축에 이바지한다.

124 '반성적 인식'(cognitio reflexiva)은 '관념에 대한 관념' 테제를 비탕으로 참된 방법을 정의하기 위해 이 논고에서만 출현하는 표현이다(여기 §38, 그리고 §70, §105). 이 표현의 스피노자적 특징을 추려보면, 우선 그것은 데카르트에게서처럼 자아나 코기토로의 회귀나 제1원리나 조건으로의 회귀가 아니라 관념의 자기 자신

에 대한 반성이다. 다음으로 그것은 이마누엘 칸트(Immanuel Kant)에게서처럼 앎의 가능 조건에 대한 반성도 아니다. 앎의 조건은 앎 자체가 현실적으로 실행되고 구체적으로 진행되는 과정 자체에 의해 마련되기 때문이다. 마지막으로 이 반성은 무한퇴행 및 방법의 선행성과 진리의 외재성에 반대하며 내재성을 수립한다는 점에서 G. W. F. 헤겔(G. W. F. Hegel)의 반성과 유사하지만, 스피노자에게서 관념의 반성성은 존재의 반성성으로 실체화되지 않는다는 점에서, 그리고 무한진행을 허용하며 따라서 목적론을 배제한다는 점에서 다르다.

125 이 '우선'(prius)이 『윤리학』의 인식 내적 평행론(관념과 관념에 대한 관념의 동시성)과 불일치하는 것이 아니냐는 문제에 대해서는 앞의 주 112를 참조하라.

126 †'주어진'(data)의 의미에는 논란의 여지가 있다. '주어진'은 단순히 '있다'라는 의미로 해석되기도 하는데, 베이사드에 따르면, '주어진'으로 직역할 경우는 마치 지성 안에 이미 주어진 관념인 양 오도할 우려가 있다(Spinoza, 2009, p. 147, n. 58). 그래서 이 표현은 번역에서 삭제되거나(쿠아레), '우리가 가진'으로 번역된다(베이사드). 그러나 '주어진'을 삭제할 경우, '주어진 참된 관념'이 §43에서 '주어진 관념'으로 대체되는 구절에서 난점에 부딪히게 된다. 이와는 반대로 게루는 '주어진'을 강하게 해석하여 신에 의해 산출된 영원한 본질이라는 뜻으로 해석한다(Gueroult, 1968, pp. 30~31, n. 42). 나아가 루세는 '최초의 주어진 참된 관념'을 곧이어 언급될 '가장 완전한 존재자의 관념'으로 간주한다(Spinoza, 1992, p. 246). 그러나 이 대목에서 이처럼 강한 형이상학적 부담을 질 필요는 없어 보인다. 더구나 '가장 완전한 존재자에 대한 주어진 관념의 규준'은 '가장 완전한 방법'이 따르는 규준일 뿐, 모든 방법이 따라야 하는 최초의 주어진 관념일 필요는 없다. 따라서 우리는 논란의 여지와 더불어 '주어진'이라는 원어를 그대로 살려둔다.

127 관념과 그 대상의 동일성이 아니라(원의 관념과 원은 동일하지 않다) 표상적 본질들의 관계와 형상적 본질들의 관계의 동일성. 이는 이후 『윤리학』(제2부 정리 7)에서 관념들의 질서 및 연관이 사물들의 질서 및 연관과 같다는 명제로 정식화될 것이며, 그 가운데에서도 (게루의 표현을 따르자면) 인식 내적 평행론(관념들의 질서 및 연관은 관념의 관념들의 질서 및 연관과 같다)에 해당할 것이다.

128 이 절에서 처음으로 등장하며 가장 좋은 방법을 정당화하기 위해, 그리고 연역의 출발점을 정당화하기 위해 §42와 §99에서 다시 등장할 것이다. 여기서 말하는 '가장 완전한 존재'란 물론 신을 가리키겠지만, 이렇게 지칭함으로써 신 존재 증명의 부담을 지지 않을 수 있다. 아울러 여기서 스피노자는 자신의 형이상학적 테제를 제시하는 대신에 완전성의 위계 및 최고 완전자의 탁월성이라는 전통적 교설을 취하여 관념들에 적용하고 있을 뿐이다.

129 즉 참된 지각이 다른 지각들과 어떻게 다른지에 대한 이해.

130 인식의 이런 비례성 테제는 『신학정치론』 제4장(G III, 61) 및 제6장(G III, 85), 그리고 『윤리학』 제5부 정리 24에서 다시 진술될 것이다.

131 원문은 '쓸데없는 것들'인데, 데카르트의 다음 용법을 참조하여 이와 같이 옮긴다. 곧 데카르트에게서 '쓸데없이 정신의 노력을 소모하는'(『규칙』 규칙 2: AT X, 372)

것은 쉬운 것으로부터 어려운 것으로 나아가는 대신에 쉬운 것을 무시하고 어려운 문제를 두고 씨름하는 탐구 방법, 보다 특수하게는 직관과 연역의 확실한 방법과는 다른 변증술의 방법(규칙 2, 4 참조)을 가리킨다.

132 'ideatum'에 대해 NS 판본에서는 두 표현이 사용된다("gedenkbeelde[=떠올려진 상], of [또는] gedachte zaak[=생각된 사물]"). 이는 'ideatum'이라는 라틴어 단어가 당시에도 상당히 전문적인 용어로 어렵게 여겨졌음을 시사한다.

133 '교류'(commercium)라는 단어는 『윤리학』에서는 더 이상 등장하지 않고, 이런 관계의 형이상학적·물리적 필연성을 더 잘 표현해주는 스토아적 기원의 'connexio'로 대체된다.

134 †OP 판본 원문에서 앞의 '있다고 해보면'(si daretur)은 비현실적 가정이고, 여기의 '있다면'(si datur)은 현실적 가정으로 시제상의 불일치가 있다. 대부분의 주석가들은 상호작용이 없는 사물의 실존이 비현실적 가정이라면 그 사물의 표상적 존재의 실존 역시 비현실적 가정이라고 보고, 두 번째 가정을 역시 비현실적 가정인 'si daretur'로 수정한다. NS 판본의 경우에 두 번째 가정('si datur')이 아예 부재하므로 이런 문제가 제기되지 않는다. 곧 "자연 안에 만일 다른 사물들과 아무런 교류도 없는 어떤 것이 있다고 해보면, 그 사물의 표상적 본질 ─ 이것은 형상적 본질과 전적으로 합치할 수밖에 없을 텐데 ─ 역시 다른 관념들과 교류하지 않을 것이다"로 되어 있다. 미니니는 이에 따라 'si datur'를 아예 삭제할 것을 제안한다. 그러나 이 부분의 현실적 가정은 모든 것에 표상적 본질이 있을 수밖에 없다는 점으로 지지되기 때문에 굳이 수정할 필요가 없다고 판단되어 우리는 원문을 따른다.

135 즉 지성의 대상이 될.

136 문맥상 이것은 관념 자체의 형상적 본질이 아니라 관념 대상의 형상적 본질을 가리키는 것으로 보아야 할 것이다.

137 『윤리학』에서 'exemplar'는 두 가지로 쓰인다. 우선 부정적인 것으로 제1부에서 신이 지성의 관념을 모델로 하여 사물을 창조한다는 신관(神觀)을 비판할 때 등장한다(정리 36의 주석 2). 다음으로는 긍정적인 것으로 제4부 서문에서 인간 각자가 스스로에게 제안하는 보다 완전한 인간 본성의 모델이며, 이 논고의 §§ 13~14에서 쓰인 것도 이런 의미를 갖는다.
　　여기서의 'exemplar'는 이 양자와 다르며, 스피노자의 체계에서는 이를테면 매개적 무한 양태에 해당하는 '전(全) 우주의 얼굴'(Facies totius universi)과 가깝다.

138 'referre'는 관념이 대상의 수동적 반영이라는 전통적 관점을 함축하는 듯이 보인다. 그런데 문장의 마지막 구절은 이런 반영론과의 거리를 이미 시사하고 있다. 즉 관념을 대상의 반영이나 재생이 아니라 관념들 간의 질서 안에서 산출되는 활동적인 것으로 보는 『윤리학』의 관점에 가깝다.

139 곧 좋은 방법에 대한 정의.

140 '운명'(fatum)은 바로 뒤의 '저절로'(sponte)와 함께 '미리 숙고된 기획'(praemeditatum consilium)과 대비를 이룬다. 방법은 인식 과정에 선행하여 인식 과정과는 별도로 있는 것은 아니지만, 그렇다고 인식 과정의 자생성에 내맡겨져 있는 것도 아니라

는 뜻이다. 이는 적어도 이 논고에서, 아니면 최소한 이 대목에서만큼은 방법이 인식 과정에 내재한다는 스피노자의 관점을, 방법이 인식으로 대체되어야 한다는 반(反) 방법론으로 환원할 수 없음을 시사한다. 어쨌든 스피노자는 '방법'을 자연적 '운' 에 맞서는 인공적 기획으로 바라보는 베이컨과 데카르트의 관점을 공유하고 있다.

141 'contingere'는 '우연'을 함축하며, 한편으로는 "상정해보는 수밖에 없었다"(강제 됨)와 대비되고, 다른 한편으로는 "미리 숙고된 계획을 통해 획득하다"와 대비된다.

142 즉 추론의 올바름을 다른 추론을 통해 정당화함으로써 입증하는 대신에, 그저 추 론 자체를 잘 수행함으로써 입증할 뿐이다. 여기서 스피노자는 'comprobare'(확증 하다)와 'probare'(입증하다)라는 두 가지 동사를 사용한다. 컬리는 두 단어를 모 두 '입증하다'(prove)로 옮기지만, 루세는 전자가 특히 내적 동의를 더 많이 함축하 며 이 점에서 이후 §47에서 말하는 '스스로를 느끼다'에 가깝다고 지적하는데, 이 는 일리가 있다. 이 경우 "나는 오직 잘 추론함으로써 이 추론이 좋은 추론임을 느꼈 다" 혹은 '확신했다'의 뜻으로 받아들일 수 있을 것이다.

143 서설에서 기술한 인간 조건을 가리킬 것이다.

144 †OP 판본과 NS 판본 모두에 'non'이 없으나, 원문대로 보면 의미가 통하지 않는 다. 그래서 대부분의 편집자들(카를 헤르만 브루더Karl Hermann Bruder를 비롯해 쿠아레와 컬리까지)은 'non'을 덧붙여 정정하고 있다. 우리 역시 이들을 따른다.
물론, 이럴 경우에 앞서와 동일한 반박과 답변이 반복된다는 문제점이 있다. 그래서 겝하르트를 위시한 일군의 편집자들(아이젠버그, 미니니, 루세)은 'non' 없이 원문 을 최대한 존중하여 다음과 같은 가설을 제시한다. 즉 이 문단의 반박과 옹호가 지 금까지의 행보에 대한 것이 아니라 스피노자 자신의 미래의 글, 즉 그의 '철학'(곧 『윤리학』)에서 제시될 순서에 대한 것이라는 가설이다. 이 경우에 반박의 초점은 왜 그의 철학이 자명한 직관으로부터가 아니라 연역적 명제들, 즉 추론으로부터 시 작하느냐는 물음이 될 것이다. 그리고 스피노자 답변의 초점은 연역의 순서를 잘 고 려하면 진리가 자명해지리라는 것이 될 것이다. 여기서 말하는 '역설'이 『소론』의 결론으로 사용된 '일러두기'(친구들에게)나 『윤리학』 제2부 정리 11의 따름정리에 서도 언급된다는 점 역시 이 해석의 근거가 될 수 있을 것이다. 그러나 여기서 돌연 미래 책의 서술 방식에 대한 반박이 등장한다는 것은 개연성이 떨어진다.

145 즉 내가 제시한 것들.

146 이는 §85에 나올 '정신적 자동기계'와 대비되는 표현이다.

147 §§1~17에 해당된다.

148 §§18~29에 해당된다.

149 §§30~48에 해당된다.

150 앞으로 나올 §§50~90에 해당될 것이다.

151 즉 주어진 참된 관념의.

152 §§91~98에 해당될 것이다.

153 §§99 이하에 해당될 것이다.

154 §38에 해당된다.

155 †OP 판본 원어는 'somnum'으로 '잠'을 뜻하는 'somnus'의 대격이다. 그러나 NS 판본에는 '꿈'(dromen)으로 되어 있고, 문맥상으로도 '꿈'을 뜻하는 'somnium'으로 보는 것이 더 적합해 보인다.

156 †NS 판본은 '제1(eerst =prima)원인'으로 되어 있다. 미니니는 '제1원인'을 통한 설명은 '철학'에 속하지만, 방법 역시 어느 정도는 원인을 통한 설명이 필요하므로 NS 판본을 따라 이 부분을 '제1원인'(prima causa)으로 수정하고 있다. 아울러 이를 아래 주 158에 인용한 「편지 37」의 구절로 뒷받침한다. 그러나 우리가 보기에 이 수정은 불필요하다. 앞의 §19에서 네 번째 지각 방식으로서 사물을 "본질을 통해 혹은 가까운 원인에 대한 인식을 통해" 지각한다는 양자택일을 설정한 바 있고, 이 구절은 이를 따른 것으로 볼 수 있기 때문이다. 아울러 「편지 37」에서 제1원인을 통해 인식할 필요가 없다고 한 것은 '각 지각의 본성'이 아니라 '정신의 본성'이다.

157 이는 §50에서 관념들의 구별에 대해 '상세히'(fuse) 설명할 것이라는 계획과 대조를 이룬다. 그리고 여기서 철학에 속한다고 한 사항은 참된 관념에 대한 것과 마찬가지로(주 k, l, m, n, o) 『윤리학』 제2부에 포함될 것이다.

158 1666년 6월 10일자로 요하네스 바우메이스터르(Johannes Bouwmeester)에게 보낸 편지(37)의 다음 구절에도 이 생각이 잘 표현되어 있다. "그것[방법]은 오직 순수 지성과 그것의 본성, 그리고 그것의 법칙들에 대한 인식일 뿐입니다. 이 인식을 획득하려면 무엇보다도 상상과 지성을 구별할 필요가 있습니다. 달리 말해 참된 관념들을 다른 관념, 즉 허구 관념, 거짓 관념, 의심스러운 관념, 그리고 단적으로 말해 오직 기억에만 의존하는 모든 관념들과 구별할 필요가 있는 것이죠. 이를 적어도 방법이 요구하는 정도로 이해하려면 정신의 본성을 그 제1원인을 통해 인식할 필요는 없고, 다만 정신이나 관념들에 대해 베이컨이 가르치는 것과 같은 자연사를 마련해보는 것으로 충분합니다(스피노자(2018), pp. 238~39, 한글 번역은 수정: G IV, 187~89).

159 허구적 관념은 데카르트 「제3성찰」의 기원에 따른 관념 분류(외래 관념, 인위적 관념, 본유 관념) 가운데 인위적 관념에 해당하지만, 데카르트와 달리 스피노자는 이 것을 제일 처음으로 다루며 또한 가장 비중 있게 다룬다. 그 이유에 대해서는 「해제」(209~11쪽)를 참조하라.

r *뒤의 §57과 주 y 참조.

160 불가능, 필연, 가능에 대한 다른 곳에서의 정의는 『소론』 제1부 제3장; 『윤리학』 제1부 정리 33 주석 1; 『윤리학』 제4부 정의 3, 4를 참조하라.

161 NS 판본에서 이는 '가능성'(mogelijkheit)으로 잘못 번역되어 있으며, 루세는 이를 번역자들이 여기 논리를 잘 따라가지 못했기 때문이리라 짐작한다.

s *여기서 '일람하다'로 옮긴 'recensere'는 데카르트에게서도 방법상의 의미를 가지고 자주 나타나는 단어이다. 가령, 『성찰』의 주요 마디에서 데카르트는 앞서 분석한 것들을 요약적으로 제시할 때에 이 단어를 사용한다(대표적으로 불확실한 것들[AT VII, 24, 1.20]과 확실한 것들[AT VII, 35, 1.3]의 나열). 이현복은 이를 '열거하다'라고 번역하고 그 의미도 이에 상응하지만, 『규칙』에서 '열거'는 'enumeratio'

라는 단어를 사용하기 때문에 우리는 이와 구별하여 '일람하다'라 옮긴다.

162 이 허구는 성경의 다음 구절에서 영감을 받았을 것이다. "낙타가 바늘구멍을 통과하는 것이 부자가 신의 왕국에 들어가는 것보다 더 쉽다"(「마태복음」 19). 「형이상학적 사유」(제1부 제3장)에서도 이것이 불가능한 것의 사례로 제시된다.

t   * 말이 오류의 원인이 될 수 있다는 점에 대해서는 §§ 88~89 참조.
    ** "적당한 자리"는 본질과 관련된 허구를 다루는 부분(§ 58)으로 볼 수도 있지만, 특별히 신과 관련된 내용임을 감안하면 『윤리학』을 가리킨다고도 볼 수 있다.

163 원래 그리스 신화에서 키메라는 사자, 염소, 뱀이 뒤섞인 괴물로, 상상의 존재 혹은 생각할 수 있는 존재로 보일 수 있다. 그러나 다른 곳에서 스피노자는 더 정확하게 그것을 사각형의 원과 마찬가지로 지성에도 상상에도 없는 '말 뿐인 존재'(verbal being)로 규정한다(「형이상학적 사유」 제1부 제3장). 다른 한편으로 바로 앞의 원주 t에서 언급된 신의 본성과 이 대목의 키메라에 대한 언급이 어떤 관련이 있는지를 이해하려면, 데카르트의 『성찰』에 대한 홉스의 반박(세 번째 반박) 가운데 다섯 번째 항목 역시 참조할 필요가 있다. 여기서 홉스는 우리가 천사나 신 같은 비가시적 사물의 관념은 가질 수 없으며, 그것들에 대한 우리 관념은 키메라의 관념처럼 가시적인 사물들의 이미지를 합성하여 만들어낸 것일 뿐이라고 말한다. 이로써 홉스는 관념이 사물의 이미지와도 같다는 데카르트의 다소 비유적인 표현을 유물론적으로 해석하여, 데카르트의 신의 관념 교설(그리고 본유 관념 이론)을 반박한다.

164 루세의 지적처럼 여기서 '영원한'은 '필연적인'과 등가로 볼 수 있다. 이로써 스피노자는 허구가 거짓에서 성립하는 것이 아니라(§ 71에서 말하듯이, 참된 허구도 있다) 필연성의 결여에서 성립함을 보여준다.

165 이는 데카르트에 대한 홉스의 반박(주석 163 참조)에 대한 스피노자의 답변이기도 하다.

166 곧 본질과 관련된 허구를 다루는 § 58 이하에, 그러나 명시적인 진술은 § 65에 제시되어 있다.

    † 이 문장 전체는 NS 판본에는 없고, OP 판본 안에서도 주석 u의 첫 문장에 들어 있으며, 미니니도 이를 따른다. 그러나 주석의 이어지는 문장과는 잘 연결되지 않는 반면에, 본문의 다음 문장 '더 나아가기 전에'와 잘 이어지므로 본문에 놓이는 것이 더 자연스럽다. 그래서 겝하르트를 비롯한 대부분의 번역자들(루세, 컬리 등)은 이 문장이 내용상 주석의 본 위치보다 본문과 더 연속선상에 있다고 보고, 이 주를 본문 문장의 바로 다음으로 옮겨놓았다. 우리 역시 이를 따른다.

167 † OP 판본의 라틴어 원문은 '할 때'(ubi)로 되어 있다. 그러나 자연의 질서를 모를 때 허구는 더 쉽게 만들어지므로, 양보 표현으로 보는 것이 문맥에 맞다. 즉 자연의 질서에 주의하지 않더라도, 우리가 사물의 실존을 일반적인 견지에서 바라보지 않는다면 허구를 피할 수 있다는 것이다. 그래서 컬리는 'etsi'(심지어 ~하더라도)가 'ubi'(할 때)로 잘못 기재되거나 읽혔으리라는 가설을 받아들이는데, 우리도 이를 따르면서 '~조차'로 번역한다. 이 문제에 대해서는 허구를 피하는 방식이 요약된 § 65를 다시 참조하라. 또한 개별적인 방식의 인식의 중요성에 대해서는 § 93과

§95를 참조하라.

168 즉 필연성이나 불가능성을 모르는 경우 허구를 지어낸다는 것.

†미니니는 '이미 말해진 것'이 무엇을 가리키는지 이해하기 어렵다는 이유로 'dictis'를 'fictis'로 고치면서 '앞의 허구들과 일관되지 않은 것'으로 해석한다. 하지만 '이미 말해진 것'이 '앞서 허구에 대해 말한 것'을 뜻한다면, 수정 구문과 의미상 크게 차이가 없을 뿐만 아니라 수정할 경우에 'jam'(이미)이라는 단어의 사용이 부자연스럽게 보이므로 우리는 원문을 따른다.

169 가령, 우리가 허구임을 알면서 어린 아이에게 '지구가 반구(半球)'라고 말한다고 해 보자. 이 관념은 과거에 내가 필연성이나 불가능성을 모르는 동안 믿었던 것이고, 지금 나는 그것을 떠올리되 그것이 허구임을 알고 떠올리고 있다. 즉 필연성이나 불가능성을 알고 떠올리고 있다. 따라서 이 담화에서 허구라는 요소는 과거 관념의 상기로서만 유효하며, 필연성이나 불가능성을 아는 한에서는 더 이상 유효하지 않다고 보아야 할 것이다. 따라서 이 문장은 허구로 된 담화에서 허구라는 요소를 제거한 후에 남는 정신 작용을 가리킨다고 볼 수 있다.

170 이는 질의와 답변으로 이루어지는 스콜라 철학의 논박적 학습 방법을 가리키는 듯 보인다.

x  *스피노자는 거듭해서 허구가 창조적인 것과 무관하며, 오히려 혼동에 기인함을 강조하고 있다(§55, §56, §58과 주 z). 이 점은 허구적 관념, 거짓 관념, 의심스러운 관념에 대한 서술 이후에 기억(§81~83)과 상상 및 말(§84, §88~89)에 대해 언급하는 대목에서 다시 한 번 강조될 것이며, 『윤리학』의 상상 이론의 핵심이 될 것이기도 하다. 한편, 스피노자는 기억이 신체적인 것('뇌')인지 정신적인 것('상상')인지는 규정하지 않으며, 이후 이 문제가 자신의 논의에 하등 중요하지 않다고 말할 것이다(§84).

171 †NS 판본에는 괄호가 없으며, 이 역시 타당하다. 그러나 이 번역에서는 원문을 따라 괄호를 표시했다.

172 이것을 '참되다'라고 볼 수 있는지는 논란의 여지가 있다. 라틴어 'verus'는 '참되다'라는 뜻도 있지만, '진짜의'라는 뜻도 있다. 따라서 이 표현은 참된 진술을 뜻할 수도 있지만(쿠아레), 순전히 진술에 불과한 것을 뜻할 수도 있다(아퐁, 베이사드, 루세). 그러나 우리는 다음과 같은 이유에서 '참되다'가 더 합당하다고 판단한다. 첫째, 스피노자가 앞의 경우(지구가 반구라고 말하는 등)와 달리, 여기서는 주변 조건에 대한 고려 여부가 문제일 뿐 허구는 없음을 부각한다는 점, 따라서 둘째, 여기서의 진술 대상들은 모순을 함축하는 '말 뿐인 존재'와는 다르다는 점, 마지막으로 이후 『윤리학』에서 만물은 자기 안에 파괴의 원인을 갖지 않는다는 것을 일종의 공리로 설정한다는 점이 그것이다.

y  *여기서 스피노자가 과학적 가설들에 대해 어떤 심에서 유보적인 태도를 보이는지 알 수 있다. 가설로부터 사물의 본성에 대한 결론을 도출할 수 있다는 점에서 가설은 다른 허구나 단정과는 구별되지만, 본성이 다른 것일 수 있고 더 많은 다른 원인들이 생각되어야 한다는 점에서 가설을 통한 설명은 필연적이지는 않다. 이 입장

은 『철학의 원리』에 나오는 데카르트의 것과 유사하다(제3부 제15, 19, 43~46항; 제4부 제204~05항 참조).

173 앞의 §19 이하 지각 방식의 분류에서 '지각하다'(percipere)는 모든 인식 방식을 통칭하는 용어로 사용되었으나, 여기서는 지성을 통한 참된 인식으로서의 '이해하다'(intelligere)와 대비되는 감각적이거나 상상적인 인식의 의미로 사용되고 있다.

174 NS 판본에는 신, 사람, 동물 순으로 되어 있다.

175 여기서 스피노자가 드는 대부분의 사례는 오비디우스의 『변신』에서 온 것으로, 이 가운데 일부는 『윤리학』 제1부 정리 8의 주석 2에서 다시 발견된다. 조지 H. 파킨슨(George H. Parkinson, 1964, pp. 101~02)이 주목하듯이, 이 사례들은 단지 문학적 허구를 넘어 다양한 철학적 주제들과도 관련되어 있다. 신에 대한 통상적 이미지(무한히 큰 파리는 아니지만 무한히 큰 사람의 이미지), 유대-기독교의 창조론(무로부터 유의 창조), 스토아적 영혼관(사각형은 아니지만 물체적 성격을 띤 영혼), 스피노자와 휘호 복설(Hugo Boxel) 간의 편지(「편지 51~56」)에서 시사되는 바와 같이, 유령에 대한 당대의 흔한 믿음과 기독교의 예수 성육설 같은 기적에 대한 믿음 등이 그것이다.

176 스피노자가 여기서 염두에 두고 있는 적수가 누구인지는 분명치 않다. 쿠아레(Spinoza, 1994, p. 106)는 자발적이고 자유로운 동의에서 믿음이 나온다고 보는 신학자들 외에 홉스이리라고 본다(Thomas Hobbes, *De Corpore*, I, 3, 8 참조). 실제로 홉스는 참과 거짓이 사물 안에 객관적으로 존재하지 않고 거울에서 보는 것과 같은 상들만이 존재하며, 진리는 이런 감각이나 상상에 우리가 이름을 붙임으로써 생겨난다고 보았다. "모든 것의 최초의 진리들은 이름을 사물들에 처음으로 붙인 사람들의 자의에 의해, 혹은 다른 자들이 제정한 것들을 받아들인 자들에 의해 생겨났다"(Thomas Hobbes, *De Corpore*, I, 3, 8). 추론(reasoning) 역시 이런 이름들의 연산(computation)이며, 과학적 지식이란 이름들의 연결 관계에 대한 지식에 불과하다. 이런 측면으로 볼 때, 홉스 입장에서 허구는 허구(이름 혹은 이름들의 연산)에 의해서만 종결된다고 볼 수 있다. 다른 한편, 데카르트도 관련이 전혀 없지는 않다. 우리가 허구를 지어낼 가능성이나, 그래서 의심스러운 모든 것을 거짓으로 가정하는 데서 성립하는 「제1성찰」의 허구는 기만자 신과 악령이라는 또 다른 허구에 의해 끝장나기 때문이다. 그러나 그가 허구를 허구로써만 제한할 수 있다고 보았다고 할 수는 없기 때문에 정확히 데카르트의 입장은 아니다. 데카르트에 따르면, 허구의 종결은 본질적으로는 허구 자체에 의해서라기보다는 지성에 의한 본유 관념에 의해 이루어지기 때문이다.

177 '부정'이 그들 및 모든 회의주의자들의 일차적 입장이며, '인정'은 2차적인 양보의 입장이다. 스피노자는 더 간단히 반박되는 후자를 먼저 물리친 후에, 자신의 입장과 진정으로 대립되는 전자를 보다 공들여 물리친다.

178 즉 우리에게는 허구를 지어내는 능력이 있듯이 참된 것을 이해하는 능력도 있으므로, 허구가 허구를 끝장낼 수 있듯이 이해하는 활동도 허구를 끝장낼 수 있을 것이다. 따라서 오직 허구만이 허구를 끝장낼 수 있으리라는 그들의 주장은 곧바로 반박

된다.

179 컬리(Spinoza, 1985, pp. 27~28, 주 47)가 주목하듯이, 이 표현은 자유의지가 우리 인간을 얼마간 신과 비슷하게 만든다는 데카르트의『정념론』(제3부 제152항)의 한 구절을, 아울러 적어도 의지의 무한성이라는 점에서만은 우리가 신과 유사하다는 「제4성찰」의 테제를 떠오르게 한다. 그러나『성찰』에서 의지 능력의 무한성은 지각 능력의 유한성과 짝을 이룬다는 점에서, 그리고『정념론』에서 정념의 통제를 위한 관념들의 새로운 연합에서도(제3부 제211항) 연합은 이미 형성된 관념들 간에 이루어진다는 점에서 위의 입장과는 다소 다르다.

180 †NS 판본은 단수 능동형의 '사유하도록'(denken)이며, '영혼'을 주어로 한다. 반면에 OP 판본은 3인칭 복수 수동형의 '사유되도록'(cogitentur)이며, 부합하는 주어가 없다. 그래서 판플로텐-란트 판본 이래, 겝하르트를 위시한 대부분의 판본에서 주어로 'alia'(다른 것들)를 삽입한다. 우리도 이를 따른다. 반면에 미니니는 'alia'가 누락되었다고 보기보다는 'cogitentur'에 'n'이 잘못 추가되었다고 보고 그것을 'cogitetur'로 고친다("일단 영혼이 무언가를 허구적으로 지어내고 거기에 동의하고 나면, 영혼은 이 허구에 대해 다른 방식으로 사유하거나 허구를 지어낼 수 없으며, 최초의 허구와 상충하지 않는 방식으로 사유되도록 영혼은 이 허구에 의해 강제된다"). 이것은 NS 판본에 부합하지만, 이럴 경우 '사유되다'의 주어가 여전히 해명되지 않는다.

a′    *†OP 판본에서 이 주석은 앞 문장인 "…… 증명들로 반박하느라 공연히 진력하지 않을 것이다"에 붙어 있지만, 내용상 이 부분과 관련되기 때문에 겝하르트가 이 자리로 옮겼으며, 대부분의 주석가들도 이를 따르고 있다. 곧 이 주석은 §60에 제시된 관점을 반박하기 위한 것이 아니라 이 부분에서 제시되는 내용을 옹호하기 위한 것이므로 이 자리가 합당하다. 거짓 관념과 관련된 내용은 §70을 보라.

**즉 자연에서 산출되는 결과들의 관념들을 산출한다는 것. 결국 여기서 스피노자가 제시하는 증명은 §41의 내용 및『윤리학』에서 말하는 사물들의 질서와 연관 및 관념들의 질서 및 연관의 동일성(제2부 정리 7)으로 뒷받침되고 있다.

181 †'연역하다'가 앞의 문장에서는 '재어보다' '이해하다'와 함께 '주의를 기울이다'에 종속되어 있었으나, 이 문장에서는 '주의를 기울이다'와 동등하다. 반면에 NS 판본에서는 두 문장이 같은 구조를 유지하고 있다. 즉 '시작하다'(beginnen)는 앞의 문장에서와 같이, '이해하다'와 동등하게 '주의를 기울이다'에 종속되어 있다. 미니니는 NS 판본을 따라 직설법의 '시작하다'(incipit)를 접속법 'incipiat'로 바꾸어 두 문장의 구조를 일치시킨다. 이를 도식화하면 다음과 같다.

① 〈허구이면서 거짓된 것〉

- 재어보고
- 이해하고     ⎤→주의를 기울이다
- 연역하기 위해

② 〈허구이면서 참된 것〉

- 이해하기 위해 → 주의를 기울이다

연역하기 시작하다

② [NS 판본 및 미니니]

- 이해하고
- 연역하기 시작하기 위해 ⎤→ 주의를 기울이다

  \* incipit → incipiat

그러나 '연역하기 위해'와 달리, '연역하기 시작하기 위해' '주의를 기울이다'는 자연스럽지 않으며, ①과 ②의 차이는 '허구적이면서 본성상 거짓된 사물'(앞 문장)과 '허구적이지만 참된 사물'(뒷 문장)의 차이에 기인하는 것으로 보인다(거짓된 것으로부터는 연역이 이루어지지 않거나 곧장 중단될 것이므로). 따라서 우리는 전통적 해석대로 원문의 'incipit'를 보존한다.

182 'cohaerentia'는 물리적인 동시에 논리적인 의미를 갖는 스토아 용어이다. 그것은 물리적 개체에서, 또는 문장이나 담화 심지어는 삼단논법에서 부분들이 일관되게 결합되어 하나의 전체를 이루는 상태를 의미한다. 스피노자가 물리적 의미로 이 단어를 사용하는 예로서는 올덴부르크에게 보낸 「편지 32」(G, IV, 170), 1660년 11월 20일자와 『신학정치론』 제16장, G. III, 191을 참조하라.

183 베이컨과 데카르트가 제기한 '성급함'의 문제는 여기서 다른 방식으로 해결되고 있다. 베이컨에게서 문제가 되는 것은 서둘러 추상적 일반자로 비약하려는 지성의 성급함으로, 이는 귀납의 방법을 통해 해결되어야 한다. 한편, 데카르트에게서 오류는 지각에 대한 성급한 동의(판단)에서 비롯되고 이 성급함은 판단중지를 통해, 즉 의지를 통해 해결되어야 한다. 반면에 여기서 성급함은 최초의 참된 지각으로부터 다른 것들이 연역되어감에 따라 자연적으로 사라지게 된다.

184 베이사드가 주목하듯이, 이 표현은 시간에 기대할 측면이 있음을 시사한다. 『윤리학』 제5부 정리 7과 정리 20의 주석에서 정서에 대해서도 동일한 관점이 제시된다.

185 이것이 스피노자가 말하는 '부적합한 관념'의 특성 가운데 하나인 '손상됨'(mutilatus)이다. 뒤의 §73, '손상되고 잘려나간 사유들'(mutilatae et truncatae cogitationes); 『윤리학』, '손상된 관념들'(ideae mutilatae)(제2부 정리 29의 따름정리; 정리 35; 제3부 정리 1); '손상된 인식'(mutilata cognitio)(제4부 부록 제2장) 등을 참조하라.

186 이는 '손상됨'과 더불어 부적합한 관념의 또 다른 특성인 '혼동됨'(confusa)이다.

187 이 문장은 OP 판본에만 있고 NS 판본에는 없다. 쿠아레가 지적하듯이, 비슷한 교훈이 토마스 아퀴나스에게서도 있긴 하지만(Thomas Aquinas, *Summa Theologiae*, Ia. 17, 3), 이 문장과 이 아래 내용은 데카르트의 테제와 아주 비슷하다(『규칙』 규칙 10, 12, AT X, 399, 418, 420).

188 분해와 합성, 분석과 종합이라는 주제는 스피노자만이 아니라 갈릴레오 갈릴레이(Galileo Galilei), 데카르트, 홉스 모두가 공유하던 것이다.

189 '사물' 혹은 '본질'에 대한 보충어로 이 '활동'(actiones)이라는 용어가 사용되는 것은 여기와 §65, §68에서 모두 세 차례이다. 이후 『윤리학』에서 이 단어가 갖는 중요성으로 보아(즉 모든 사물은 그 자체 활동 혹은 작용이라는 점), 루세는 이 용어가 단순히 스타일상의 고려에 따라 덧붙여진 것이 아니라 형성 중인 철학적 사유

과정을 보여주는 것으로 스피노자가 수고(手稿)를 다시 읽는 과정에서 추가된 것으로 간주한다(Spinoza, 1992, pp. 309~10).

b′  * 루세가 지적하듯이, '현시되다'(repraesentari)나 '표상'(repraesentamina)은 스피노자가 흔히 사용하는 용어가 아니다. 여기서 그것들은 꿈의 세계에 한정해서 사용될 뿐이다.

**§66을 참조하라. 아울러 오류에 대한 『윤리학』의 유사한 설명으로는 같은 절의 주석 194를 참조하라.

190  † 원문에는 'possum'이지만, 'novimus'와 일치하는 'possumus'가 맞을 것이다.

191  즉 우리 인식의 허구성에 대한 우려에서 벗어날 수 있는 첫 번째 조건을 다룬 §62의 내용.

192  즉 우리 인식의 허구성에 대한 우려에서 벗어날 수 있는 두 번째 조건을 다룬 §63의 내용.

193  즉 가장 단순한 부분들에 주의를 기울임과 동시에.

194  여기서 스피노자는 자유의지만 언급하지 않을 뿐 데카르트의 테제를 그대로 따르는 듯 보이며, 이는 관념 자체가 함축하는 긍정 외에 별도의 동의나 판단이 있을 수 없다는 『윤리학』의 입장(제2부 정리 49 등)에 배치된다. 이는 이 시기의 스피노자가 데카르트주의와 완전히 결별하지 못했음을 입증한다고도 볼 수 있지만, 데카르트주의 독자를 염두에 둔 논증의 경제성 때문으로 볼 수도 있다. 이 대목에서 그의 목표는 단지 허구 관념과 거짓 관념 사이에 어떤 차이가 있을 수 있음을 인정하는 것뿐이며, 이 차이조차 관념의 내용과는 무관하다는 것을 강조하는 것이기 때문이다. 나아가 바로 뒤의 문장은 거짓의 원인이 자유의지가 아니라 참된 추론을 뒷받침할 다른 관념의 결여임을 시사한다. 이는 『윤리학』에서 제시될 거짓에 대한 테제와 부합한다. 곧 "만일 정신이 기만당한다면, 이는 그것이 상상하기 때문이 아니라 자기 앞에 현전한다고 상상하는 이 사물들의 실존을 배제하는 관념이 결여되어 있다고 간주되는 한에서이다"(제2부 정리 17의 주석); "거짓은 부적합한 관념, 즉 손상되고 혼동된 관념이 함축하는 인식의 결여에 있다"(제2부 정리 35).

195  † 'ipsi'가 가리키는 명사는 앞에 제시되지 않았는데, '정신'(쿠아레, 미니니)으로 볼 수도 있고, '거짓 관념을 가진 자'(쿨리)로 볼 수도 있다. 내용상 큰 차이는 없지만, 후자로 보는 것이 뒤에 나오는 '허구를 지어내는 자처럼'과 대조를 이룬다는 점에서 더 합당해 보인다. 문헌학적으로 흥미로운 것은 누락의 이유이다. 베이사드는 이 누락이 이 문장의 스타일상 바로 앞의 원주 b′(73쪽)와 직접적인 연장선상에 있음에 기인한다고 보고, 이 문장을 나중에 삽입된 문장으로 간주한다(Spinoza, 2007, p. 150, 주 102).

196  외적 명명과 내적 명명에서 '명명'은 'denominatio'의 번역어로, 이 라틴어는 아리스토텔레스의 '파로니마'(paronyma)이 여어이다. 토마스 아퀴나스는 『대이교도대전』에서 '명명'을 외적 명명과 내적 명명으로 구별하는데(Thomas Aquinas, *Summa Contra gentiles*, II 13), 외적 명명이란 어떤 것을 'x'라고 부를 때 그 근거가 그 사물 자체가 아니라 그 사물과 다른 사물의 관계에 있을 경우에, 내적 명명이란 어떤 것

을 'x'라고 부를 때 그 근거가 그 사물의 특성일 경우에 해당된다. 예를 들어 신을 '무한자'라고 부를 때는 내적 명명이고, 신을 '창조주'라고 부를 때는 외적 명명이다. 또한 동물을 '건강하다'라고 부를 때는 내적 명명이고, 음식이나 소변에 '건강하다'라는 말을 쓸 때는 외적 명명이다. 음식의 경우에 건강함은 음식의 속성이 아니라 음식이 동물을 '건강하게' 만들어주기 때문에 그렇게 부르며, 소변은 건강한 동물의 징표라서 그렇게 부르기 때문이다. 이런 점에서 외적 명명은 유비와 흡사하다. 이는 또한 외적 명명이 자의적인 명명과는 다름을 뜻한다.

여기서 스피노자는 '참'을 관념의 내적 명명이 아니라 외적 명명으로 간주하며, 이후 편지들이나 『윤리학』에서는 내적 명명으로 '적합성'(adaequatio)을 들면서 이를 '참'과 구별하고 있다. "적합한 관념을 나는 대상과 관계없이 고찰되는 한에서 참된 관념의 모든 특성 또는 내적 특징을 지니고 있는 것으로 이해한다. 해명: 외적 특징, 곧 관념과 그 대상의 합치를 배제하기 위해 나는 '내적'이라고 말한다"(『윤리학』 제2부 정의 4). 그 외에도 다음을 참조하라. "저는 참된 관념과 적합한 관념 간의 차이로서 다음과 같은 것만을 인정합니다. 즉 '참'이라는 단어는 관념과 관념 대상의 일치와 관련될 뿐이고 '적합'이라는 단어는 관념 그 자체의 본성과 관련됩니다"(「편지 60」: 1675년 치른하우스에게 보낸 편지: 스피노자(2018), pp. 338~39, G IV, 270).

197  인공물의 사례를 통한 설명은 1663년 더프리스에게 보낸 편지(「편지 9」)에도 나와 있다. "제가 건립하고픈 신전의 관념을 제 정신 속에 형성할 경우, 그리고 이 신전에 대한 묘사로부터 제가 이런 기초, 이런 돌과 저런 재료의 규모가 필요하다고 결론 내릴 경우, 건전한 정신을 가진 사람이라면 제가 그릇된 정의를 사용했기 때문에 잘못 결론 내린 것이라고 말할 수 있겠습니까? 또는 제 정의를 증명하라고 요구할 사람이 있겠습니까?"(스피노자(2018), p. 60: G IV, 43) 이는 다음과 같은 데카르트의 본유 관념 이론의 계승으로도 볼 수 있다. 곧 삼각형의 관념 같이 "내·외부 어디에도 현존하지 않을 수 있으나, 그렇다고 무(無)라고는 말할 수 없는 것에 대한 관념", "내가 어느 정도 자의적으로 사유하고는 있지만 내가 꾸며낸 것이 아니라 자신의 참되고 불변하는 본성을 지니고 있는 것"(「제5성찰」AT VII, 64).

이 부분은 스피노자의 진리관을 밝히는 데 중요하면서도 논쟁의 소지가 있는 구절이다. 스피노자의 진리관은 오늘날의 용어로 말해 정합론에 가깝지만 상응론 역시 결코 배제될 수 없으나(대표적으로 『윤리학』 제1부 공리 6 참조), 이 구절은 상응론을 분명히 배제하는 것으로 보이기 때문이다(이에 대한 더 상세한 논의는 E. Curley(1994) 참조). 설령 이러한 현대적 구분법을 따르지 않고 그가 다만 진리의 모델을 수학에서 취하고 있을 뿐이라고 하더라도(도형의 관념은 외부에 상응하는 사물이 존재하지 않더라도 참이다), 이 구절은 논고의 후반에 제시되는 다른 진술과 일관되지 않아 보일 수 있다. 가령, 실재적인 것을 단지 지성 안에 있는 것(§93)과, 혹은 도형과 같은 사고상의 존재(§95)와 구별하기를 촉구하는 대목이 그렇다.

198  심지어 실존하는 것에 대한 사유조차 단지 사물이 실제로 실존한다고 해서 참된 것

이 아니다.

199 †라틴어 원문은 'data'(주어진)로 되어 있고 이것은 남성이므로 여성인 '관념'이 아니라 '규준'을 수식해야 할 것이다. 컬리는 이를 따르고 있다("the given standard of a true idea"). 그러나 미니니의 지적대로 '규준'(norma)은 단 한 번도 '주어진' 을 동반한 적이 없으며, 반대로 '주어진'은 여러 번에 걸쳐 '주어진 참된 관념에 따 라'(ad datae verae ideae normam)나 '최고로 완전한 존재자에 대한 주어진 관념의 규준에 따라'(ad datae ideae Entis perfectissimi normam), '각각의 주어진 참된 관 념의 규준에 따라'(ad datae cuiuscumque verae ideae)로 쓰인다. 그러므로 우리도 미니니의 제안을 따라 'data'를 'datae'로 교정하고 관념을 수식하는 것으로 해석 한다.

200 즉 참된 것과 거짓된 것 사이의.

201 이는 §53(따라서 §67) 및 그에 준해 전개되는 나머지 부분을 가리키는 것으로 볼 수 있다. 즉 허구나 거짓은 원인에 대한 무지에서 성립한다는 것이다.

202 다른 것들의 제1원인이면서 그 자신은 원인을 갖지 않는 신이라는 전통적 관념에 따른 표현이다. 또한 본질만으로 혹은 가까운 원인을 통해 이루어지는 네 번째 지각 방식의 두 경우 가운데, 첫 번째 경우(곧 본질을 통한 지각)를 가리킨다. 이것은 『윤 리학』에서는 자기 원인으로서의 신으로 명시될 것이다. 더 이상 원인 없는 신이 아 니라 스스로를 원인으로 자신을 산출하는 신, 따라서 인식 가능한 신이라는 의미로 말이다. 그러나 이 문장은 문단 전체의 핵심을 오도할 위험이 있다. 이어지는 §71 의 내용으로 볼 때, 참된 사유의 형상이 제1원인을 통한 인식에 있다고 말해서는 안 되는 이유로 이 문장에서 지적하는 이유([다른] 원인 없이 그 자체로 인식되는 존 재에 대한 사유도 참되므로)는 기껏해야 부차적인 이유밖에 되지 않는 것으로 보인 다. §71까지 고려한 전체적 해명으로는 들뢰즈의 다음과 같은 구별이 합당해 보인 다. 곧 참된 인식에 대한 질료적 정의(곧 표현되는 것으로서의 원인)와 참된 인식의 형상을 구성하는 것(표현하는 것으로서의 우리 인식 역량)의 구별이 그것이다. 이 구별을 참조할 때, 이 문장을 통해 스피노자가 궁극적으로 말하고자 하는 바는, 원 인을 통한 인식은 질료적 정의에 불과하며 우리는 아직 참된 것의 형상을 구성하는 것(우리 인식 역량)을 모른다는 것이 될 것이다(Gilles Deleuze, 1968, p. 127 참조). 요컨대 참된 사유는 단지 제1원인에 의한 인식이라는 점에서만이 아니라 지성의 역량에 의존한다는 점에서 거짓된 사유와 구별된다.

203 NS 판본에는 '인식'(kennis =cognitio)으로 되어 있다. 겝하르트는 OP 판본에 스피 노자 자신이 이전에 쓴 수고(그는 이로부터 NS 판본이 번역되었다고 본다)에 대해 스스로 가한 정정 사항이 반영되어 있다고 본다.

204 이는 『윤리학』 제2부 정리 5의 다음 표현으로 정식화될 것이다. "관념들의 형상적 존재는 오직 사유하는 것으로 고려된 한에서의 신을 원인으로 인정할 뿐, 다른 속성 에 의해 설명되는 한에서의 신을 원인으로 인정하지 않는다. 다시 말해, …… 관념 들은 그것들의 대상, 즉 지각된 사물들이 아니라 사유하는 한에서의 신 자신을 원인 으로 인정한다."

205 †판플로텐-란트 이래 수립된 여러 판본들을 따라 원문의 'deduceret'를 'deducere'로 정정했다. OP 판본의 'deduceret'(이는 문법상 '창조하다'creeret와 조응한다)는 '지각했다'(percipisse)와 더불어 '가정하다'의 목적어가 되도록 'deducere'로 정정되어야 한다.

206 §69와 「편지 9」의 건축물의 관념 사례에서 말하는 내용과 동일하다. 여기서 사유가 참된 이유는 신의 지성에 의한 사유이기 때문이 아니라 '적법한 연역', 즉 연역의 법칙에 맞는 사유를 수행했기 때문이다.

207 치른하우스에게 보낸 1675년의 편지(「편지 60」)에서도 스피노자는 도형 작도의 사례를 들어 사물의 정의란 작용인을 표현하는 것임을 설명한다. 데카르트를 위시한 이 시기 철학자들에게 참된 사유의 형상을 다루는 데서 수학은 특권적 영역이다. 스피노자는 해석기하학을 중시했던 데카르트보다는 유클리드 기하학(논증기하학)을 바탕으로 삼았던 홉스의 입장을 받아들였으며, 특히 홉스의 발생적 정의에 큰 가치를 부여했다. 원을 한 중심에서 등거리에 있는 점들의 집합으로 정의하는 대신에 직선의 회전을 통해 발생적으로 정의한 것 역시 홉스이다. 홉스의 발생적 정의는 특히 『오늘날의 수학에 대한 검토와 교정』(*Examinatio et emendatio mathematicae hordiernae*, 1660)에 제시되어 있으며, 그 이전(1655)에 출판된 『물체론』(*De Corpore*; 가령, I, 1, §5와 6, §13)에도 나와 있다.

208 앞으로 자주 나올 '긍정하다'라는 단어는 술어를 주어에 귀속시키는 작용, 혹은 한 명제에서 술어와 주어를 결합하는 것을 의미한다.

209 즉 반원의 회전을 긍정하는 관념이 다른 관념들로부터 고립되어 있다면. 여기서 '고립'이라는 표현은 전통적으로는 관념이 외부 대상 없이 순전히 정신 안에만 있을 경우에, 다시 말해 생각에 불과한 경우를 가리키는 용어이다. 반면에 스피노자는 이것을 대상과의 관계가 아니라 관념들과의 관계가 결핍된 관념을 가리키는 용어로 사용한다.

210 '적합한'(adaequatus)이라는 용어(이에 대해서는 주 196 참조)의 동사형 'adaequare'가 쓰인 곳은 여기가 유일하다.

211 †NS 판본에는 없으며, OP 판본의 편집자가 추가한 것일 수도 있다.

212 '혼동됨'과 더불어 부적합한 관념의 특성 가운데 하나이다. 주 185를 참조하라.

213 이 삽입구의 뉘앙스는 분명치 않다. 데카르트가 보여주었듯이, 사유함이 사유하는 존재자의 본성에 속한다는 것은 직관적으로 알 수 있지만, 참되게 사유함이 그의 본성에 속하는지는 분명치 않다. 따라서 세 가지 의미가 가능하다. (i) 단지 처음에 그렇게 보일 뿐 사실은 그렇지 않다는 뜻('videtur'를 강조)일 수도 있고, (ii) 처음에 설정할 수 있는 개연성 있는 가정의 의미('처음에도 그렇게 보이듯이')일 수도 있고, (iii) 처음부터 명백하게 드러나는 자명한 진리라는 뜻('대번에 알 수 있듯이')일 수도 있다. 요아킴은 (iii)으로 해석하지만 대부분의 주석가들은 (ii)로 해석하며, 우리가 보기에도 (ii)가 가장 적절하다. 우선 뒤에서 해당 내용을 부정하는 부분이 없고, 스피노자가 이미 "우리는 참된 관념을 가지고 있다"라고 다소 독단적으로 긍정했다는 점(§33)으로 보아 (i)은 아니다. 『윤리학』에 비춰볼 때, 여기서 말하는 '사

유하는 존재자'가 '사유 속성'에 해당한다면 (iii)으로 볼 수 있다. 그러나 『지성교정론』에서 스피노자 사상의 도달 정도를 떠나 『윤리학』에서와 같은 연역이 전제되지 않은 점에 비추어보면, 세 번째는 너무 강한 주장이다. 더구나 뒤의 §106에서 위와 동일한 명제가 보다 선명하게, 그러나 역시 가정의 형태로 제시된다. 그러므로 (ii)가 가장 적절해 보인다.

214 이 테제의 최종 형태는 『윤리학』 제2부 정리 11의 따름정리에 제시된다. "이로부터 인간 정신은 신의 무한 지성의 일부라는 점이 따라 나온다. 따라서 우리가 인간 정신이 이것 또는 저것을 지각한다고 말할 때, 이는 무한한 한에서가 아니라 인간 정신의 본성에 의해 설명되는 한에서의 신, 또는 인간 정신의 본질을 구성하는 한에서의 신이, 이 관념 또는 저 관념을 갖는다고 말하는 것과 다르지 않다. 그리고 우리가 신이 인간 정신의 본성을 구성하는 한에서만이 아니라 인간 정신과 동시에 다른 사물의 관념 역시 갖는 한에서 이 관념 또는 저 관념을 갖는다고 말할 때, 이는 인간 정신이 사물을 부분적으로 또는 부적합하게 지각한다고 말하는 것이다."

215 지성의 정화를 위해서는 단지 상상을 비판하는 것만이 아니라 상상된 것과 지성으로 이해된 것이 뒤섞이는 경우 역시 찾아내야 한다. 이 혼동은 앞서 말한 지각 방식의 분류를 따르자면, 소문에 의한 지각(첫 번째 방식)과 일반적 추론에 의한 지각(세 번째 방식)의 혼동이기도 하다.

216 NS 판본에는 단수로 되어 이 극미한 물체가 곧 정신임을 의미하는 반면에, OP 판본에서는 복수로 되어 정신이 이 극미한 물체들로 이루어져 있음을 뜻한다. 후자가 스토아 철학에 더 부합한다.

217 '곧바로'(statim)는 상상의 자동주의를 표시하는 단어로 『윤리학』에서 많이 사용된다.

218 『윤리학』에서는 추상적이고 일반적인 인식 역시 상상에서 연원한다고 명시된다(『윤리학』 제2부 정리 40의 주석).

219 이 대목에서 '지성'은 추상성의 오류를 저지르기 쉬운 베이컨적 개념으로 사용되고 있다.

220 †OP 판본에는 '우리가 혼동하다'(confundamur)로 되어 있으나, NS 판본은 '그것들이 혼동되다'(zy verwart worden)로 되어 있다. 브루더와 판플로텐-란트, 겝하르트 등 대부분의 판본이 이를 따라 원텍스트를 3인칭 복수형 수동(confundantur)으로 수정한다. 그러나 미니니는 이 표현이 이 절의 제일 첫 문장에 있는 '우리가 혼동하다'와 조응하며, 의미상으로도 바꿀 필요가 없다고 본다. 우리 역시 이를 따라 원래 표현을 보존한다.

221 †NS 판본에는 괄호가 있으며, 그럴 만하다.

222 †NS 판본에는 괄호가 없으며, 이 역시 그럴 만하다.

z  *여기서 '나의'(mea)가 생략된 사실을 바탕으로 루세는 다른 곳에서 언급되는 '니의' 역시 스피노자 스스로 붙인 말이 아니라고 추측한다.

  **『소론』과 『윤리학』에 따르면, 이것들은 신의 특성일 뿐이며, 신의 속성은 사유와 연장처럼 그 자체로 존재하고 그 자체로 생각되는 것을 의미한다. 이와 같은 신의 특성들이 주제로서 다뤄지는 곳은 『소론』(제1부 제2~7장)이며, 이 때문에 컬리는 '철학'이 『윤리학』이 아니라 『소론』을 가리킨다고 본다. 그러나 무한성과 유일성만큼은 『윤리학』에서도 다뤄진다(각각 제1부, 정리 8과 정리 14). 더욱이 『소론』에서 스피노자는 사람들이 흔히 말하는 신의 속성이 신의 특성임을 경고하면서도 신의 특성이라는 이름 아래에서 위의 내용을 전개하며, 여기서처럼 신의 특성과 신의 속성을 구별하는 언급을 주석(제1부 제1장 제9절)에 다시 덧붙인다. 따라서 루세가 말하듯이, 이 주석은 『소론』을 쓴 이후에 『소론』을 다시 읽으면서 『윤리학』을 염두에 두고 붙인 것으로 보는 것도 가능하다.

a   †* 두 '앞에서'(supra)가 어디를 가리키는지 분명하지 않다. 그 전에 이 원주의 위치도 확실하지 않다. NS 판본에 따르면, 이 원주는 문장 끝에 와야 하고 주석 전체의 내용을 고려하면 이 위치가 맞을 수 있다(컬리는 이를 따르고 있다). 그러나 근거의 두 번째 구문을 고려하면 앞 문장의 "실제로 있는 것보다 지성 안에서 더 넓은 범위에 걸쳐 있을 수도 없고" 다음에 오는 것이 합당하다(미니니는 이를 따른다). 그러나 주석의 시작 부분을 고려하면 OP 판본의 이 위치가 자연스럽다. 그리고 이 경우 '앞에서'는 혼동을 두려워할 필요가 없는 이유를 진술한 바로 앞 문장을 가리키는 것으로 볼 수 있다. 이런 이유로 우리는 OP 판본을 따른다.

223   여기에는 'dubium'이, 바로 뒤에는 'dubitatio'가 사용된다. 『가피오 사전』(*Dictionnaire Gaffiot latin-français*, 1934)에서는 'dubium'의 첫 번째 의미를 '의심'(doute)으로, 'dubitatio'의 첫 번째 의미를 '의심하는 행위'(action de douter)로 기술한다. 큰 차이는 없어 보이지만, 스피노자가 둘을 의도적으로 구별한다고 볼 수 있다면, 전자가 단순한 의심을 후자는 마음의 주저와 동요를 더 함축하는 표현으로 보인다. 데카르트가 「제1성찰」에서는 'dubium'을, 총체적 의심에 휩싸인 「제2성찰」의 초반부에서는 'dubitatio'를 사용한 바 있으며, 이 논고 역시 다음 문장에서 '정신 안의 진정한 의심'이라 말할 때 'dubitatio'가 사용되는 것을 근거로 들수 있다. 이를 고려하여 두 단어를 구별하기 위해 우리는 'dubium'을 '의문'으로, 'dubitatio'를 '의심'으로 옮긴다.

224   진짜 회의주의자가 아니라 거짓 회의주의자에 대한 언급이다. 그러나 §§47~48에서 진짜 회의주의자 역시 어떤 확신을 가질 수밖에 없다고 말한 바 있으므로 실상은 모든 회의주의자에 해당된다고 볼 수도 있다. 아울러 이 내용은 §79에 나올 데카르트의 기만하는 신 가설에 대한 비판을 예비한다.

225   『윤리학』(제2부 정리 49의 주석)에서 스피노자는 확실성을 의심의 부재와 분명히 구별한다.

226   'sensatio'는 '감각'으로 번역할 수 있겠지만, 뒤에 나오는 'sensus'와 구별하여 '느낌'으로 옮기며, 내용상으로도 이것이 더 정확해 보인다. 이는 '느낌'을 뜻하는 'gevoelen'과 'gewaarwording' 두 단어를 나란히 배치한 NS 판본과도 부합한다.

b″   † 이 문장은 OP 판본에서는 이처럼 각주에 배치되어 있지만, NS 판본에서는 본문에 배치되어 있고, 흐름상 후자가 더 합당해 보인다. 따라서 겝하르트와 컬리 모두이 주석을 본문에 배치하는 길을 택한다. 그러나 이 문장 없이 내용이 성립될 수 없

는 것은 아니므로 우리는 OP 판본을 따라 각주에 배치한다.

227 앞서 제시된 지각 방식이 이 경우에 어떻게 적용되는지에 주목할 수 있다. 곧 소문에 의한 지각(첫 번째 양식)에서 놀람이 생겨나고, 경험(두 번째 양식)과 추론(세 번째 양식)으로 인해 의심이 생겨나고, 마지막으로 다시 추론에 의해 의심이 제거된다.

228 이 부분은 앙투안 아르노(Antoine Arnauld) 등이 데카르트에게 제기한 이른바 '데카르트적 순환의 문제'에 대한 스피노자 나름의 해법이 함축되어 있다. 그 자체 명석판명한 관념으로서의 신의 관념을 갖기 위해 모든 참된 관념의 확실성의 보증자로서의 신의 관념을 가질 필요는 없다는 것이다. 이후 『르네 데카르트의 '철학의 원리'에 대하여』에서도 스피노자는 순환의 혐의에 대한 데카르트의 답변이 모두를 만족시키지 못한다고 보고 상당한 분량을 할애하여 데카르트의 입장에서, 그러나 데카르트와는 다소 다른 답변을 제시하며(제I부 서설, G. I, 147 sq.), 핵심은 여기 제시된 것과 동일하다. 곧 코기토 외에 다른 어떤 관념도 "우리가 신의 존재를 모르는 한에서가 아니라(나는 이 문제에 대해 전혀 말하지 않았다) 신에 대한 명석판명한 관념을 갖지 않는 한에서"(같은 곳) 확신할 수 없다. 왜냐하면 우리가 신에 대해 명석판명한 관념을 갖지 않는 한 우리는 신을 기만자라고도 아니라고도 생각할 수 있으나, 삼각형에 대해서만큼 신에 대해서도 명석판명한 관념을 갖기만 하면 더 이상 그렇게 생각할 수 없기 때문이다. 『신학정치론』 제6장 n. 6(G III, 84, 그리고 252~53) 역시 참조하라. 순환 문제에 대한 데카르트 자신의 답변은 특히 『철학의 원리』(제1부 제13항)를 참조하라. 더 자세한 내용은 「해제」(195~201쪽)를 참조하라.

229 †'신에 대한'(Dei)은 NS 판본에만 있고 OP 판본에는 빠져 있다. 베이사드는 OP 판본 그대로도 내용이 성립된다고 보지만 이어지는 문장의 맥락은 물론, 여기서 다루는 문제의 특수성을 고려할 때 '신에 대한'은 필요하다. 이 부분에서 스피노자는 데카르트의 순환 문제를 다루고 있기 때문이다. 순환 문제에 대해서는 주 228을 참조하라.

230 †앞 문장은 이중 부정(non~nisi)의 조건문인데, 이 부분은 긍정 조건문(si)이라 정확한 대응이 이루어지고 있지 않다. 그래서 NS 판본에서는 〈그러면 의심은 계속된다〉가 추가되어 있다.

231 이 부분은 데카르트와 확실히 갈라지는 지점이다. 의심의 기능에 대해서도, 의심 자체에 대해서도 상이한 입장이 정식화되고 있다.

232 즉 해답.

233 †미니니에 의한 삽입이다. 뒤의 '해당 사물'(eius rei)이라는 표현이 온다는 점, '긍정하거나 부정하다'의 목적어가 되는 관계대명사(quam)의 선행사가 원문대로라면 '긍정이나 부정'이 되어 뜻이 통하지 않는다는 점('긍정이나 부정을 긍정하거나 부정하다')을 감안할 때 이 삽입은 정당하다고 판단되므로 우리도 이를 따른다.

234 곧 §50에서 시작된 참된 관념과 여타 관념들의 구별.

235 '상상 또는 공통 감각'이라는 표현은 아리스토텔레스와 동시에 데카르트의 용법을 이어받은 것으로 볼 수 있다.

(1) 아리스토텔레스에게서 공통 감각(koinē aisthēsis)은 (a) '공통' 감각으로서, 오감(五感) 가운데 둘 이상의 감각이 관계된 것(가령, 운동, 정지, 형태, 크기, 수, 단일성)을 대상으로 하는 감각을 가리키거나, (b) 일종의 '메타' 감각 혹은 '통각'으로서, 한 대상에서 오는 모든 감각 자료들을 결집하여 통일성을 부여하거나 식별하는 기능을 가리키기도 하고(Aristoteles, *De Anima*, 425a), (c) 이렇게 통합된 감각들의 흔적을 보존하여 이를 바탕으로 '상상물'(phanasmata)을 산출하는 곳이기도 하다. (c)의 의미에서 공통 감각은 상상물을 산출하는 능력인 '상상'(phantasia)과 같은 것이라 볼 수 있다("상상물phantasmata은 공통 감각의 상태pathos이다": 「기억에 대하여」450a 1).

(2) 데카르트는 (특히 초기 작업에서) (c)의 용법을 이어받는다. 즉 (내적·외적) 감각이 받아들인 형태(figures)는 공통 감각이라는 신체 부분으로 전달되고, 공통 감각은 이 형태나 관념(ideas)을 상상(phantasia)이라는 뇌의 부분에 인장처럼 새겨 보존한다(『규칙』규칙 12, AT X, 414)("상상과 공통 감각의 자리인 H선[송과선]의 표면", *Traité de l'homme* AT XI, 176, l. 30~31 역시 참조). 물론 그가 아리스토텔레스의 개념을 그대로 계승한 것은 아니다. 해부학적 차이(아리스토텔레스와 달리, 그는 공통 감각이 심장이 아니라 뇌 피질에 있다고 본다)나 운동론적 차이(그는 감각 작용을 더 기계론적인 견지에서 설명한다) 외에 근본적인 인식론적 차이가 있다. 「제2성찰」의 밀랍 사례에서 시사되듯이, 아리스토텔레스에게서 감각 없이 판타지아가 없고 판타지아 없이는 지적 사고나 판단 또한 없는 반면에, 데카르트에게서는 공통 감각을 거치지 않은 순수 지적 사유가 있으며 의식이 바로 그런 것이라는 점이다("밀랍이 무엇인지를 내가 더 완전하고 명증하게 인식하게 된 것은, 내가 처음에 밀랍을 바라보고 외적 감각을 통해 혹은 이른바 공통 감각을 통해(sensu communi), 즉 상상력[potentia imaginatrice]을 통해 그것을 인식했다고 믿었던 때인지"(「제2성찰」AT VII 32. l. 18~19: 국역본, 53쪽)).

(3) 뒤에서 보겠지만, 스피노자는 데카르트의 상상 개념을 주로 염두에 두면서도 상상을 수학적 인식을 비롯한 일체의 지적 인식과 분리한 점에서 위의 전통과 결별한다고 할 수 있다.

236 이후 『윤리학』에서는 상상(1종의 인식)과 직관지(3종의 인식)는 개별적인 것에 대한 인식으로, 이성(2종의 인식)은 공통적인 것에 대한 인식으로 규정된다. '개별적인'으로 번역한 'singularis'와 그 유의어들('particularis' 및 명사 'individuum')에 대해서는 앞의 주 94를 참조하라.

237 †NS 판본에서는 '연극'(tooneelspel)이며, §83을 참조하면 OP 판본에서도 원래 '희곡'(Comoedia)이었을 수 있다.

238 †§76에서 '우리가 혼동하다'(confundamur)라고 했던 것(주 220 참조)을 여기서는 '혼동되다'로 더 정확히 표현하고 있다.

239 플라톤의 상기설(이데아의 영원성)부터 아리스토텔레스의 지적 대상에 대한 기억, 신플라톤주의의 비개인성과 비망각, 데카르트의 지적 기억에 이르기까지 기억을 지성과 관련시키는 관점과 단절하는 부분이다. 『윤리학』에서 스피노자는 기억을

상상적 관념들의 연쇄로 보고 상상과 기억을 지속과, 지성을 오직 영원과만 관련시킨다(제2부 정리 18). 여기서는 상상과 기억의 이런 본성을 설명하지 않고 다만 기억을 지성과 분명히 구별하는 데만 역점을 두고 있다.

240 '공통 감각'에 대한 것과 마찬가지로(주 235 참조), 이 부분 역시 데카르트의 이론을 참조한 것으로 보인다. 공통 감각을 통해 물질적 인상이 상상이라는 신체(뇌) 부분에 새겨지면 상상은 이것을 한동안 보존할 수 있는데, 이 기능을 기억이라 부른다(『규칙』 규칙 12, AT X, 414). 그러나 기억과 상기에 대한 아래 논의는 아리스토텔레스(「기억에 대하여」)의 논의를 염두에 두고 이루어진다.

d   * 순수 정신에 속하는 기억이 단지 적합한 도구의 부재 때문에 관찰되지 않는 것인지, 아예 존재할 수 없는 것인지에 대해서는 여기서 결정을 내리고 있지 않다. 다만 §§ 82~83에서 기억과 지성이 상호 독립적이라는 사실을 통해 양자 간의 단절을 시사하고 있을 뿐이다. 이에 대해서는 앞의 주 239를 참조하라. 반면에 데카르트는 순수 정신에 속하는 '지적 기억'이 있다고 본다.

241 아리스토텔레스에 따르면, 기억(mnēmē)이란 뇌 인상의 흔적에 대한 느낌이되, 느낌이 단지 현전만을 함축한다면 기억은 특정한 시간 규정에 대한 사유를 동반하며, 이 시간 규정이 기억에 본질적이다. 한편, 상기(anamnēsis)는 시간적 연속체상에 있지 않다는 점에서 기억과는 구별된다. 「기억에 대하여」에서 아리스토텔레스는 동물에게도 기억은 있지만 상기는 동물에게 불가능하다고 규정한 바 있는데, 왜냐하면 상기는 일종의 추론이며 숙고의 능력을 전제하기 때문이다.

242 앞에서 'fabula amatoria'(연애담)라고 지칭했던 것이다.

243 즉 지성의 대상이라면.

244 †OP 판본에는 '우발적'을 가리키도록 배치되어 있지만, NS 판본에는 '서로 연관성이 없는'을 가리키도록 배치되어 있다. 둘 다 타당해 보인다. 전자의 경우(쿠아레, 미니니)에 스피노자 자신은 모든 것이 필연적으로 일어난다고 보므로, 괄호 안의 표현은 '우발적'이라는 용어가 통상적 용법을 따른 것임을 표시하는 것일 수 있다. 후자의 경우(컬리)에 비유적 표현임을 표시하는 것으로 볼 수 있고, 그렇다면 번역어도 '서로 연관성이 없는' 대신에 가령 '매듭이 풀린' 같은 비유어를 택해야 할 것이다. 둘 다 가능하지만 우리는 원칙대로 OP 판본을 따라 전자를 택한다.

245 여기서 스피노자는 상상의 기원만 밝히고 그 본성은 제시하지 않고 있다. 루세는 상상의 부정적인 특성들만이 나열되는 것도 이 때문이라 본다(Spinoza, 1992, p. 359).

246 지성으로부터 다른 관념들을 구별하는 것만이 목표이기 때문이다. 앞서 스피노자는 아리스토텔레스나 데카르트의 상상 개념을 배경으로 논의를 전개했지만, 이 대목은 상상에 대해 당대 철학자들 사이에도 개념상의 큰 이견이 있음을 시사한다. 전통적으로 상상은 감각과 거의 동일시되거나(플라톤), 감각과 이웃한 능력으로 취급되거나(아리스토텔레스), 정념들과 연관되어 표상들의 선용을 가로막는 속견들의 원천으로 취급되어왔다(스토아). 근대 철학은 이와 같은 상상에 대한 인식론적·윤리적 가치절하와 단절한다. 이는 칸트에게서 완결적으로 이루어질 것이지만, 그 이전에 홉스는 상상을 코나투스의 첫 번째 발현으로 보며(『리바이어던』 제1부 제6장

참조), 데카르트는 그것을 지성과는 구별하면서도 정신의 수동인 감각과 구별하여 정신의 능동에 속하는 것으로 본다(「제6성찰」 참조). 이렇게 볼 때 여기서 스피노자가 최소한의 전제로 삼는, 이른바 지성과의 배타적 구분 및 상상 아래에서의 영혼의 수동성은 그의 상상 개념을 선행 철학자들의 것과 구별해주는 핵심 요소이기도 하다. 아울러 이 수동적 상태와 관련하여 스피노자가 'mens'(정신)라는 단어 대신에 'anima'(영혼)라는 단어를 사용하고 있다는 점도 주목하라.

247 『윤리학』에서 상상(제2부 정리 16)과 기억(정리 17)은 우리 신체의 존재 혹은 심신 합일의 증명(제2부 정리 1-13) 이후, 정리 13의 주석에 부속된 자연학 소론을 바탕으로 설명된다. 거기서 스피노자는 상상을 인간 신체의 변용에 대한 관념으로 정의하기 때문에 이 순서는 필연적이다. 아울러 스피노자가 이 논고에서 상상을 감각까지 포괄하는 용어로 사용함을 감안하면, 이 순서는 여기서 그가 염두에 두고 있을 데카르트에게서도 대체로 동일하다. 데카르트 역시 「제6성찰」에서 외부 물체들의 존재를 증명한 이후에 감각의 권리 증명을 수행하기 때문이다. 쿠아레는 이 문장을 '물체들이 있다'라고 복수로 번역하고 있는데, 이는 이 점을 고려한 것으로 보인다. 여기서 스피노자는 독자들의 선행 지식을 지시하기 때문에 이 해석도 틀린 것은 아니다. 그러나 원문은 복수(corpora)가 아니라 단수(corpus)로 되어 있기 때문에 우리는 이를 존중하여 '신체'라고 번역한다.

248 현행 번역판 모두 'constitutio'를 '구성'을 뜻하는 'constitution'으로 번역하고 있으나 이는 합당하지 않다. 그것은 오늘날 'constitution'의 뜻인 '구성' 외에도 '상태'(state, disposition)라는 뜻을 포함하며, 『윤리학』에서 스피노자는 동일한 단어를 '상태'라는 뜻으로 사용한다(제2부 정리 16의 따름정리 2; 제3부 부록, 정서들에 대한 정의 가운데 정의 1[욕망에 대한 정의]의 해명). 더구나 여기서 문제가 되는 것은 신체의 상태가 능동적이냐 수동적이냐이지, 그 구성이 어떠하냐가 아니다.

249 NS 판본에는 '등등' 대신에 상상이 무의식적이라는 것, 그리고 영혼이 전적으로 수동적인 상태라는 내용이 제시되어 있다.

250 '~에 따라'는 다른 것을 모델처럼 따른다는 의미가 아니라 '평행적으로' 혹은 '동형적으로', 즉 『윤리학』의 표현대로 '동일한 순서와 연관에 따라'(『윤리학』 제2부 정리 7)의 의미가 될 것이다. 다른 한편으로 "ad rationem formalitaits ipsius objecti"의 번역을 위해서는 그 의미를 가장 문자 그대로 옮긴 것으로 보이는 베르톨트 아우어바흐(Berthold Auerbach)의 독일어 번역("nach Verhältnis der Formalität des Objects selbst")을 참조했다. 여기서 'ratio'를 '관계'로 번역했지만, 이는 그 외에 여러 함의를 갖고 있기 때문에 다음 번역 역시 참조하면 좋을 것이다. "관념의 대상 자체의 실재성에 부합하게"(프레더릭 폴록Frederick Pollock: correspond to the reality of the object itself), "관념 대상의 형상적 본질과 합치하게"(쿠아레: en conformité avec l'essence formelle de l'objet), "그 대상의 형상성을 근거로"(루세: en raison de la formalité de son objet), "관념 대상의 형상적 본성에 따라서"(컬리: according to the formal nature of its object), "관념 대상의 형상적 존재에 비례해서"(베이사드: en rapport avec l'être formel de son objet) 등.

251 여기서의 고대인은 다른 누구보다도 아리스토텔레스를 가리킨다(가령,『분석론 후서』제I권 제2장;『자연학』제2권 제2장, 194b). 또한 이는 세 번째 지각 방식이 부적합한 이유를 해명해준다.

252 'spiritualis'는 '물질적인'(corporeal)과 대비되는 '정신적인'을 뜻하는 단어로,『윤리학』에서는 사용되지 않고 이곳과 몇몇 초기 글에서 사용된다(「형이상학적 사유」II, 제11장, 제12장: G. I, 274, 281;「편지 2, 3」: G IV, 7, 10).

253 † 'automa'는 'automaton'(복수: automata)의 잘못된 표기로 보인다.

254 우리는 아직까지 방법의 첫 번째 부분에 있다.

255 육안으로 보는 태양과 지적으로 인식된 태양처럼 상상의 관념과 지성의 관념이 공존하면서 후자가 전자를 설명하는 경우로 볼 수 있다.

256 상상이 복수형으로 사용된 것에 주목하라. 이는 지성이 항상 단수로만 사용되는 것과 대조된다.

257 구별의 기준은 관념 산출에 개입되는 '작용'(operationes)의 성격이다. 상상은 정신의 수동성에, 지성은 능동성에 바탕을 두는데, 이는 감각주의는 물론이고 의지를 능동적인 것으로 지성을 수동적인 것으로 보는 데카르트의 지성 개념과도 결별한 것이다.

258 특히 원자론자들이 그렇다. 연장으로 차 있지 않은 빈 공간, 즉 진공을 인정하기 때문이다.

259 특히 연장을 신의 피조물로 보기 때문에 그러한데, 연장의 무한정성(indefiniteness)을 인정한 데카르트조차 이 때문에 연장의 무한성(infinity)을 인정하지 않는다. 반면에『윤리학』에서 스피노자는 연장을 자기 유(類)에서 무한한 것이자 신의 속성으로 인정한다. 스피노자의 더 상세한 비판은『윤리학』제1부 정리 15의 주석을 참조하라.

260 방금 말한『윤리학』의 주석에 따르면, 연장의 실재적 분할 가능성은 연장을 유한한 것으로, 따라서 신의 속성에서 분리된 것으로 보는 입장의 근거가 된다. 스피노자는 연장이 신의 속성으로서 사유와 마찬가지로 분할 불가능하며, 오직 양태적으로만 분할 가능하다고 하면서 이 입장을 반박한다.

261 이는 앞의 입장과 정반대되는 스토아나 에피쿠로스(Epicouros) 같은 유물론자의 입장이다. 이들은 실체성과 물체성을 동일시하며, 이로써 신의 본성이나 영혼의 본성을 오해하게 된다.

262 『철학의 원리』에서 데카르트가 팽창(rarifactio)을 다루는 부분(제2부 제5~7항, 제19항)을 참조하라. 여기서 데카르트는 진공과 더불어 팽창(rarifactio)을 물체의 본성인 연장에 대해 오해하게 하는 핵심 요인으로 다루고 있다.

263 『윤리학』제2부 정리 49의 주석: "말과 이미지의 본질은 사유의 개념을 결코 함축하지 않는 물질적 운동들만으로 구성된다."

264 바로 앞 문장에서 신체 배치에 따른 상상들의 무작위적 연합을 의미하는 '합성되다'(componuntur)라는 말이 사용된 것과 달리, '수립되다'(constituta est)라는 단어가 사용된 점에 주목할 수 있다.

265 이는 베이컨이 말하는 '시장의 우상'(『신기관』 제1권 제59항)과 관련된다. 다만 베이컨은 우상이 "단어 및 이름과의 동맹[foedere]을 통해 지성을 잠식한다"라고 보는 반면에, 스피노자에게서 지성은 참된 것 자체이다.

266 †이 부분은 NS 판본에는 각주로 처리되어 있고, 내용의 논리적 흐름상으로도 약간의 단절이 있어 미니니는 이 부분을 주석의 자리로 옮겨두었으나 우리는 OP 판본을 따른다.

267 이 단락 전체는 NS 판본에는 없다.

268 특히 §87에서 연장의 사례를 통해 언급된 내용이다. 그러나 다루어지는 귀결은 새로운 것으로, 곧 지성이 덜 반성하게 된다는 것이다. 앞에서는 이런 반성이 방법 자체임을 제시했고 이 절에서는 반성이 소홀히 됨으로써, (첫 번째부터 세 번째 지각 방식처럼) 결과에서 원인으로 인식이 진행되는 순서가 뒤바뀐다는 것을 지적하고 있다.

e′  *참된 관념들 전부를 열거하지는 않고 좋은 정의의 상이한 유형의 제시가 이를 대신할 것이다. 본질을 통한 정의의 대상이 되는 창조되지 않은 사물과 가까운 원인을 통한 정의의 대상이 되는 창조된 사물이 그것이다.

**'일람하다'(recensere)라는 용어에 대해서는 앞의 원주 s의 옮긴이 주(143쪽) 참조.

***†미니니는 여기서 논의의 대상이 인식 능력(facultas)이므로 지성적 이해 활동을 의미하는 'intellectio'가 아니라 지성을 의미하는 'intellectus'로 수정되어야 한다고 본다. 이는 NS 판본에 부합하는 것이기도 하다. 그러나 우리가 보기에 여기서 스피노자가 말하는 것은 상상적 관념들의 특성 및 지성적 관념들의 특성으로도 볼 수 있으므로 원문을 보존하는 편이 낫다고 판단된다.

****상상이나 지성의 본성은 '철학', 곧 『윤리학』의 과제로 유보되어 있으며, 여기서는 단지 특성만을 도출하는 것을 목표로 한다는 사실에 주목하라. 더구나 이후에 §107에서 지성의 특성들이 올바로 인식되려면 그 본성이 먼저 인식되어야 한다는 것을 인정하면서도 어쩔 수 없이 지성의 특성들을 먼저 열거한다는 점을 감안할 때, 이 주석에서 그 내용을 이미 지성의 특성들에 한정한다는 것은 이 주석이 전체 논고가 한번 완성된 후에 붙여졌을 가능성을 시사한다.

269 이는 방법에서 기대되는 구체적 산물로서의 특수한 목표를 가리키며, 방법의 궁극 목적(finis) ― 우리 행복을 위한 최상의 인식에 도달하는 것 ― 과 구별해야 한다. '목적'에 대해서는 앞의 §16을, '목표'(scopus)와 '목적'(finis)의 차이에 대해서는 그 단락의 옮긴이 주 61을 참조하라.

270 원주 e′에서 언급되듯이, 지성을 뜻하기 위해 '순수'라는 말을 붙였을 것이다(올덴부르크에게 보낸 「편지 2」에서 스피노자는 베이컨이 정신과 지성을 구별하지 않고 지성 자체가 마치 본성상 오류에 빠질 수 있는 양 오해한다고 비판한 바 있다). 원주 e′에서는 '지성' 앞에도 '순수'라는 말을 덧붙이고 있는데, 이는 베이컨적 지성 개념과는 구별되는, 참된 인식의 기관 혹은 참된 것 자체로서의 지성을 의도하는 것으로 볼 수 있다.

271 §§92~98에서 다뤄질 방법의 두 번째 부분의 첫 번째 내용이며, 앞의 §49에서는

"인식되지 않은 것들이 그런 규준에 따라 인식되도록 규칙들을 제공하는 것"으로 진술된 바 있다.

272 쿠아레는 이를 '실재적 구조'(structure réelle)로 의역하고 있는데, 이 번역은 이 표현의 의미를 잘 드러내준다.

273 방법의 두 번째 부분의 두 번째 내용으로, §99 이하에서 다뤄질 것이다.

274 §19와 §29에 제시된 네 번째 지각 방식을 참조하라.

275 자기 원인은 신을 가리키는 용어로서, 전통적으로는 '원인 없는' 존재라는 부정적인 의미로 사용된다. 반면에 데카르트는 '무궁무진한 역량' 때문에 필연적으로 실존하는 존재라는 적극적 의미로 사용한다(이에 대해서는 특히 『성찰』에 대한 첫 번째와 네 번째 반박 및 이에 대한 답변 참조). 스피노자는 이후 『윤리학』에서 데카르트의 적극적 의미를 받아들일 뿐만 아니라(제1부 정리 1, 정리 7, 정리 8의 주석 1) 신의 자기 산출과 자연 산출의 동일성을 주장하면서(제1부 정리 25의 주석) 신적 활동이 지성적으로 이해 가능함을 강조한다. 그러나 여기서는 자기 원인을 단지 그 자체로 실존하는 존재라는 뜻으로 한정하면서 모두가 받아들일 수 있는('흔히 말해지듯이') 의미만을 부여하고 있다. 이는 신에 대한 언급을 피하려는 노력과 일관되게 논의의 경제성을 위한 것일 수도 있지만, 스피노자가 아직 『윤리학』에서와 같은 개념에 이르지 못했기 때문일 수도 있다(§70과 §97에서 신을 '원인을 갖지 않음'으로 특징짓고 있음을 참조하라. 주 286 역시 참조하라).

f´  *『윤리학』 제1부 및 제5부의 정리 24, 25, 36; 『신학정치론』 제4장과 제6장은 이 점을 정당화한다. 다만 "아무것도 이해할 수 없다"는 다소 강한 표현인데, NS 판본은 "아무것도 적법하게 또는 적절하게[wettelijk, of behorelijk] 이해할 수 없다"로 되어 있고, 미니니 역시 이를 따라 〈legitime〉를 추가하고 있다. 그러나 OP 판본의 원문이 잘못된 것은 아니므로 우리는 원문을 보존한다.

276 이는 베이컨적 주제이며, 특히 세 번째 지각 방식과 관련된다. 스피노자는 이 지각 방식에 대해 오류의 위험이 없지만 부적합한 인식이라 평가한 바 있고, 이 부분 역시 세 번째 지각 방식에 스피노자가 부여하는 지위가 애매하다는 점을 다시 한 번 보여준다. 자세한 내용은 「해제」 188, 235쪽을 참조하라.

277 역시 베이컨적 의미에 가까우며, 앞에서 주로 사용되어온 '지성'의 의미와는 상당히 다르다. 곧 사물을 그 본질을 통해서나 가까운 원인을 통해, 곧 원인에서 결과로 이어지는 연쇄를 통해 인식하고 상상과 뒤섞이지 않는 '순수' 지성이 아니라 보편자들로부터 추론을 진행하는 일종의 '추상적' 지성을 가리킨다.

278 '공리'는 §74에서 이미 여기서와 같은 부정적 의미로, 곧 자명하다고 취급되는 일반적인 정리의 의미로 사용된 바 있다.

279 『윤리학』에서 'contemplari'는 플라톤이나 아리스토텔레스가 말하는 (지적 대상에 대한) '관조'와 반대로, 쭈로 개별적인 사물과 관계하는 상상에 대해 사용된다. 이와는 다소 다르게 여기서는 지성적 인식과 관련되면서도, 특히 지성적 인식이 추상적이지 않고 구체적이라는 사실을 함축한다.

280 본질은 원인에, 고유성이나 특성은 결과에 해당한다. 고유성에 대해서는 원주 f의

옮긴이 주***(132쪽)를 참조하라.

281 'entia rationis'(단수형은 'ens rationis')는 직역하면 '이성의 존재자들'이다. 이것은 시간, 수, 척도와 같이 지성 안에만 존재하며, 지성 바깥에 그것에 상응하는 대상이 없는 존재를 가리킨다. 그 지위에 대해 다양한 논의가 있으나, 스피노자에게서는 어쨌든 부정적 함의를 띤다. 대표적으로 다른 초기 저작에서 스피노자는 '존재자'로부터 키메라나 허구적 존재와 더불어 사고상의 존재자들을 배제한다. 곧 "사고상의 존재자는 단지 사유 양태에 불과한 것으로서, 우리가 이미 이해한 것들을 더 쉽게 [기억에] 보유하고 설명하고 상상하도록 도와준다"(「형이상학적 사유」 제1장 제1절). 요컨대 도구적 유용성은 있으나 실재하지는 않는다는 사실에 유의할 필요가 있는 것들이다.

282 §99에서 '물리적인 사물 혹은 실재적 존재자'라는 표현도 참조하라. 이에 따르면, 이 두 형용사는 거의 동의어이다.

283 원에 대한 이 발생적 정의는 홉스의 것으로 주207과 「해제」 213~14쪽을 참조하라.

284 †문맥상 '이것'이 정의의 요건 2만이 아니라 1과 2 모두를 가리키는 것으로 보이기도 한다. 그래서 컬리는 여기서 아예 단락을 바꾸고 있다. 그러나 원 텍스트에서 이것은 앞 문장과 세미콜론으로 연결되어 있어 저자의 의도가 너무 명백하므로, 우리는 원문 배열대로 하되 세미콜론을 제거한 미니니의 편집을 따른다.

285 『윤리학』의 실체 및 속성들에 해당된다.

286 여기서 스피노자는 '원인'을 '외적 원인'으로 이해하는 어법을 따르고 있다. 반면에 『윤리학』에서는 '자기 원인'의 적극적 용법이 보여주듯이, 더 이상 이 전통적 의미를 따르지 않는다. 게루(Gueroult, I, 1968, 172~73) 역시 스피노자가 이후에 이 요건을 변경하고, 신 역시 발생적이고 인과적인 정의를 내린다는 점에 주목한다. 물론 신은 자기 존재 이외에 다른 것이 필요치 않다는 것은 맞지만, 그렇다고 원인이 없는 것은 아니다. 이후 치른하우스에게 보낸 편지(「편지 60」, 1675년)에서도 스피노자는 '작용인'을 담은 정의만을 특성들을 연역하는 데 요구되는 유일한 규칙으로 제시하면서 여기에 신에 대한 정의 역시 포함시킨다(G IV, 270~71).

287 직역인데, 그 의미는 분명하지 않다. 컬리와 쿠아레는 '정신과 관련해서는'(각각 as far as the mind is concerned, par rapport à l'esprit)으로, 베이사드는 '정신상으로는/이해상으로는'(mentalement)으로 번역하고 있다. 우리가 보기에는 '이해되는 내용에 있어서' 혹은 (흔히 신과 같은 존재에 결부하는) '정신적 속성과 관련하여'라는 두 가지 해석이 가능할 것 같다.

288 가령, 플라톤의 이데아론에서처럼 '선하다' '이성적이다' '현명하다'에 대응하는 선성과 이성, 지혜 등이 이에 해당할 것이다. 『소론』에서 스피노자는 흔히 말하는 신의 이런 속성들을 신의 고유성이라고 부르기를 제안하면서 이렇게 말한다. "물론 신은 그것들 없이는 신이 아니지만, 그것들 때문에 신인 것은 아니다. 왜냐하면 그것들은 인식해야 할 어떤 실체적인 것도 제공하지 않으며 형용사와 같을 뿐인데, 형용사는 명시화되려면 명사들이 필요하다"(제1장 §9의 주석).

289 데카르트가 신 존재 증명을 필요로 하는 이유와 스피노자가 여기서 신의 관념(에

준하는 것)을 요청하는 이유의 차이를 정리해볼 필요가 있다. 간단히 말해, 데카르트나 스피노자 모두 지식의 통일된 연쇄로서의 학문(scientia)을 위해 신을 요청하지만 데카르트는 인간의 인식 능력의 참됨을 보증하는 신을, 스피노자는 사물들(관념들)의 인과 연쇄의 원천으로서의 신(신의 관념)을 요청한다.

290 † '할 수 있는 한 빨리'와 '이성이 요청하다'에서 동사 '할 수 있다'(potest)와 '요청하다'(postulat)가 접속법으로 표현되지 않았기 때문에, 이 부분은 '~하는 것이 요구되다'(requiritur ut~)의 'ut'에 이어지는 것으로 볼 수 없다. 그래서 요아킴 (p. 214, n. 3)과 아퐁, 컬리는 얀 헨드릭 레오폴트(Jan Hendrik Leopold, *Ad Spinozae Opera Posthuma*, 1902)의 번역대로 'potest'를 접속법 'possit'으로 바꾸고, '이성이 요청하다'의 위치를 '검토하는 것이 요구되다' 다음으로 옮긴다. 곧 "할 수 있는 한 빨리 …… 검토하는 것이 요구되며, 이성은 이를 요청한다." 반면에 쿠아레와 미니니는 "할 수 있는 한 빨리 — 그리고 이성은 이를 요청한다 —"를 삽입구로 처리함으로써 문제를 해결하며, 이것이 더 단순하므로 우리도 이를 따른다.

291 §§ 53~54를 참조하라.

292 이것이 무엇을 가리키는지에 대해서는 오랜 논의가 있었다. 예를 들어, 베이컨이 말하는 '형상'(forma), 따라서 개별적 본질(Sigwart), 무한 양태(Pollock; Gebhardt), 속성과 무한 양태(Victor Delbos), 무한 양태와 『윤리학』의 공통 개념(Harry A. Wolfson), 공통 개념(Gilles Deleuze) 등으로 추측되어왔다. 우리가 보기에 이처럼 보편적 성격을 갖는 개별자는 『윤리학』(제2부 정리 37~39)에서 제시될 공통 개념을 예고한다고 보는 것이 가장 합당해 보인다. 관련 주석(제2부 정리 40의 주석 1)에서 스피노자는 이 논고의 존재를 시사하고 있다.

293 'codex'는 등록부나 장부, 또는 법령집을 의미한다. 종교어로는 신의 말씀인 신법(神法)이 적힌 '책', 곧 성서를 의미한다. 이 표현은 규범적인 법과 자연법칙을 동일시하는 스피노자의 관점을 함축하고 있다.

294 '법'(lex)이 자연법칙을 의미하기 시작한 것은 17세기 말에 이르러서이며, 그 이전에는 주로 신법 같은 규범적인 법을 의미했다. 자연법칙이라는 개념을 거의 처음으로 도입한 데카르트조차 이 단어를 자연법칙에 대해 쓰기를 주저했다. 반면에 스피노자는 자연법칙에서의 용법을 일차적인 것으로 삼으면서 '법'이라는 단어를 일의적으로 사용한다.

295 이 단어는 『윤리학』을 비롯한 다른 글에서는 쓰이지 않고 여기서 단 한 번, 그것도 괄호 안의 말에서 알 수 있듯이 신중하게 쓰인다. 이 단어는 앞의 '내밀한 본질'이라는 표현 때문에 환기되기는 하지만, 이 고정된 것들이 본질을 구성하지는 않기 때문이다. 『윤리학』(제2부 정의 2)에 따르면, 본질은 그것 없이는 사물이 있을 수도 생각될 수도 없을 뿐만 아니라 사물이 없으면 그것도 있을 수 없는 것이기 때문이다. 그 외에도 『소론』 제2부 서문 § 5; 『윤리학』 제2부 정리 10의 주석, 정리 3을 참조하라.

296 루세는 이것을 「편지 12」(1663년 4월 20일자)에서 말하는 시간이나 장소와 같은 '상상의 보조물'과 구별하여 '지성의 보조물'이라고 부른다. 바로 다음 절에 나오듯

이, 이것은 관찰과 실험을 가리킨다고 볼 수 있다.

297 앞 절에서 이 문제를 다루지 않겠다고 한 것과 맞지 않다. 그러므로 이 절 전체는 여담으로 스피노자가 덧붙인 주석이 아닌가 추측할 수도 있다(레오폴트, 그리고 그를 따라 요아킴과 아풍은 그렇게 본다). 그러나 OP 판본과 NS 판본 모두에서 본문에 배치되어 있기 때문에 우리도 이를 따른다. 참고로 이 내용은 이 논고의 후속 부분에서도, 그의 '철학'인 『윤리학』에서도 제시되지 않을 것이다. 그 내용을 짐작해보려면, 스피노자가 경험과 경험주의자 및 당대의 새로운 철학자들에 대해 언급하는 앞의 § 27의 원주 i(39쪽)와 그것에 붙인 옮긴이 주(135쪽)에 표시해둔 글들을 참조할 수 있다.

298 곧 관찰의 기술.

299 '실험'(experimentum)은 § 27의 '무작위적 경험'과 대조를 이룬다. 실험의 지위에 대한 스피노자의 언급은 원주 i에 붙인 우리 주석(135쪽)을 참조하라.

300 § 61 "만일 허구적인 사물이 본성상 참되다면 …… 정신은 어떤 중단도 없이 순조롭게 계속 나아갈 것이다."

301 이는 데카르트의 『규칙』 가운데 매거(enumeratio)에 대한 규칙 7의 다음 표현, 즉 '연속적이고 단절되지 않은 사유 운동'(continuus et nulibi interruputs congitationis motus)을 참조한 것으로 보인다(AT X, 387, 11~12). 단, 데카르트에게서 이 표현이 연역의 연쇄 전체를 한눈에 직관할 수 있는 정신의 능력과 관련된다면, 스피노자에게서 이 표현은 연역되는 사유들의 본성 자체와 관련된다.

302 †논란이 되는 부분이다. 우리 번역은 OP 판본의 원문을 따른 것이다("Nam ex nullo fundamento cogitationes nostrae TERMINARI queunt"). 이 문장은 앞 문장의 'sine interroptione'(중단 없이) 및 'pergat'(계속 나아가다)와도 부합한다. 문제가 되어온 것은 흔히 '토대'로 번역되는 'fundamentum'에 'terminare' 같은 부정적인 의미를 부여하는 것이 부자연스러울 뿐만 아니라 바로 다음 § 105에서 다시 그것이 '필요하다'라고 말한다는 점이다. 그래서 많은 주석가들(레오폴트, 겝하르트부터 쿠아레와 컬리, 미니니까지)은 NS 판본을 따라 'terminari'를 'determinari'로 고쳐, 이 문장을 "왜냐하면 우리 사유들은 〈다른〉 어떤 토대에 의해서도 〈규정될〉 수 없기 때문이다"(Nam ex nullo ALIO fundamento congitationes nostrae DETERMINARI queunt)라고 수정한다. 이 경우 '다른' 토대는 사유들 바깥의 외적 토대를, 진정한 '토대'는 주어진 참된 관념에서 시작되는 사유 내적인 것을 가리키게 된다.

그러나 한 논문에서 장-뤽 마리옹(Jean-Luc Marion, 1972)이 주장했듯이, 「형이상학적 사유」에서 비슷한 구문이 발견되며("신의 관념들은, 우리 관념들처럼, 그 바깥에 위치한 대상들에 의해 한정되지[terminari] 않는다"; 제2부 제7장 § 2〔GI, 261〕), 이는 § 71의 "참된 사유의 형상은 …… 대상을 원인으로 인정하는 것이 아니라"와 "어떤 외적 대상에 의해서도 규정되지 않고"에 조응한다. 따라서 'terminari ex fundamento'는 그대로 유지할 수 있으며, 이 경우 '외적 대상에 의해 한정되다'의 의미로 볼 수 있다. 이렇게 되면 그다음 절에 나오는 'fundamentum'은 관념들의 연쇄를 끝내는 것이 아니라 제1의 것으로 나아가도록 한정해주는 토대로 볼 수 있을 것이다.

303 여기에는 §100에서 언급된 '인간의 지적 허약함'이나 §102의 '인간 지성의 힘에 한참 부치는 일'이라고 할 때처럼 지성의 한계를 고려하는 뉘앙스도 포함되어 있는 것 같다. 이는 다음 절의 지성의 힘과 역량에 대한 탐구를 예비하는 역할도 한다.

304 참된 관념을 여타의 관념들과 구별했던, 방법의 첫 번째 부분.

305 §73에도 비슷한 구문이 역시 가정의 형태로 등장한다. 단, 거기서는 참된 사유를 형성하는 것이 '사유하는 존재자의 본성'에 속한다고 되어 있다.

306 여기서 스피노자가 지적하는 순환은 다음과 같다. 지성의 힘과 역량을 이해하려면 지성의 본성에 대한 정의가 필요하고 이를 위해서는 정의의 규칙이 필요한데, 정의의 규칙들은 다시 지성의 본성에 대한 정의로부터 도출되어야 하고 등등. 그런 다음에 스피노자는 우리가 명석판명하게 이해하는 지성의 특성들이 있다는 사실을 통해 이 순환에서 벗어나는 것 같다. 왜냐하면 지성의 특성들에 대한 인식에는 지성의 본성에 대한 이해가 함축되어 있기 때문이다. 단, 엄밀히 보면 그는 '지성 자체의 본성'이 아니라 '지성의 특성들의 본성'("그것들의 본성")이라고 표현하는데, 이 표현에는 어색한 면이 있다. 우리는 사물의 특성을 알거나 본성을 알 뿐이지, 특성의 본성을 아는 것은 아니기 때문이다. 더구나 §110에서 그는 다시 지성의 특성들로부터 '사유의 본질'을 찾는다고 진술하고 있다. 그러므로 이 부분도 '지성의 특성들의 본성'보다는 '지성의 본성'으로 간주하는 것이 더 합당해 보인다.

307 구문상으로는 지성의 특성 가운데 우리가 명석판명하게 이해하는 것이 있고 그렇지 않은 것이 있는데 전자의 부류에 주목한다는 뜻일 수도 있고, 지성의 특성들이 모두 우리가 명석판명하게 이해하는 것들인데 여기에 주목한다는 뜻일 수도 있다. 그러나 명석판명하게 이해되지 못한 것을 '특성'(proprietas)이라고 부를 수 없기 때문에 후자의 뜻으로 보는 것이 합당할 것이다.

308 §35 이하를 참조하라.

309 『윤리학』의 용어로 번역하면 '연장'이 될 것이다. 『규칙』에서 데카르트는 '양'이라는 용어 대신에 '연장'이라는 용어를 사용한다고 밝히고 있으며(규칙 14, AT XI, 447), '연장'은 "진정한 물체인지 아니면 단지 공간일 뿐인지 불문하고 단지 길이, 넓이, 깊이를 가진 모든 것"(같은 곳, AT XI, 442)으로 정의한다. 여기서 스피노자는 이 용법을 이어받고 있는 듯 보이며, 이후 『윤리학』에서는 연장을 능산적(能産的) 자연인 신의 속성으로 규정하면서 데카르트와 다른 의미를 부여하게 된다.

310 옐러스에게 보낸 1674년 6월 2일자 편지(「편지 50」)의 '규정은 부정'이라는 테제와 동일한 입장이 표현되고 있다. 이후 헤겔은 스피노자의 이 테제를 "규정성은 부정이다"(『대논리학』), "모든 규정은 부정이다"(『철학사 강의』)로 소개하면서 이로부터 자신의 사상을 전개하게 된다. 이에 대한 더 자세한 논의는 마슈레(2004), 183~340쪽 참조.

311 †이 구문의 온전성에 대해서는 논란이 있다. 겝하르트는 NS 판본에 따라 이 구문을 다음과 같이 고치며 컬리도 이를 따르고 있다. "이 경우 지성은 〈동일한 것[양의

관념]을het zelfde〉 양을 〈통해door〉 규정한다"(〈 〉는 NS 판본에 추가된 부분). 그러나 "양의 관념을, 양을 통해 규정하다"가 무슨 뜻인지 이해하기 어렵다. '원인을 통해 지각하다'를 '규정하다'와 등가어로 놓으면 원문 그대로 뜻이 성립하기 때문에 우리는 쿠아레와 루세, 미니니처럼 원문을 따른다.

312  §89와 §98을 참조하라. 항목 3과의 연장선상에서 보면, 이 항목은 우리가 가진 무한자의 관념은 참된 관념이 아니리라는 반박에 대한 재반박으로 볼 수 있다.

313  이것은 『윤리학』에서 주요하게 나타날 표현이다. 제2부 정리 44의 따름정리 2; 제5부 정리 22, 29와 그 주석, 정리 30, 정리 31의 주석, 정리 36을 참조하라. 또한 메이어르에게 보낸 「편지 12」 역시 참조하라.

314  §83과 그 절의 원주 d′를 참조하라.

315  '보이다'가 사용된 것은 이 내용이 이후 『윤리학』에서처럼 증명된 것은 아니기 때문이다.

316  §86, 상상의 수동성을 참조하라.

317  이러한 정의의 다수성이 어디까지 적용되는지에 대해서는 이견이 있다. 마트롱(A. Matheron, 1986, p. 147)은 이것이 수학적 존재자들에만 해당하며, 실재적 존재자의 경우에 단 하나의 좋은 정의가 있다고 본다. 반면에 루세는 실재적 존재자의 경우에도 다양한 원인의 합성 결과이므로 이 때문에 다수의 정의가 있을 수 있다고 본다(B. Rousset, 1992, pp. 421∼22).

318  정서(affect) 같은, 관념 외의 다른 사유 양태들은 『소론』 제2부와 『윤리학』 제3부에서 주제적으로 다뤄진다.

319  『윤리학』 제2부 공리 3에서 완결된 형태로 제시될 것이다.

320  『윤리학』 제2부 정리 33과 제4부 정리 1에서 다시 제시될 것이다.

321  이것이 §107에서 말한 '지성의 특성들의 본성'에 해당한다.

# I. 『지성교정론』의 철학사적 위치

## 1. 스피노자의 생애와 저작

베네딕투스 데 스피노자(Benedictus de Spinoza)[1]는 르네 데카르트(René Descartes), 토머스 홉스(Thomas Hobbes), 고트프리트 빌헬름 라이프니츠 (Gottfried Wilhelm Leibniz)와 더불어 17세기의 대표적 철학자 중 하나로 꼽힌다. 그는 포르투갈계 유대인으로 1632년 11월 네덜란드 암스테르담의 무역상 집안에서 태어났다. 암스테르담은 당시 유럽에서 가장 자유로운 도시였고 또 그런 만큼 큰 격변과 혼돈을 겪던 도시이기도 했다. 스피노자는 24세에 이단을 이유로 유대 공동체로부터 파문당하면서 암스테르담을 떠나 네덜란드의 다른 도시로 이주했다. 그러나 1677년

---

1 스피노자에 대한 전기로는 스티븐 내들러(2011)를 참조하라. 스피노자의 생애와 사상 전반에 대한 간명하면서도 정확한 정보는 피에르-프랑수아 모로(2019)를 참조할 수 있다.

2월 헤이그의 하숙집에서 폐병으로 세상을 떠날 때까지 단 한 번도 네덜란드를 떠난 적은 없다. 파문 이후 그는 유대 공동체 바깥에서 줄곧 광학 렌즈를 깎으며 생활을 영위했고, 그래서 그에게는 고독한 현자의 이미지가 따라다니기도 한다. 그러나 그의 주변에는 새로운 과학이나 종교운동에 관심을 보이던 학자, 상인, 의사 친구들이 늘 있었고 세상을 떠날 때까지 그는 이들과 지적으로 교류했다.

스피노자는 7개의 저술과 (교신자의 것을 포함하여) 총 84통의 편지를 남겼다. 그 중 대표작은 『기하학적 순서로 증명된 윤리학』(이하 『윤리학』)이다. "기하학적 순서로 증명된"이라는 부제가 시사하듯이, 일반적으로 그는 데카르트가 연 새로운 철학의 지평에서 특히 데카르트가 남긴 형이상학적 문제를 일관된 합리주의 방향으로 해결하고자 했던 형이상학자로 관심을 끌어왔다. 그러나 이 주저의 제목이 '윤리학'이라는 데서 알 수 있듯이, 그의 철학은 모두 "인간 정신과 정신의 지복에 대한 인식으로 우리를 인도하는 것"[2]으로, 즉 윤리학적 관심으로 수렴된다. 그러나 『윤리학』은 스피노자 생전에 출판되지 못하고 사후 그의 친구들 손에 라틴어 유고집(Opera posthuma)으로 출판되었다(1677년 12월). 여기 번역된 『지성교정론』이나 세상을 떠나기 전에 집필 중이던 『정치론』 같은 미완의 다른 라틴어 원고들과 함께 말이다.

『윤리학』과 더불어 대표작으로 꼽히는 또 다른 책은 『신학정치론』이다. 이 책은 완성작으로서 생전에 출판된(1670년) 유일한 저서이기도 하다. 이 책은 '철학할 자유' 그러니까 사상과 의견의 자유가 종교적 경건(pietas)과 정치적 안정에 해롭지 않으며 오히려 필수적이라는 주장을 담고 있다. 이 주장은 특히 성서를 인간이 만든 '텍스트'로 보고 자연물과 동일하게 다루어야 한다는 급진적 방법으로 뒷받침된다. 이 책은 익명으로 출판되었으나 사람들은 이내 저자를 알아보았고, 유럽 전역에 신

---

2  스피노자, 『윤리학』 제2부의 서두.

학자는 물론이고 심지어 데카르트주의자를 포함한 철학자들의 격렬한 반발을 불러일으켰다. (『윤리학』의 출판을 포기한 것도 『신학정치론』 이후의 악화된 정세 때문이었다.) 데카르트가 무용한 논쟁을 피해 의도적으로 종교와 정치 문제를 배제한 것과 대조적으로, 그리고 홉스가 연 새로운 정치철학의 지평 위에서, 스피노자는 종교와 정치를 전면적으로 다룬 것이다.

우리에게 덜 알려진 다른 글로는 『르네 데카르트의 '철학의 원리'에 대하여』(1663년, 이하 『원리』)와 그 뒤에 부록으로 실린 「형이상학적 사유」, 그리고 『신, 인간, 그리고 인간의 행복에 대한 소론』(*Korte Verhandeling van God, de Mensch ed deszelves Welstand*, 이하 『소론』)이 있다. 『원리』는 데카르트의 『철학의 원리』에 대한 해설서이다. 스피노자는 같은 집에 살던 한 학생을 위해 데카르트 철학을 강의했고, 이 강의록이 친구인 로더베이크 메이어르(Loderwijk Meyer)에 의해 다듬어져 출판된 것이다. 아이러니하게도 이것이 스피노자 생전에, 그리고 그의 이름을 내걸고 출판된 유일한 책이기도 한데, 『신학정치론』이 출판되기 전까지 스피노자는 이 책을 통해 알려진 것으로 보인다. 『소론』은 『윤리학』의 초안으로 『지성교정론』과 비슷한 시기에 쓰인 것으로 보인다. 라틴어 유고집에 들어 있지 않았으며 19세기에 가서야 발견되었다.

## 2. 『지성교정론』의 철학사적 위치

『지성교정론』은 스피노자가 젊은 시절에 학문 탐구의 방법에 대해 쓴 미완성의 글이다. 정의, 공리, 정리와 증명의 연쇄로 이루어진 기하학적 서술 방식의 『윤리학』과 달리, 『지성교정론』은 정욕, 부, 명예를 좇는 통상적 삶의 무상함에 대한 경험을 1인칭으로 서술하면서 시작된다(§§ 1~17). 이 프롤로그에는 스피노자 자신이 젊은 시절 동생과 함께 아버지의 회사를 이어받아 사업에 종사했던 경험이나 유대교 공동체에서 추방당하면서 겪었을 삶의 위기 같은 자전적 사항이 반영되었을 것이다. 나아가 그것은 삶의 위기를 한 번이라도 경험했던 자라면 누구에게라도 공감을 불러일으킬 수 있을 만큼 보편적 호소력을 지닌다. 이런 실존적 울림 때문에 이 논고는 철학 입문으로서도 상당한 매력이 있다. 더욱이 기하학적 장치로 중무장한 『윤리학』에 비해 친숙하고 접근 가능하다는 점 때문에 미완성임에도 불구하고 스피노자 철학의 입문으로서도 많이 읽힌다.

스피노자 사상 내적으로도 이 논고는 적지 않은 중요성을 지니고 있다. 뒤에서 다시 보겠지만, 이 논고는 첫째, 『윤리학』의 관념 이론이나 인식 종류 이론이 어떻게 진화해왔는지를 알려주고(§§ 18~29), 둘째, 진리에 외적 기준이 불필요하다는 스피노자의 진리관과 이를 바탕으로 한 그의 방법관이 명시된 유일한 글이며(§§ 33~42), 셋째, 스피노자의 존재론과 인식론을 연결하면서 집약하는 유명한 발생적 정의에 관한 논의(§92, §95)를 담은 글이기도 하다.

그러나 이 논고는 라틴어 유고집이 출판된 이래 19세기가 될 때까지 근 2세기 동안 별달리 주목받지 않았다. 스피노자는 『신학정치론』과 『윤리학』이 일으킨 풍파와 커다란 논쟁의 맥락에서 알려졌고, 이 논고는 그런 논쟁에 가려져 있었기 때문일 것이다. 더구나 오랜 기간 그의 철학은 그 자신의 저작을 통해서보다는 피에르 벨(Pierre Bayle)이 『역사적 · 비평적 사전』(*Dictionnaire historique et critique*, 1697)에서 스피노자에 대해 쓴 비판적 항목을 매개로 수용되었고, 벨은 이 미완의 원고를 언급하지 않았다. 당대 지식인 가운데 이 논고에 관심을 기울인 학자로는 스피노자의 편지 교환자이자 라이프니츠의 편지 교환자이기도 한 에렌프리트 폰 치른하우스(Ehrenfried von Tschirnhaus) 정도를 꼽을 수 있을 뿐이다. 치른하우스는 이후 이 논고와 유사한 문제의식 아래 『정신의 치유』(*Medicana Mentis*)라는 제목의 책을 쓰기도 했다.

이렇게 묻혀 있던 『지성교정론』은 19세기에 갑자기 알려지고 사람들을 매료시키기 시작했는데, 여기에는 아르투어 쇼펜하우어(Arthur

Schopenhauer)의 『의지와 표상으로서의 세계』가 큰 몫을 한다.[3] 17세기에는 '유덕한 무신론자'로, 18세기에는 '신에 취한 자'로 알려졌던 스피노자는 이제 쇼펜하우어를 통해 인간의 실존 조건이 주는 고통에 정면으로 부딪치고 이를 극복할 가능성을 보여준 인간적인 진정성의 형상으로 부각되기 시작했다. 『지성교정론』, 특히 프롤로그 덕분이었다. 쇼펜하우어는 자발적 고행의 구체적 모델 중 하나로 스피노자의 삶을 들고, 『지성교정론』의 도입부를 그 자신이 아는 한 "정념들의 폭풍을 진정시키기 위한" "가장 강력한 수단"으로서 추천한다.[4] 이 논고에 대한 주요한 문헌학적 연구나 주석이 등장한 것도 그 후에 시작된 일이다.

논고가 철학사의 장면으로 들어온 데에는 이처럼 프롤로그의 실존적 어투가 기여했지만, 이 논고는 무엇보다도 과학적인 학문 탐구의 '방법'에 대한 논고이다. 프랜시스 베이컨(Francis Bacon)의 『신기관』, 데카르트의 『방법서설』이나 역시 젊은 시절 미완의 원고인 『정신지도를 위한 규칙』(이하 『규칙』)처럼 말이다. 그러나 다른 방법 논고들과는 달리, 이 논고는 자연과학 탐구의 실제 방법을 잘 보여주지 못했다. 앞서 말했듯이 이 논고가 오랫동안 주목받지 못했다면, 이것이 더 실질적 이유일 것이다. 베이컨은 『신기관』의 제2권 전체에 걸쳐 '열의 형상'을 찾기 위해 히스토리아의 방법을 실제로 수행해 보였다. 데카르트의 『방법서설』은 실상 「굴절광학」 「기상학」 「기하학」이라는 세 과학 논문의 서설로 쓰인 것이다. 반면에 이 논고에서는 그와 같은 과학적 발견의 경험이나 사례를 찾거나 짐작하기 어렵다. 나아가 데카르트, 홉스, 라이프니츠 같은 당대의 다른 대표적 철학자들과 달리, 스피노자는 자연과학에 관한 뚜렷한 업적은 물론이고 한 편의 독립적인 글도 남기지 않았다. 당시에

---

3  이 내용을 비롯해 논고가 알려지게 된 경위는 P.-F. Moreau(1994), p. 13의 보고를 참조했다.
4  아르투어 쇼펜하우어(2008), 455쪽[한글 번역은 수정].

는 첨단 직업이었던 렌즈깎이 일이나 『원리』의 자연학 부분, 그리고 영국의 왕립과학협회 창립회원이자 제1서기였던 헨리 올덴부르크(Henry Oldenburg)를 매개로 영국의 화학자 로버트 보일(Robert Boyle)과 주고받은 편지 등을 통해 단지 그가 새로운 과학에 큰 관심과 열의를 가지고 있었고 이것이 논고의 배경이 되었음을 짐작할 수 있을 따름이다.

그러므로 이 논고가 이 시기 자연과학의 방법이나 그 형이상학적 바탕을 보여주리라 기대해서는 곤란하다. 그 대신에 스피노자 특유의 철학적 방법이 어떤 문제의식을 바탕으로 형성되었는지 이해하는 데 도움이 되리라는 소박한 기대를 갖는 편이 나을 것이다. 사실 『윤리학』과 『신학정치론』은 급진적인 내용만큼이나 각각 '기하학적 방법'[5]과 '히스토리아'의 방법[6]으로도 유명하다. 그러나 이 두 저작에서는 방법이 독립된 논의 대상이 되는 것은 아니다. 『윤리학』에서는 연역된 내용의 강제력 자체가 방법의 정당화를 대신한다. 성서 해석의 방법에 대한 정당화가 이루어지는 『신학정치론』의 경우에도 그것은 전체 20장 가운데 성서 해석이 이미 상당 정도 진행된 제7장에 가서야 이루어진다. 이렇게 보면 『지성교정론』은 스피노자가 학문의 구체적 실행과 별도로 방법에 대한 메타적 논의를 시도했다가 결국 포기한 기획인 셈이다. 그렇다면 '방법'에 대한 메타적 논의가 이 시기에 왜 특별히 부상했는지 간략히 짚어둘 필요가 있을 것이다.

## 3. 17세기 철학과 '방법'

'방법'에 대한 논의는 17세기의 특징적인 현상이다. 그 이유로는 크

---

5 대표적으로 Martial Gueroult(1968, 1972) 전체를 참조할 수 있고, 더 특수하게는 Edwin Curley(1988), Piet Steenbakkers(1994), chapter 5, pp. 139~80, Aaron V. Garrett(2003)을 참조할 수 있다.
6 이에 대한 국내의 논의로는 박기순(2006)과 조현진(2013)의 '히스토리아' 개념 연구를 참조할 수 있다.

게 두 가지를 들 수 있다. 새로운 학문 모델의 등장, 그리고 이에 병행하여 주체가 진리와 맺는 관계의 변화이다.

우선 방법은 전통 논리학을 대체하기 위한 것이었다. 본래 아리스토텔레스(Aristoteles)의 논리학 전체(주어와 술어의 종류를 다루는『범주론』, 명제와 판단을 다루는『명제론』, 통념에서 출발하는 변증적 추론을 다루는『변증론』, 추론을 다루는『분석론』, 오류를 다루는『소피스트적 논박』)는 학문의 일부가 아니라 학문을 하기 위한 '도구'라는 뜻에서 '오르가논'(organon)이라 불렸다. 방법 논의의 주창자인 베이컨이 자신의 저작을 '새로운 도구'(novum organum)라 불렀던 데서 알 수 있듯이, 방법은 학문의 도구 역할을 했던 전통 논리학을 대체하고자 했다. 베이컨은 오늘날 합리론에 대비되는 경험론의 창시자로 알려져 있지만, 그의 영향은 경험론과 합리론의 대립을 넘는 것이다. 홉스가 한때 베이컨의 비서로 지내면서 적지 않게 그의 영향을 받았다는 것은 주지의 사실이다. 실로 베이컨은 데카르트가 지배적인 지적 배경이 되기 이전, 네덜란드에서 새로운 철학의 대명사이자 철학하는 자유의 상징이었다. 이는 크리스티안 하위헌스(Christiaan Huygens)와 이사크 베크만(Isaac Beeckman), 나아가 데카르트가 베이컨에 보인 매우 호의적이고 경탄에 가까운 태도로 드러난다. 그래서 이 시기의 방법에 대한 논의를 알기 위해서는 베이컨으로 대표되는 경험론 대(對) 데카르트로 대표되는 합리론의 대립 이전에 두 진영을 관통하는 공통성을 염두에 두어야 한다.

두 진영의 공통성으로는 첫째, 학문의 목적을 삶의 진보에 둔다는 점을 들 수 있다. 방법은 논쟁(disputatio)에서의 승리를 위한 도구나 주어진 지식의 타당성을 따지는 도구가 아니라 스스로가 지식을 발견하도록 훈련하기 위한 것이고, 지식의 발견은 자연을 잘 통제해 삶의 편익을 증진하기 위한 것이다. 둘째, 학문의 부분적 개혁이 아니라 총체적인 재구축을 겨냥했고 이는 새로운 인식론을 요구했다. 특히 새로운 철학자들이 공히 비판하는 전통의 권위란 감각의 권위이기도 했다. 합리론자는

물론이고 경험론자 역시 감각, 곧 날 것의 경험에 대한 불신과 더불어 새로운 학문을 시작한다.[7]

방법 논의가 이 시기에 특징적인 현상으로 나타나는 두 번째 이유는 인식 주체가 진리와 맺는 관계의 변화 때문이다. 미셸 푸코(Michel Foucault)는 아마도 이 점을 처음으로 뚜렷하게 주목한 자일 것이다. 『주체의 해석학』에서 그는 데카르트의 『제1철학에 관한 성찰』(이하 '성찰')을 주체가 진리와 맺는 관계에 근본적 변형이 일어나고 있음을 보여주는 대표적 텍스트로 해석한 바 있다. 제목의 '성찰'(meditationes)이라는 말이 시사하듯이, 이 텍스트는 자기 자신의 변형 없이는 진리에 이르지 못한다는 금욕적 전통을 이어받는다. "[영성의 전통에서] 진리에 도달할 권리를 갖기 위해서는 주체가 자기 자신을 변화시키고 변형하고 이동하고 어느 정도와 한도까지는 현재의 자기 자신과는 다르게 될 필요가 있다는 점을 전제합니다. …… 주체의 개심인 변형 없이는 진리가 존재할 수 없습니다."[8] 확실한 진리를 찾아가는 『성찰』의 주체는 고도의 의지 능력을 가진 도덕적 주체이기도 하다. 가령, 체계적이고 과장된 의심을 수행하는 과정에서 화자는 자연적 믿음으로 돌아가려는 관성에 맞서 싸워야 한다. 관성으로 되돌아가려는 이 자연적 성향을 「제1성찰」의 마지막 대목은 차라리 꿈속의 자유로 되돌아가고 싶어하는 죄

---

7 물론 베이컨의 방법과 데카르트의 방법은 본성에서나 지위에서나 같지 않다. 방법의 본성과 지위는 지성을 어떻게 보느냐에 따라 달라진다. 베이컨에게서 지성은 성급하게 일반화하고 추상화하려는 경향이 있으며, 방법은 이를 바로잡기 위한 보조물로서 지성에 외적인 것이다. 반면에 데카르트에게서 참된 관념은 지성에 본유적이며, 방법이 존재할 수 있는 것도 이 때문이다. 스피노자의 『지성교정론』은 베이컨과 데카르트의 방법 둘 다를 지적 배경으로 삼아 비판적으로 흡수한다. 차후 상술하겠지만, 이 점은 논고가 지닌 애매성의 원천이기도 하다. 가령, 한편으로 그는 베이컨처럼 병의 치유라는 비유를 사용하여 지성을 정화하거나 교정해야 할 대상인 것처럼 말하면서도, 다른 한편으로는 데카르트처럼 참된 관념이 지성에 본유적이라고 보기도 한다.

8 「1982년 1월 6일 강의」, 미셸 푸코(2007), 59쪽.

수에 빗대어 표현하고 있다. 그러나 또한 『성찰』은 이와 같은 금욕적 훈련을 통한 진리 인식의 전통과 단절하는 텍스트이기도 하다. 이성 앞에 자명한 진리가 놓여 있어 인식 주체의 윤리적 변형 없이도 인간이면 누구나 권리상 진리를 발견할 수 있다는 것이야말로 『성찰』이 수행하는 형이상학적 작업의 결실이다.

이렇게 볼 때 방법에 대한 논의는 주체가 진리와 맺는 관계의 전환기에 특징적으로 나타난 현상이다. 한편으로 방법은 여전히 정신의 **훈련**에 관한 것이다. 가령, 자연적 믿음에 대해 판단을 중지하고 직관과 연역을 통해 명료하게 인식한 것에만 동의함은 물론, 연습을 통해 연역의 길이를 단축하여 직관에 가깝게 만드는 것 등이 그것이다. 그러나 금욕적 전통에 비해 윤리적 함의는 옅어지고 그 대신에 정신의 인식 능력들에 대한 **정당화**의 성격을 더 많이 띠게 된다. 가령, 무신론자는 '학문'(scientia)을 할 수 없다는 데카르트의 선언은 단지 신학자들의 비위를 맞추기 위한 수사만은 아니다. 진실한 신의 존재에 대한 증명은 이 능력들의 권리에 대한 증명에 다름 아니었기 때문이다.

이 맥락에 비추어보면, 스피노자의 『지성교정론』은 인식자가 자기 자신의 변형과 자기 삶의 변형 없이는 진리에 이르지 못한다는 금욕적 전통의 끝자락에 속하는 글로 볼 수 있다.[9] 가령, 『방법서설』이나 『성찰』의 화자(話者)가 기존의 **인식**에 대한 회의(懷疑)에서 출발하여 **확실한 진리**를 찾아 나서는 것과 달리, 『지성교정론』의 화자는 삶에서 지금까지 누리던 통상의 **선(善)**에 대한 회의에서 출발하여 **확실한 선**을 찾아 나서고, 여기서 인식의 진리는 최고선에 이바지하는 한에서 의미가 있는 것으로 설정된다. 그리고 확실한 선의 추구는 삶의 총체적 짜임 — 스

---

9 푸코는 스피노자의 『지성교정론』 서두에 제시되는 주체 존재 변화의 문제에 대해 다음과 같이 말한다. "이것은 분명히 영성의 문제이고 17세기에 오성 개혁[지성교정] 테마는 인식철학과 자기 자신의 주체의 존재를 변형하는 작업 간의 밀접한 관계의 특성을 이루고 있습니다"(「1982년 1월 6일 강의」 후반부: 미셸 푸코[2007], 66쪽).

피노자는 이것을 흔히 '제도'나 '창설'을 의미하는 'institutum'이라는 단어로 지칭한다 ── 에 대한 대대적 개혁을 요구한다. 새로운 길 앞에서 화자가 보여주는 불안과 망설임은 요구되는 개혁의 폭과 깊이의 함수이다. 지성을 치유하거나 교정한다는 발상, 즉 스피노자의 사상에는 합치하지 않은 듯한 이 발상 역시 이런 금욕적 전통의 흔적으로 볼 수 있다.

이렇게 볼 때 『지성교정론』은 당대의 중요한 철학적 토픽이 결집되고 새로운 철학이 벼려지는 작업 현장이다. 그러므로 형성 중인 사상의 미결정성과 오랜 작업의 층위를 감안하여 논고를 이해할 필요가 있다. 다음 제II장에서는 이를 고려한 전체 해제를 제시할 것이다. 그런 뒤에 제III장에서는 연구사에서 크게 쟁점이 되어온 사항들을 소개하고 그 가운데 이 번역이 어떤 해석상의 선택을 바탕으로 이뤄졌는지를 밝혀 두기로 한다.


## II. 내용 해제

### 전체 구도

1. 프롤로그: 진리를 찾아 나서게 된 경위와 방법의 목표(§§1~17)

(1) §§1~11: 결단
  • §1: 프롤로그 전체 내용의 요약
  • §§2~11: 결단에 이른 과정(§1의 상술)
(2) §§12~16: 참된 선과 최고선
(3) §17: 잠정 도덕

2. 방법에 대한 정의(§§ 18~49)


(1) 완전성에 이르는 수단으로서의 최적의 지각(§§ 18~29)
  • §18: 지성의 교정을 위해 요구되는 순서
  • §§ 19~24: 지금까지 경험한 모든 지각 방식을 네 가지로 회집
  • §25: 우리 목적에 이르는 수단
  • §26~29: 네 가지 지각 방식 평가와 네 번째 지각 방식 선별


(2) 방법에 대한 정의 및 제기되는 문제 해명(§§ 30~49)
  • §§ 30~32: 시작과 관련된 무한퇴행의 문제
  • §§ 33~36: 참된 관념의 확실성 문제
  • §§ 37~42: 반성적 인식(관념에 대한 관념)으로서의 방법과 가장 완
    전한 방법
  • §§ 43~48: 방법에 대한 정의와 가능한 반론에 대한 반박
  • §49: 지금까지의 논의 정리와 앞으로의 내용



3. 방법의 내용(§§ 50~110)


1) 방법의 첫 번째 부분: 참된 관념을 나머지 지각과 구별하고 정신을
여타의 지각들로부터 억제하는 것(§§ 50~51)


(1) 허구적 관념(§§ 52~65)
  • §§ 52~57: 실존에 대한 허구적 관념
  • §58: 본질에 대한 허구적 관념
  • §§ 59~61: 허구에 대한 오해
  • §§ 62~65: 허구를 두려워할 필요가 없는 이유

- §§ 94~98: 올바른 정의의 조건
  - § 95: 내밀한 본질 설명(원의 사례)
  - § 96: 창조된 사물에 대한 정의
  - § 97: 창조되지 않은 것에 대한 정의
  - § 98: 개별적인 긍정적 본질로부터 결론 도출

(2) §§ 99~103: 관념들이 질서 있게 정돈되도록 하기 위해 따라야 할 규칙
- § 99: 표상적 본질에 있어서 모든 관념의 원인이 되는 존재자에 도달할 것
- §§ 100~01: 부동의 영원한 사물들의 계열로부터 도출
- §§ 102~03: 난점과 보조물(관찰과 실험)

(3) §§ 104~10: 영원한 사물들의 인식에 도달하기 위해 필요한 것
- § 104: 영원한 사물들의 인식에 도달하기 위해 상기해야 할 것
- §§ 105~07: 지성 및 지성의 특성과 힘에 대한 인식의 필요성과 난점
- § 108: 지성의 특성
- § 109: 지각 외의 다른 사유 양태를 다루지 않는 이유
- § 110: 사유의 본질은 사유의 적극적인 특성으로부터 구해져야 함

## 1. 프롤로그: 진리를 찾아 나서게 된 경위와 방법의 목표(§§ 1~17)[10]

프롤로그는 정욕과 부, 명예 등의 통상적 선을 추구하던 '나'가 이 선의 불확실성을 자각하고 참된 선을 찾아 나서고자 결단을 내리까지의 이야기이다. 단락 전체가 단 한 문장으로 되어 있는 § 1은 의심에서 결단에 이르기까지 프롤로그 전체의 내용을 단숨에 전달한다. 그런 후 §§ 2~11에서 그 과정의 세부 내용을 하나하나 되짚어 이야기한다. 실

상 프롤로그는 '이야기'이다. 『기하학적 순서로 증명된 윤리학』 저자의 작품으로 인지하기 어려울 만큼 스타일이 다르다. 성숙기 스피노자는 증명이야말로 '정신의 눈'이라고 보고 나의 발견적 체험 대신에 기하학적 연역을 제시했다. 또한 자유의지를 부정하고 인간 정신도 신체나 물체처럼 필연적 법칙에 따름을 강조했다. 반면에 이 프롤로그에는 '나'라는 주체가 등장한다. 이 주체는 의심하고 내적 갈등에 휩싸이며 의심의 끝에 결단을 내리기도 한다. 이는 스피노자가 아직 데카르트의 영향 아래 머무르고 있다는 증거일까? 아마 그럴 것이다. 그러나 다른 전통 역시 합류하고 있으며 그가 이 모두를 어떻게 변형하는지 역시 보아야 한다.

우선 1인칭 화자(話者)의 성격이다. 데카르트는 1인칭 화자를 동원한 분석적 방법이 독자로 하여금 이미 증명된 것을 "마치 자신이 발견한 것처럼 완전하게 인식하게 되고 자기 것으로 할 수 있다"[11]라는 장점이 있다고 했다. 이 논고의 프롤로그 역시 독자를 발견의 체험에 끌어들이고 있다. 이 체험의 강도는 독자가 '나'를 동일시할 수 있는 정도, 그리고 제기되는 문제의 강도에 달려 있을 것이다. 프롤로그의 '나'는 누구일까? 그것은 이미 상당 정도 삶의 우여곡절을 겪은 젊은 시절의 스피노자일 수 있다. 그러나 데카르트의 『방법서설』이나 『성찰』의 '나'처럼 혹은 그 이상으로 이 1인칭 화자는 보편적이다. 데카르트의 '나'의 체험은 이성의 체험으로 누구에게든 개방은 되어 있지만, 실질적으로는 새로운 학문의 수립자에 한정된다. 그것은 이전의 배움에 대한 환멸에서 출발한다. 반면에 여기서의 '나'는 이전의 삶 전반에 대한 환멸과 이전

---

10  이 프롤로그에 대한 연구로는 총 600쪽가량의 저서 안에서 오직 이 부분에만 200여 쪽을 할애하여 텍스트의 역사에서부터 어조, 상황, 문화, 체계상의 지위, 철학적 쟁점에 이르기까지 논의 가능한 거의 모든 것을 분석한 P.-F. Moreau(1994, pp. 1~224)가 압도적이다. 옮긴이 역시 이 프롤로그 분석에서는 그의 논의를 많이 참조했다.

11  데카르트(2012), 104쪽(「성찰에 대한 두 번째 반박에 대한 답변」, AT VII, 155).

의 삶이 가져다주리라 약속했던 선(善)에 대한 실망에서 출발한다. 이는 진리에 전념하기로 한 철학자만이 아니라 삶의 여정에서 누구나 한번쯤 겪었거나 겪을 수 있는 회의이다.

다음으로 주체의 결단을 촉구하는 문제의 심각성과 결단의 성격이다. 결단을 위한 화두는 '확실성'이라는 데카르트적 주제이다. 데카르트의 '나'는 인식한 진리의 확실성을 위해 단지 자연적으로 의심스러워 보이는 것이 아니라 의심할 근거가 조금이라도 있는 것 모두에 대해 '일생에 한 번' 의지를 통해 인위적으로 판단을 중지한다. 반면에 여기서 문제가 되는 것은 진리의 확실성이 아니라 선(좋음)의 확실성이다. 화자는 정욕과 부, 명예 같은 통상적 선을 추구하면서 늘 슬픔을 맛보았고 그래서 항상적 기쁨을 안겨다줄 참된 선을 찾고자 한다. 그리고 이는 과거의 삶과 단절하려는 화자의 결단을 요구한다. 이 점 때문에 프롤로그는 스토아적 회심[12]이나 종교적 개종의 체험담과도 비슷해 보인다. 그러나 여기서 1인칭 화자가 내리는 결단은 인식의 주체나 종교적 개종의 주체가 과거의 삶과 단절하면서 내리는 결단과는 다르다. 여기서의 결단은 성찰에 이르게 되는 과정과 성찰이 진행되는 **과정에 내재적**이기 때문이다. 면밀한 손익 계산과 결과의 불확실성에서 생기는 내적 갈등, 알면서도 실행하지 못하는 머뭇거림이 성찰의 살을 이루며, 다시 이 머뭇거림에 동반되는 성찰이야말로 결단을 낳는 산파이다.

참된 선의 추구라는 기획은 처음에는 부조리하게 보인다. "불확실한 것을 위해 확실한 것을 잃기를" 원하는 듯이 보이기 때문이다(§2). 그래

---

12  알렉상드르 쿠아레(Alexandre Koyré)는 이와 같은 논리학 논고가 이처럼 도덕적 권유로 시작하는 것은 매우 드문 일이지만, 이 도입 자체는 『방법서설』에서와 같은 자전적 이야기가 아니라 '참된 선'이나 '세속에 대한 경시' 같은 스토아적 주제를 잡아 지극히 고전적인 방식으로 전개되고 있다고 본다. B. Spinoza(1994), avant-propos, p. XIX; p. 97, note 1. 프롤로그를 비롯해 이 논고 전체에서 나타나는 스토아적 표현과 주제에 대한 연구, 특히 세네카의 「루킬리우스에게 보내는 편지」와의 비교 연구로는 Proietti Omero(1988)를 참조할 수 있다.

서 화자는 확실한 선을 포기하지 않고도 참된 선에 이르는 것이 가능한지 모색해본다(§3). 그러나 이내 타협이 불가능함을 깨닫고 갈등은 첨예화된다. 그러나 그런 와중에 화자는 불확실성의 성격에 대해 다시 생각해보게 된다(§6). 그 결과 본성상 불확실한 선과 획득하는 데 있어서 불확실한 선을 구별하게 된다. 정욕과 부, 명예 같은 통상적 선의 좋음은 본성상 불확실하다. 이것들을 향유할 때 누리는 기쁨은 이내 슬픔으로 전복되거나 슬픔을 수반한다. 이것이 회의에 빠지게 된 이유이기도 하다. 반면에 참된 선의 좋음은 본성상 확실하되 다만 획득이 불확실할 뿐이다. 나아가 본성상 불확실한 선에 탐닉하는 것은 존재 보존에 치명적이며, 바로 이 때문에 화자는 참된 선의 획득이 설령 불확실하더라도 불가피하게 그것을 찾아 나설 수밖에 없다(§7). 치명적인 병에 걸린 자가 아무리 찾기 힘들더라도 약을 찾으러 나설 수밖에 없듯이 말이다.

물론 이 사실을 깨닫고 난 후에도 화자가 곧바로 결단에 이르는 것은 아니다. 이후 『윤리학』에서 인용할 오비디우스의 유명한 문구인 "더 좋은 것을 보고 동의하면서도 더 나쁜 것을 따르네"라는 말처럼, 그리고 오직 무지가 문제이지 "알면 행한다"는 소크라테스적 전통과 반대로, 참된 선에 대한 앎이 반드시 실행으로 옮겨지는 것은 아니다. 다만 이런 사유의 틈새가 생겨나고("이런 생각들 쪽으로 향하는 동안 정신은 저것들에서 멀어지고" §11) 차츰차츰 늘어가면서 저울대의 기울기는 실질적으로 변화하게 된다("저 막간들은 더 빈번해지고 길어졌다." §11).

그 결과 앞서 환멸의 대상이었던 정욕, 부, 명예 등의 통상적 선 역시 그저 '거짓된 선'이나 '헛된 선'으로 버려지는 것이 아니라 새로운 삶의 기획 안에 자리를 부여받게 된다. 그것들 모두 '잠정 도덕' 안에서 새롭게, 즉 수단으로 향유할 만한 선으로 자리매김된다. (i) 우중의 사고방식에 맞추어 말하고, (ii) 건강을 족히 유지할 수 있는 한에서 쾌락을 누리고, (iii) 생명과 건강을 지키고 심지어 공동체 관습을 족히 따를 수 있는 한에서 부를 추구하기라는 잠정 도덕의 내용(§17)은 각각 (i) 한도 내에서 명예를 추구하기, (ii) 한도 내에서 쾌락을 추구하기, (iii) 한도 내에서 부를 추구하기로 번역할 수 있다. 결국 프롤로그의 내용은 스토아적 주제나 개종 이야기의 스타일을 이어받으면서도 세속에서 세인들과 함께 영위하는 삶을 긍정하는 방향으로 귀결되는 것이다. 그리고 이 점에서 만은 각 인식 능력의 한계를 명확히 함으로써 의심의 대상이 되었던 지각들에 다시금 정당성을 부여하기에 이르는 데카르트의 행보와 형식상 동일하다고 볼 수 있다.

이렇게 보면 스피노자는 좁게는 데카르트의 독자에게 익숙한 인식 주체의 진리 발견의 체험담이나, 넓게는 종교적·정치적 전환기에 있던 일반인에게 익숙한 개종의 체험담처럼 당대 독자들에게 익숙한 특정 쓰기 장르를 자기 의도에 맞게 활용하여 독자들의 감응을 끌어낸다고 볼 수 있다.

그렇다면 화자가 반드시 찾아야 할 참된 선이란 어떤 것인가? '참된 선'에 대한 논의는 '최고선'에 대한 논의를 수반한다(§§ 12~17). 최고선이란 정의상 다른 선의 수단이 되지 않고 그 자체가 목적인 선이고, 참된 선은 이 최고선의 수단이 되는 모든 것이기 때문이다. 그러면 최고선이란 무엇인가? 그것은 각자가 생각하는 강력한 인간 본성에 도달하는 것, 그것도 가능한 한 많은 이들과 함께 도달하는 것이다. 그리고 여기에 이르기 위한 수단으로 스피노자는 자연에 대한 이해, 바람직한 사회의 수립, 도덕철학, 교육, 의학, 기술, 그리고 이에 앞서 지성의 정화와 더불어 최고선에 이르기까지 임시적으로 거쳐할 도덕(§ 17)을 나열한다. 최고선의 수단이 되는 모든 것을 참된 선으로 정의했으므로, 바로이것들이 참된 선인 셈이다.

최고 목적을 설정하고 그 아래 학문들의 전 체계를 나열하는 것, 그리고 전 체계의 완성에 이르기 전까지 따라야 힐 잠정 도닉의 규식을 설성하는 것은 데카르트적인 요소이다. 데카르트에게서 이 모든 체계의 토대는 바로 방법의 통일성이다. 그러나 스피노자는 학문을 통일된 체계로 제시할 야망을 내보이지 않고 단지 편의적인 나열에 만족한다. 또한 데카르트에게서 학문들이 지향하는 최고 정점이 '지혜'인 것과 달리, 스피노자에게서 그것은 '강력한 인간 본성'이다. 이 점은 진리를 찾아 나서는 동기가 기존의 학문에 대한 회의라기보다 통상적 삶에 대한 회의였다는 점, 그리고 그 내용은 정욕, 부, 명예 등 앞서 말한 통상적 선의 재전유로 이루어져 있다는 점과 무관하지 않다. 아울러 스피노자는 각 개인이 최고선에 도달하는 데 타인과의 관계가 막대한 비중을 갖는다는 점을 끊임없이 환기하는데 이 역시 데카르트와의 차이점이다.

강력한 인간 본성의 획득을 최고선으로 보는 것은 스토아학파(현자의 상)를 연상시킨다. 그러나 근대 철학의 맥락에서는 홉스의 입장과 비교할 만하다. 홉스 역시 인간이 모두 힘, 곧 권력을 추구한다고 본다. 그러나 홉스는 최고선의 존재를 부정한다. 인생은 계속해서 내달려야 하는 경주이고 최고선에 이르렀을 때의 안식처럼 달리기를 멈추는 휴식의 순간은 다름 아닌 죽음의 순간이다. 최고선이 다른 선들의 위계와 가치를 결정하는 고정점의 역할을 하므로, 최고선의 부정은 도덕 상대주의로 이어진다. 그러므로 홉스 철학에서는 윤리적 차원 바깥의 **정치적** 심급이 선악을 고정하는 역할을 맡아야 한다. 이처럼 최고선은 존재하지 않지만, 반면에 최고악은 존재한다. 죽음, 그것도 천수(天壽)를 다하지 못한 폭력적 죽음이다. 그리고 이 죽음에 대한 공포가 정치적 심급을 가능하게 하는 일종의 도덕적 토대가 된다. 이 공포를 동기로 사람들은 사회계약을 맺고 복종할 의무를 따르게 되는 것이다. 스피노자도 각 개인이 힘을 추구한다고 보며 또한 홉스의 도덕적 상대주의 역시 공유한다. "선과 악은 오직 상대적으로만 말해"지며 "그래서 같은 것도 상이한 측면에 따라 좋다고도 나쁘다고도 말해질 수 있다"(§12). 그러나 홉스와 달리, 스피노자는 각자가 생각하는 바의 "자기 것보다 훨씬 강력한 어떤 인간 본성"(§13)을 최고선의 반열에 놓는다. 더 정확히 말해 최고선이란 "그런 본성을 될 수 있는 한 다른 개인들과 더불어 향유하는 데 이르는 것"이다. 이는 프롤로그의 제일 서두에서 화자가 통상의 삶에서 일어나는 일들의 헛되고 부질없음에 대비하여 추구하던 '전달 가능한'(communicabile) 선이라는 발상과 통하는 것이기도 하다. 이처럼 최고선이 있다고 보는 점에서 스피노자는 정치로 환원되지 않는(그러나 인간 상호 관계와는 분리 불가능한)[13] **윤리적 차원**이 있음을 받아들이며, 이 점에서 홉스보다는 고전적인 입장에 있다.

그렇다고 해서 스피노자가 도덕적 상대주의에서 벗어나는지는 분명치 않다. 이 점은 이 논고만이 아니라 『윤리학』에도 해당된다. 거기서도 그는 각자가 스스로에게 제안하는 '인간 본성의 모델'을 기준으로 놓고 여기에 도달하는 데 도움이 되거나 방해가 된다고 우리가 '확실하게' 아는 것을 '선'이나 '악'으로 정의한다(『윤리학』 제4부 서문과 정의 1, 2). 그러나 이 선과 악이 얼마나 공통되거나 보편적일 수 있는지, 그리고 이 '확실성'이 어떻게 주어질 수 있는지는 답하기 어렵다. 왜냐하면 선악의 확실성은 (i) "덕을 따르는 인간" 혹은 "이성의 인도 아래 살아가는 한에서의 인간"이라는 가정을 통해 확보되거나(『윤리학』 제4부 정리 37), (ii) 각 개체나 정치체의 역량 강화나 보존에 이바지하는 것을 기준으로 마련되는데(『윤리학』 제4부 정리 38~40), (i)은 현실적 인간과는 거리가 멀고, (ii)는 보편성에 이르지는 못하기 때문이다. 이에 더해, 선악 관념이 부적합한 관념이며(같은 곳, 정리 64), 인간이 나면서부터 자유로웠다면 선악의 관념을 갖지 않았으리라는(같은 곳, 정리 68) 형이상학적 무-도덕주의까지 고려하면 스피노자의 궁극적 입장이 무엇일지 결론을 내리기는 쉽지 않다.

---

13 이에 대한 최종 입장은 스피노자, 『윤리학』 제4부 정리 37과 주석 2에서 찾아볼 수 있다.

## 2. 완전성에 이를 수단으로서의 방법(§§ 18~49)

### 1) 우리의 완전성에 도달하도록 도와줄 최적의 지각 선별(§§ 18~29)

목표를 설정하고 난 다음, 그 수단으로 우리가 지향하는 완전성에 도달하도록 도와줄 최적의 지각 방식이 무엇인지에 대한 논의로 넘어간다. **윤리학적** 문제 설정에서 **인식론적** 문제 설정으로, **삶의 목적**에 대한 논의에서 **인식의 방법**에 대한 논의로 넘어가는 것이다. 목적에 대한 지금까지의 논의에 전통 윤리나 종교적 토포스가 새로운 철학에 비해 상대적으로 더 큰 영향을 끼쳤다면, 방법에 대한 여기서부터의 논의에는 베이컨과 데카르트로 대표되는 새로운 철학의 영향이 더 크게 나타날 것이다. 그러나 여기 제시된 스피노자의 방법관은 선행 철학자들의 영향권 아래 있던 스피노자의 미성숙기 사상이라기보다는 거의 생애 말기까지 유지되었던 스피노자 자신의 사상으로 보는 것도 가능하다. 1666년 6월에 스피노자가 요하네스 바우메이스터르(Johannes Bouwmeester)에게 보낸 편지(「편지 37」)에는 방법에 대한 스피노자의 생각 전체가 잘 요약되어 있는데, 이는 이 논고에 제시된 내용과 다르지 않다. 관련 부분을 인용해보자.

> 우리가 형성하는 명석판명한 지각들은 오직 우리 본성과 이 본성의 일정한 부동의 법칙들에, 그러니까 단적으로 우리 자신의 역량에 의존할 뿐 결코 운에 의존하지 않습니다. 달리 말해, 역시나 일정한 부동의 법칙들을 따라 활동하지만 우리에게 알려져 있지 않고 우리 본성 및 우리 역량에 낯선 원인들에 의존하지 않습니다. 여타의 지각들의 경우 그것들은 극히 운에 의존한다고 봐야겠지요.

> 이로써 진정한 방법이 무엇일 수밖에 없는지, 그리고 방법의 골자가 무엇인지가 명료하게 드러납니다. 그것은 오직 순수 지성과 그것의 본성, 그리고 그것의 법칙들에 대한 인식일 뿐입니다. 이 인식을 획득하려면 무엇보다도 상상과 지성을 구별할 필요가 있습니다. 달리 말해, 참된

관념들을 다른 관념, 즉 허구 관념, 거짓 관념, 의심스러운 관념, 그리고 단적으로 말해 오직 기억에만 의존하는 모든 관념들과 구별할 필요가 있는 것이죠. 이를 적어도 방법이 요구하는 정도로 이해하려면 정신의 본성을 그 제1원인을 통해 인식할 필요는 없고, 다만 정신이나 관념들에 대해 베이컨이 가르치는 것과 같은 자연사를 마련해보는 것으로 충분합니다(스피노자(2018), 238~39쪽, 한글 번역은 수정: G IV, 187~89).

주목할 것은 우선 방법의 취지이다. 요행에 의존하는 '경험'과 우연을 통제하는 '테크네'(technē)의 대비는 플라톤(Platon)에서부터 전해 내려오는 것이다. 이 대비는 새로운 진리의 발견이 중요해진 시대 맥락을 배경으로 새로운 의미와 더불어 부각된다. 테크네는 진리의 발견에서 운이나 요행을 통제하여 반복 가능하고 누적적인 방식으로 인식의 성과들을 쌓아나가게 하는 진리 발견의 도구로서의 방법을 의미한다.

그렇다면 운을 피해 확실한 인식으로 나아갈 수 있는 방법의 토대는 어디에 있는가? 베이컨은 경험을 새로운 학문의 원천으로 강조하는 만큼이나 무작위적 경험의 위험성 역시 강조한다. 그는 지성 스스로가 성급한 추상화 등으로 오류를 저지르는 경향이 있다고 보고, 이를 통제하는 수단으로 귀납의 방법을 요청한다. 반면에 스피노자는 정신이 운에 의존하지 않을 수 있는 토대가 지성에 내재하는 법칙이라고 본다. 지성에 내재하는 법칙을 따르기만 하면 정신은 운에 의존하지 않고 확실한 인식으로 나아갈 수 있는 것이다. 이를 알기 위해 스피노자는 베이컨의 귀납을 인식 과정 자체에 적용하여 "지금까지 내가 무언가를 의심 없이 긍정하거나 부정하는 데 사용해왔던 모든 지각 방식을 여기서 개괄하여, 이 방식들 가운데 최적의 것을 선별하고 동시에 나의 힘과 내가 완전하게 하고자 욕망하는 나의 본성을 알아가기 시작"(§18)할 것을 제안한다.

이렇게 하여 네 가지 지각 방식이 나열된다(§19). (i) 소문이나 기호에 따른 지각, (ii) 무작위적 경험에 따른 지각, (iii) 추론적 지각, (iv) 본질이나 가까운 원인을 통한 직관적 지각. 그리고 이 가운데 네 번째 지각 방식이 우리 목표인 우리 자신의 본성과 사물의 개별적 본질을 이해하게 해주는 최적의 지각이라는 결론에 도달한다. 그런데 지각 양식을 이렇게 네 가지로 나눈 것은『소론』및『윤리학』에서 인식 종류를 세 가지로 나눈 것과 차이가 있다. 이것이『소론』보다『지성교정론』이 더 이른 시기에 집필되었다는 주장의 근거가 되기도 한다. 실상 지각의 분류에는 네 가지와 세 가지라는 숫자상의 차이 이상의 쟁점이 들어 있다.

『윤리학』과 달리, 이 논고에서 스피노자는 베이컨처럼 이성이나 지성의 추상성에 대해 끊임없이 경계한다. 이 점은 추론적 인식인 세 번째 지각 양식을 오류의 위험이 없다고 보면서도 우리의 완전성을 획득하는 수단에서는 제외하는 비일관적인 행보에 반영되어 있다. 이 점을 염두에 두고 논고에 열거된 네 가지 지각 양식을『윤리학』의 분류에 따라 다시 분류해보자. 앞의 두 지각 양식은 상상(1종의 인식), 세 번째는 이성(2종의 인식), 네 번째는 직관지(3종의 인식)에 해당한다. 크게 차이 나는 것은 한편으로 (ii)의 경험적 지각이 풍문에 의한 인식과 더불어 1종의 인식으로 강등된다는 것이다. 경험적 인식을 비롯한 자생적 인식은 참된 인식의 재료로서만 의미를 갖게 되는 것이다. 다른 한편으로 (iii)의 추론적 지각, 곧 이성은 1종의 인식과 확연히 분리되면서 3종의 인식과 더불어 필연적으로 참된 인식으로 승급된다.[14] 뒤에서 다시 보겠지만, 이런 변화의 배경에는 공통 개념의 발견이 놓여 있다.[15] 그러니까 스피노자는 이성을 신체들의 공통 특성에 대한 관념인 공통 개념으로 봄으로써 이성의 추상성이라는 문제를 극복하고 본질에 대한 직관만이 아

---

14 "1종의 인식은 거짓의 유일한 원인이며, 2종과 3종의 인식은 필연적으로 참이다"(제2부, 정리 41).
15 뒤의 235~36쪽을 참조하라.

니라 이성에까지 '적합한 인식'의 지위를 줄 수 있게 되는 것이다. 그러나 뒤에서 다시 보겠지만 공통 개념은『지성교정론』에서 추상적인 보편자와 대비되는 '물리적인 것들 혹은 실재적인 존재자들'(§99)이면서도, '부동의 영원한 사물들'로서 이미 모습을 나타내고 있다는 점 역시 유념해야 한다.

2) 관념에 대한 관념으로서의 방법(§§30~49)

최적의 지각 방식이 선별된 이후, 방법에 대한 본격적 논의가 시작된다. 우선 방법의 기획에 대한 반성적 논의가 이루어진다. 스피노자는 가상의 반박자의 입장에 서서 방법의 기획에 대해 문제를 제기하고 이에 답하는 과정에서 방법이 무엇인지를 규정한다. 이 가상의 반박과 답변은 그리 큰 이론적 관심을 끌어오지 않았지만, 방법의 지위를 명확히 하는 데 불가결하다.

반박은 스피노자의 선행자인 베이컨과 데카르트, 그리고 궁극에는 스피노자 자신의 방법 논의에 제기될 수 있는 반박이며, 다음 세 가지로 요약될 수 있다. 첫째, 올바른 방법을 마련하려면 그것을 마련할 제2의 올바른 방법이, 또 이를 발견할 제3의 올바른 방법 등이 필요하지 않은가라는 **무한퇴행의 문제**(§30) ─ 이는 방법과 인식을 상호 외적인 것으로 보는 베이컨에 대해 제기할 수 있는 물음이다. 스피노자는 이에 대해 방법이 인식에 내재적이라는 주장으로 답변한다(§31). 둘째, 그렇다면 방법의 출발점이 될 주어진 참된 관념의 참됨은 어떻게 보증하는가라는 문제가 제기된다(§43). 이는 **진리의 보증**이라는 데카르트적 물음인데, 이에 대해 스피노자는 진리의 자기-현시(auto-manifestation)라는 테제로 답변한다. 셋째, 그렇다면 진리는 스스로 참됨을 드러내는데 인식 과정과 별도로 방법이 굳이 있어야 하는가라는 **방법의 필요성** 문제가 제기된다. 이 문제는 두 선행자의 방법관에 비판적인 스피노자 자신에게 제기되는 물음이다. 이를 차례로 살펴보자.

(1) 방법의 발견에서 무한퇴행의 문제

무한퇴행의 문제는 우리 사유들이 지향할 목표(§§ 1~17)와 이를 도와 줄 최적의 지각(§§ 18~29)을 도출한 후, 본격적으로 방법 논의를 시작하면서 다루는 첫 번째 문제이다.

[인식되어야 할 것을 최적의 인식을 통해 인식하는 길과 방법을 다루기 위해] 첫 번째로 염두에 두어야 할 것은 여기서 무한퇴행하는 탐문은 없으리라는 것이다. 즉 참된 것을 탐구하는 최적의 방법을 발견하려면, 참된 것을 탐구하는 방법을 탐구하기 위한 다른 방법이 필요하고, 이 두 번째 방법을 탐구하려면 또 다른 세 번째 방법이 필요하고 등등 이렇게 무한하게 나아간다는 것인데, 그런 방식으로는 사실 아무도 참된 것의 인식에 이르지 못할 것이며, 도대체 어떤 인식에도 이르지 못할 것이기 때문이다(§ 30).

이 문제는 이미 무언가를 알고 있지 않으면 그것을 탐구할 방도도 알수 없고, 반면에 이미 알고 있으면 탐구할 필요가 없다는 플라톤의 '메논의 역설'을 떠오르게 한다. 그러나 스피노자가 여기서 이런 고전적인 문제를 염두에 두고 있는 것 같지는 않다. 정확히 그가 누구를 겨냥하고 있는지 짐작하기 어렵지만, 다만 무한퇴행이 베이컨과 같이 방법을 지성에 외재적인 것으로 볼 때 제기될 수 있는 문제임은 분명하다. 베이컨과 데카르트의 오류를 묻는 올덴부르크에게 스피노자는 베이컨의 지성관을 다음과 같이 정식화한다. 베이컨에 따르면, 인간 지성은 우주가 아니라 자기 본성을 척도로 해서 모든 것을 재단하며,[16] 성급하게 추상화하고 일시적인 것을 불변의 특성으로 취급하며,[17] 유동적이고,[18] 의지와

16  F. Bacon, 『신기관』(*Novum Organum*) 제1권 제41항에 해당.
17  같은 책, 제1권 제51항.

감정에 침투되어 있다.[19] 이 특성들은 베이컨의 네 우상 중 '종족의 우상'에 집중되어 있는데, 종족의 우상은 지성에 본유적이라는 점이 특징이다. 지성은 **본성상** 오류를 저지르기 쉽고 방법은 그래서 필요하다. 직선은 맨손이 아니라 자를 대고 그어야 하듯이, 지성의 학문 탐구는 방법에 의해 인도되어야 한다. 방법은 첫째, 상상에 물들지 않은 정제된 경험들을 지성이 공급받을 수 있도록 관찰과 실험의 사례를 수집하여 비교-대조하고, 둘째, 지성이 이 사례들을 다룰 수 있도록 자연사(historia naturalis)의 표를 수립하며, 셋째, 귀납을 사용하여 이로부터 지성이 공리를 도출할 수 있게 하고, 마지막으로 이 공리들로부터 새로운 실험을 연역하는 작업으로 이루어진다.

　이런 방법은 베이컨에 따르면 지성에 외적인 것이다. 기계적 작업에서 큰 성취가 외적 도구의 도움 없이 '맨손'으로 이루어지지 않듯이, 단지 정신의 맨 힘('nudae mentis vires')이나 지성 자체의 힘에 의존하는 데 만족하는 한, 참여하는 정신의 수를 늘리거나 '변증술로 지성의 신경을 강화'하고자 해본들, 지식에서의 큰 진보는 없다.[20] 그런데 도구나 기계(방법) 없이 맨손(지성)으로는 큰일을 성취할 수 없다면, 도구 자체는 무엇으로 만드는가? 이 도구를 제작하기 위해서는 또다시 다른 도구가 필요하고 이 도구를 위해서는 다시 다른 도구가 …… 등등이 아닌가? 베이컨 자신은 제기하지 않았지만, 방법을 지성에 외적인 것으로 보는 그의 입장은 궁극에 무한퇴행의 문제에 부딪힐 수 있다.

　앞서 인용한 『지성교정론』의 구절은 이 문제를 명시화하는 동시에 이에 대한 답변을 담고 있다.

---

18　같은 책, 제1권 제48항.
19　같은 책, 제1권 제49항.
20　F. Bacon(1960), p. 8.

[§30] 이런 사정[방법 발견의 무한퇴행]은 물질적 도구들의 경우와 마찬가지인데, 이에 대해서도 동일한 방식의 논증이 있을 수 있겠다. 그러니까 철을 주조하려면 망치가 필요하고, 망치를 가지려면 다른 망치가 만들어져야 하고, 그러려면 제3의 망치와 다른 도구들이 필요하며, 이것들을 가지려면 또 다른 도구들이 필요할 것이고, 이렇게 무한하게 나아갈 것이며, 이런 식으로 혹자는 인간에게 철을 주조할 능력이 없음을 증명하고자 헛되이도 노력할 것이다. [§31] 그러나 인간은 애초에 본유적 도구들을 가지고 비록 고되고 불완전하기는 하지만 아주 쉬운 무언가를 만들어낼 수 있었고 이것들을 완수한 후에는 다른 더 어려운 것을 덜 고되게 그리고 더 완전하게 완수했으며, 이렇게 점차적으로 아주 단순한 작업들로부터 도구로, 또 이 도구들로부터 다른 산물과 도구들로 계속 나아가 마침내 그토록 많고 그토록 어려운 것들을 별로 고되지 않게 완성해냈다. 이와 마찬가지로 지성 또한 자신의 타고난 힘으로 스스로 지성적 도구들을 만들고, 이것으로 다른 지적 산물들을 만들기 위한 다른 힘을 획득하며, 이 산물들로부터 더 나아간 탐구를 위한 또 다른 도구들이나 능력을 획득하고, 마침내 지혜의 정점에 도달할 때까지 이렇게 점차적으로 나아간다.

베이컨과 달리, 여기서 스피노자는 기계술과 지적 학문의 **동형성**을 부각하고, 그 근거를 **본유적 도구가 있다**는 사실에 둔다. 베이컨이 기계 같은 신체 바깥의 물질적 도구만을 염두에 두었던 것과 달리, 스피노자는 손놀림 같은 **신체 변용**을 물질적 도구로 봄으로써, 마찬가지로 지성이 산출한 **관념** 자체를 **지적 도구**(곧 방법)로 간주함으로써 무한퇴행을 차단한다("더 멀리 나아가기 위해 또 다른 도구들을 만들어내는 데 유일하게 요구되는 저 본유적 도구들" §32).

이어지는 스피노자 방법관의 핵심은 다음 세 가지로 간추릴 수 있다. (i) 우리에게는 본유적인 도구(곧 방법)로서 참된 관념이 있다. (ii) 그렇다고 해서 방법이 인식 과정 자체는 아니다. 방법은 반성적 인식(관념에 대한 관념)인데, 우리는 주어진 참된 관념에 대한 반성을 통해 참된 관념의 변별적 특성을 자각하고 이것을 규준으로 삼아 정신에 규칙들을 제공하고 순서를 수립할 수 있다. 이에 덧붙여, (iii) 방법은 가장 완전한 존재자의 관념에 도달할 때 가장 완전해진다(§§ 33~42).

### (2) 본유적 도구에 대한 확신과 결과의 무한진행

본유적 도구에 관한 위의 논의는 데카르트의 본유 관념 이론과 흡사하다. 이에 따르면 신에 대한 관념이나 사유와 연장의 관념, 그 외 수학적 관념 및 공통 개념들은 경험에서 온 것이 아니라 인간에게 본래부터 주어진 참된 관념이다. 여기서 곧장 생겨나는 의문은 이처럼 본유적이며 우리에게 명석판명한 관념이 또한 참되다고, 다시 말해 대상과 일치한다고 어떻게 확신하느냐이다.

데카르트가 이 물음에 어떻게 답했는지부터 간략히 정리해보자. 앞에서 추린 스피노자 방법관의 핵심은 사실 데카르트가 이미 말한 것이기도 하다. 우선 『규칙』에서 데카르트는 다음과 같이 말한다. "만일 우리 지성이 이 작용들[직관과 연역]을 이미 수행할 능력이 없었다면, 지성은 아무리 쉬운 규칙이라 하더라도 방법의 그 어떤 규칙도 이해할 수 없었을 것이다"(『규칙』, 데카르트(1997), 31쪽[한글 번역은 수정]: AT X, 372). 곧 본유적 도구가 이미 있기 때문에 방법도 있다. 다음으로, 『성찰』에서 데카르트는 (i) 주어진 참된 관념으로서 코기토(혹은 『규칙』의 경우 '단순 본성들')를 발견한 후, (ii) 코기토의 발견 과정으로부터 진리 규칙을 도출하여 다른 관념들에 확대하고자 한다. (iii) 그러나 확장하기 전에 화자는 자신의 기원에 대한 물음을 제기한다. 의심할 수 없이 명석판명한 것에서조차 내가 기만당할 가능성은 배제할 수 없다. 그런데 창조자가 완전할수록 그의 작품도 완전하므로, 가장 완전한 존재인 신이 존재한다면, 신의 피조물인 우리가 적어도 체계적으로 오류에 빠질 리는 없다.

그러므로 데카르트에게서도 역시 인식의 실행이 먼저 있고[(i)], 이로부터 방법의 규칙이 발견되지만[(ii)], 형이상학적 작업을 수행한 다음에야[(iii)], 최초의 인식도, 방법도 온전한 정당성을 확보하게 된다. 이 점은 『규칙』에, 특히 앞서 스피노자가 이용한 것과 같은, 방법과 물질적 도구 사이의 유비(규칙 8)에 잘 제시되어 있다.[21]

개별적인 것을 인식하기 전에 먼저 인간 이성이 인식할 수 있는 것이 어떤 것인지를 일생에 한번은 진지하게 고찰해야 한다. …… 이 방법은 다른 것의 도움을 전혀 필요로 하지 않으며 오히려 자기 도구를 만들어내는 방식을 가르쳐주는 기계학적 기예들에서 나온 방법들과 유사하다. 그래서 어떤 사람이 이 기예들 중의 한 기예, 예컨대 대장장이 기술을 보이려고 하는데 아무런 도구가 없다면, [a] 그는 처음에는[initio] 단단한 돌이나 거친 쇳덩이를 모루로 사용하고, 망치 대신 돌 조각을 잡고, 나무 조각을 집게로 쓰고, 나머지 필요한 것을 모을 것이다. [b] 그러나 이런 것들을 모두 마련했다고 하더라도, 그는 곧장 다른 사람들이 사용하게 될 칼이나 투구 및 다른 철제품을 만들어내려고 하지는 않을 것이다. 무엇보다도 먼저 그는 자신에게 유용한 망치, 모루, 집게 및 다른 도구를 만들 것이다(데카르트(1997a), 59~60쪽, 한글 번역은 수정: AT X, 396~97).

여기서 (a) 돌이나 쇳덩이, 나무 조각 같은 자연적 재료는 지성으로 발

---

21  데카르트의 『규칙』은 1627년에 쓰였지만 스피노자 사후인 1684년에 얀 H. 홀라즈마커(Jan H. Glazemaker)에 의해 네덜란드어 번역으로 출판되었고, 라틴어 원본은 1701년에 가서야 암스테르담에서 출판되었다. 그러나 산체스 에스톱(Sánchez Estop, 1987)에 따르면, 스피노자가 수고 복사본을 가졌을 가능성이 높으며, 그것은 『지성교정론』에 문헌상으로나 철학적으로 가장 직접적 영향을 끼친 책으로 볼 수도 있다.

견해낸 최초의 진리 및 이에 대한 반성을 가리킨다. 즉 타고난(ingenita) 것처럼 보이는 우리 정신의 어떤 투박한 수칙들(incondita quaedam praecepta)이다.『성찰』에서 이는 코기토와 이로부터 도출된 진리 규칙에 해당될 것이다. (b) 그런데 이 사람은 자연적 도구를 가지고 곧장 인식에 나서지는 않는다. 그 대신에 망치, 모루, 집게 같은 '자기를 위한 도구들'을 만들어낸다. 그것은 "인간 이성이 인식할 수 있는 것이 어떤 것인지" 고찰하는 일(데카르트(1997)a, 59쪽: AT X, 397), 곧 인간 이성의 범위 혹은 정신의 한계 규정의 작업을 가리킨다. 데카르트는 바로 여기에 "앎의 참된 도구 및 방법 전체가 담겨 있다"라고 말한다.『성찰』에서 신의 진실성과 선성(善性)을 근거로 지성과 상상력, 심지어 감각 능력에 이르기까지 각 능력의 권리 범위와 한계를 지정하는 일이 여기에 해당할 것이다. 이런 의미에서 신 존재 증명은 개별 관념의 사실적인 의심스러움 여부를 떠나 인식 능력의 **권리를 증명**하는 작업이고, 이런 의미에서, 이를테면 인식의 자연 상태에서 벗어나 시민 상태로 이행할 수 있게 하는 토대라 할 수 있다.

문제는 우리가 가진 관념들 안에서 이런 식의 이행이 어떻게 가능한가이다. 이것은 신에 대한 관념과 그 전제가 되는 관념 사이의 순환이라는 형태로 제기된다. 우리는 오직 신의 존재를 알고 난 **이후에야** 우리가 가진 명석판명한 관념들의 참에 대해 확신할 수 있는데, 신의 존재는 코기토와 인과 공리를 비롯해 우리가 가진 **다른 관념들로부터** 증명되어야 하기 때문이다. 데카르트 자신은 확실성의 종류를 나누면서 순환의 혐의를 부인한다.[22] 직관을 통해 포착되는 단순 관념은 더 없이 명증하여 신의 보증이 필요 없고, 다만 과거에 명증하게 받아들인 진리의 확실

---

22  순환의 문제는 마랭 메르센(Marin Mersenne)(「두번째 반박」)과 앙투안 아르노(Antoine Arnauld)(「네번째 반박」), 이후 프란스 뷔르만(Frans Burman)에 의해 제기되었고, 데카르트의 답변은『철학의 원리』(제1부 제13항)에 정식화되어 있다. 이에 대한 더 상세한 논의는 김은주(2014b)를 참조하라.

성을 의심하는 일은 일어날 수 있다. 그러므로 신의 보증은 오직 기억을 요구하는 연역적 진리, 따라서 복합 관념의 경우에만 요구된다.[23] 이제 신에 대한 관념을 보면, 신의 존재는 인과 공리나 코기토 같은 단순 관념들을 통해 증명되며, 단순 관념들은 그 자체로 명증하여 신의 보증이 필요 없다. 이렇게 데카르트는 순환을 부인한다. 그러나 이 답변은 불만족스럽다. 만일 신 존재에 대한 증명이 요구된다면, 이는 신의 관념이 복합 관념임을 함축하며, 따라서 신의 관념 역시 여느 복합 관념들처럼 신의 관념에 의해 보증되어야 하지 않는가?

이와 같은 순환의 문제를 스피노자도 알고 있었으며, 이후의 글들에서,[24] 그리고 이미 이 논고에서도 대안적 답변을 제시하고 있다.

비록 어떤 최고의 기만자가 우리를 속이는지 아닌지 확실하게 알지는 못해도 우리가 삼각형에 대한 그런 부류의 [명석판명한] 인식에 도달할 수 있는 것과 마찬가지로, 비록 어떤 최고의 기만자가 있는지 아닌지 확실하게 알지는 못함에도 우리는 신에 대한 그런 부류의 인식에 도달할 수 있다. 우리가 이 인식을 갖기만 한다면, 이미 말했듯이, 명석판명한 관념들에 대해 우리가 가질 수 있는 모든 의심을 제거하는 데 충분할 것이다(§79).

그러니까 다른 관념과 마찬가지로 신의 관념에 대해 확신하기 위해 모든 참된 관념의 보증자로서의 신의 관념을 가질 필요는 없다. 그저 신

---

23 「두번째 답변」AT VII 140: 데카르트(2013), 85~86쪽; AT VII 146: 데카르트(2013), 93~94쪽; 「버만과의 대화」(R. Descartes, 1981, pp. 22~23: AT V 148~49).

24 이후 『르네 데카르트의 '철학의 원리'에 대하여』에서 스피노자는 순환의 혐의에 대한 데카르트의 답변이 모두를 만족시키지 못한다고 보고 상당한 분량을 할애하여 데카르트의 입장에서, 그러나 데카르트와는 다소 다른 답변을 제시하며(제1부 서설, G. I, 147 sq.), 그 핵심은 여기 제시된 것과 동일하다. 스피노자, 『신학정치론』 제6장, n. 6(G III, 84, 그리고 252~53) 역시 참조하라.

에 대한 명석판명한 관념을 가지기만 하면 된다. 그리고 기만자 신이 있는지 없는지 몰라도 우리는 그런 관념을 가질 수 있는데, 이는 기만자 신이 있는지 없는지 몰라도 삼각형에 대한 명석판명한 관념을 가질 수 있는 것과 마찬가지이다. 한마디로 신의 관념 자체에 대해서든, 삼각형의 관념 같은 다른 관념에 대해서든, 보증자로서의 신의 관념은 불필요하다. 스피노자 역시 '가능한 한 빨리' 가장 완전한 존재자의 관념에 도달해야 한다고 말하지만(§ 49), 신 존재 증명은 데카르트의 『성찰』에서 갖는 결정적 지위와 달리, 이 논고에서는 방법의 완전성을 더하기 위한 부수 사항에 불과하다.

   그렇다면 스피노자는 참된 관념에 정당화가 아예 필요 없다고 보는가? 그렇게 보인다. 스피노자는 첫째, 데카르트적 의심의 절차를 생략해 버리고 마치 고르디우스의 매듭을 자르듯이, 우리에게 참된 관념이 있다는 단정에서 출발한다. "사실 우리는 참된 관념을 가지고 있다"(§ 33). 둘째, 오히려 그는 "참된 관념은 그 대상과는 상이한 어떤 것"(§ 33)이라고 하면서, 관념과 대상의 일치로서의 참됨이라는 전통적 진리 기준에 문제를 제기한다. 원의 관념에는 중심과 원주가 없고, (현대의 한 스피노자주의 철학자가 응용하여 말했듯이) 개의 관념은 짖지 않는다. "원과 원에 대한 관념은 별개"(§ 33)이므로, 원의 관념이 원과 일치하느냐는 물음, 그리고 이런 의미에서 원의 관념이 참되냐는 물음은 답변될 수 없는 물음이다. 그렇다고 해서 셋째, 관념에 대한 주체의 의식(곧 관념에 대한 관념)이 진리의 기준이 될 수는 없다. 관념의 대상과 관념이 다르듯이, 관념과 이 관념에 대한 관념도 다르다. 그러므로 무언가를 이해하기 위해 (즉 관념을 갖기 위해) 의식의 확실성(관념에 대한 관념)을 요구할 필요는 없다. 후자를 두고 스피노자는 "삼각형의 본질을 이해하기 위해 원의 본질을 이해할 필요는 없는 것과 마찬가지"(§ 34)라고 말한다. 그러므로 "진리를 확신하는 데는 참된 관념을 갖는 것 이외에 다른 어떤 기호도 필요 없다"(§ 35). 관념의 대상이든, 의식(관념에 대한 관념)이든, 거기서 찾아지는 것은 진리의 외적인 기호에 불과하다.

　이 전체 논증의 힘(그리고 스피노자의 독창성)은 진리를 관념과 대상의
일치에서 찾는 전통적 진리관과 이와 반대로 그것을 인식 주체의 주관
적 확실성에서 찾는 데카르트적 진리관 둘 다를 "관념과 대상은 다르
다"라는 단 하나의 명제를 통해 물리치는 데 있다. 이것이 가능한 이유
는 관념 역시 대상과 마찬가지로 형상적 본질로 볼 수 있어 또 다른 관
념의 대상이 될 수 있으며, 관념이 대상과 다르듯이 관념의 관념 역시 그
대상이 되는 관념과 다르기 때문이다. 혹자는 관념과 대상이 '다르다'는
이 명제가 『윤리학』에서 말하는 '평행론', 곧 사물과 관념이 '동일하다'
는, 그리고 관념과 관념의 관념이 '동일하다'는 테제(게루의 어법에 따르
면, 사유-외적(extra-cogitatif) 평행론[25]과 사유-내적(intra-cogitatif) 평행론[26])
와 반대되는 것이 아니냐고 물을 것이다. 그러나 『지성교정론』의 내용
은 『윤리학』에서 말하는 평행론의 성격이 무엇인지를 오히려 더 분명히
해준다. 즉 스피노자의 평행론은 사물과 관념이, 그리고 관념과 관념의
관념이 일대일로 대응하여 일치한다는 것이 아니라 각각이 속한 질서
및 연관이 존재론적으로 동일하다는 것을 의미한다. 그러므로 한 관념
이 속해 있는 질서 및 연관을 떠나 사물들의 질서 중 한 항에서, 혹은 관
념의 관념들의 질서 중 한 항에서 진리의 표지(標識)를 찾는 것은 무의
미한 일이 된다. 그래서 스피노자는 "확실성이란 표상적 본질 자체 외
에 다른 것이 아니다"(§35)라고 말한다. '표상적 본질'[27]이란 관념을 통

---

25　관념들의 질서 및 연관은 사물들의 질서 및 연관과 동일하다(제2부 정리 7).
26　관념과 관념에 대한 관념은 동일하거나(제2부 정리 21; 제4부 정리 8의 증명) 개념상
　　의 구분만이 있다(제4부 정리 8의 증명).
27　스피노자가 말하는 '표상적 본질'(essentia objectiva)은 프란시스코 수아레스
　　(Francisco Suarez)의 '표상적 개념'(conceptus objectivus)과 데카르트의 '표상적 실
　　재성'(realitas objectiva)이 함축하고 있는, 관념이 관념으로서 갖는 실재성을 더 강조
　　한 표현이다. 더 상세한 설명은 §33의 옮긴이 주 110(137~38쪽)을 참조하라. 또한
　　Bernard Rousset(1996), pp. 28~29 역시 참조하라.

해 사유된 한에서의 (사물의) 본질 자체를 뜻하기 때문이다.

　정당화의 작업이란 결국 이처럼 참된 관념 바깥에서 기호를 찾는 일이고, 그래서 정당화가 필요 없다면 여기서 다시 제기되는 문제가 있다. 정당화가 필요 없다는 스피노자의 주장이 참임은 어떻게 아는가? 바로 이것이 무한퇴행에 이어 추론의 올바름을 어떻게 확신하느냐는 두 번째 반론이다. 그러니까 방법이 무엇인지를 스피노자는 추론을 통해 보여주고 있는데, 이것이 성공하려면 이 추론이 또한 올바른 추론임을 입증해야 하며, 이를 입증하려면 추론 과정의 올바름은 물론이고 출발점이 되는 주어진 참된 관념의 참됨을 입증해야 하지 않는가?(§ 43) 방법과 방법의 방법, 그리고 방법의 방법의 방법 등으로 진행되는 방법 요구의 무한퇴행을 본유적 도구, 곧 참된 관념의 존재라는 데카르트적 답변으로 차단했다면, 이제는 지성의 본유적 도구인 참된 관념의 참됨을 어떻게 보증하느냐라는 데카르트적 문제가 반박자의 입을 통해 제기되는 것이다. 이 반론에 대해 그는 "진리와 올바른 추론을 입증하기 위해 우리에게 필요한 도구란 진리 자체와 올바른 추론 뿐"(§ 44)이며, 그 자신도 올바르게 추론함으로써 올바른 추론임을 증명하고자 노력할 뿐이라고 단언한다. 여기서 주목할 것은 데카르트가 신을 통해 증명한 진리의 **권리** 문제를 진리의 **효과**로 대체한다는 점이다.

　스피노자는 우선 허구나 오류를 두려워할 필요가 없는 이유로 데카르트처럼 단순 관념의 확실성이나 복합 관념의 단순 관념으로의 분석(분해) 가능성을 제시한다. 이는 신의 보증 없이도 성립하는 기준이다.[28] 다음으로, 복합 관념의 참됨에 대한 확신은 데카르트에게서처럼 진실한 신의 보증에서 오는 것이 아니라 **관념들의 연쇄** 자체에서 온다. 특히 스피노자는 처음에 하나의 표상적 본질을 두고 진행하던 확실성에 대한

---

28　이 점에 주목하여 델라 로카(Della Rocca)는 데카르트가 신 없는 인식론의 가능성을 열었다고 해석한다. Della Rocca(2005), p. 2를 참조하라.

논의의 방향을 관념들의 '교류'(commercium)를 끌어들여 전환한다. 자연 안의 사물들이 서로 교류하여 결과가 산출되듯이, 표상적 본질들 역시 서로 교류하므로 무언가가 도출된다. 결국 우리가 가진 관념이 참임을 입증하는 것은 거기서 산출되는 관념들의 연쇄이다. 본유적 도구들로부터 다른 산물을 만들어내고 이 산물이 다시 더 정교한 도구가 되듯이, 어떤 관념의 참이나 거짓은 이 관념으로부터 연역되는 결과 자체를 통해 드러나는 것이다. 즉 그 관념이 거짓이라면 연역의 연쇄는 곧장 중단될 것이고, 참되다면 "어떤 중단도 없이 순조롭게 계속 나아갈 것이다"(§61, §80). 이후 전개될 스피노자의 정치철학에서 권리(jus)란 곧 힘(potentia)이고 힘이란 결과의 산출에 다름 아닌 것과 동일한 논리로, 우리 인식 능력의 올바름도 관념들의 성공적 연쇄를 통해 보증된다.

이 내용은 『윤리학』과 그리 다르지 않다. 우선 스피노자는 '참'을 관념을 평가하는 내적 명명이 아니라 외적 명명으로 간주하며, 내적 명명으로 '적합성'(adaequatio)을 들면서 이를 '참'과 구별한다.[29] "적합한 관념을 나는 대상과의 관계없이 고찰되는 한에서 참된 관념의 모든 특성 또는 내적 특징을 지니고 있는 것으로 이해한다"(『윤리학』 제2부 정의 4). 그러나 이 내적 특성이 무엇인지는 전혀 명시하지 않고, 단지 다음과 같은 소극적 해명을 덧붙이고 있을 뿐이다. "외적 특징, 곧 관념과 그 대상의 합치를 배제하기 위해 나는 '내적'이라고 말한다"(『윤리학』 제2부 정의 4의 해명). 그러니까 '적합성'이라는 기준은 참된 관념의 '내적' 특성을 의미하며, '내적' 특성이란 외적 특성을 배제한 나머지라고[30] 순환적

---

29 외적 명명이란 어떤 것을 'x'라고 부를 때 그 근거가 그 사물 자체가 아니라 그 사물과 다른 사물의 관계에 있을 때를 가리키고, 내적 명명이란 어떤 것을 'x'라고 부를 때 그 근거가 그 사물의 특성일 때를 가리킨다. 더 자세한 설명은 본문의 주 196을 참조하라.

30 "저는 참된 관념과 적합한 관념 간의 차이로서 다음과 같은 것만을 인정합니다. 즉 '참'이라는 단어는 관념과 관념 대상의 일치와 관련될 뿐이고 '적합'이라는 단어는 관념 그 자체의 본성과 관련됩니다"(「편지 60」: 1675년 치른하우스에게 보낸 편지,

으로 규정되는 것이다. 왜 스피노자가 적합성의 기준을 이렇게밖에 제시하지 못했는지, 그러면서도 '참됨'과는 별도로 '적합성'이라는 기준을 설정하는지에 대해서는 3종의 인식의 정의에서 힌트를 얻을 수 있다. 3종의 인식 혹은 직관지란 "신의 몇몇 속성의 형상적 본질에 대한 적합한 관념들로부터 사물들의 본질에 대한 적합한 인식으로 나아간다(*procedere*)"(제2부 정리 41의 주석 2). 여기서 '나아가다'(procedere)라는 표현에 강조점을 둔다면, 그리고 (사물들의 공통 특성에 대한 인식인) 2종의 인식과 3종의 인식 간의 연속성(둘 다 적합한 인식이다)을 고려한다면, 적합한 인식이란 결국 개별적인 본질에 점점 더 접근해가는 과정으로서의 인식이다. 따라서 관념과 대상의 일치를 비롯하여 관념들이 연쇄되는 질서 바깥의 그 어떤 기준을 더 구체적으로 말하는 것은 무의미할 것이다.

스피노자는 결국 앞에서 제기한 무한퇴행의 문제에 본유적 도구의 존재로 답했다면, 이 본유적 도구가 참이냐는 문제에 대해서는 무한진행을 통해 답변하고 있다. 본유적 도구가 **있으며**, 이 관념으로부터 실제로 다른 관념들이 **산출되고 있다는 사실**이야말로 이 도구가 참이라는 증거인 것이다.[31]

### (3) 진리의 자기-현시와 방법의 필요성 문제: 인식 과정과 별도로 방법이 필요한가?

스피노자에게서 방법이 이처럼 인식에 앞서 별도로 존재하는 것도 아니고 형이상학적 권리 물음도 아니라면, 남는 문제는 방법의 존재 이유이다. 인식의 규범은 방법이 아니라 참된 관념 자체가 제공하는데 방

---

스피노자(2018), 338~39쪽: G IV, 270).

31 무한퇴행의 문제를 스피노자가 '주어진 것'(le donné)과 '성공'(le succès)이라는 두 요소로 해소한다고 보는 샤를 라몽(Charles Ramond)의 견해도 이와 동일한 것으로 볼 수 있다. C. Ramond(1998), p. 187.

법이 왜 필요한가? 물론 방법은 참된 관념을 여타 관념들과 구별하는 반성적 작업을 통해 참된 관념의 변별적 특성을 명시화하고 정신에 이 규준을 따르게 한다. 그러나 진리가 스스로 드러난다면 이런 반성 작업도 불필요하지 않은가? 이에 대한 스피노자의 답변은 두 갈래로 보인다.

한편으로는 방법이 필요한 이유이다. 물론 참된 관념을 갖는 것 외에 진리의 다른 표지는 필요 없다. 그러나 주어진 참된 관념의 규준에 따라 마땅한 질서로 다른 관념들을 획득하는 일은 실상 자생적으로("저절로sponte") 일어나기 어렵다. 곧 '어떤 숙명을 통해' 일어나지 않는다. 그러므로 '숙명'(fatum)에 대한 일종의 보충으로 '숙고된 기획'이 필요하다(§44). 이는 이 논고를 반(反)방법론으로 보는 데 대한 반대 근거가 될 수 있는 대목이다. 그러나 또한 정신의 '교정'이나 '치유'가 이 논고가 제시하는 것과는 다른 방향에서 다뤄져야 할 필요를 시사하는 대목으로도 볼 수 있다. 참된 인식 혹은 지성의 작동이 저절로 이루어지지 않도록 가로막는 장애나 병이 있고, 이는 지각이나 관념이 어떻게 발생하는지에 대한 인식을 통해, 즉 '철학'을 통해 다뤄져야 한다는 것으로 말이다.

> 자연을 탐문할 때 그것을 마땅한 순서에 따라 탐구하는 일이 드물게 일어나는 이유는 [우선] 편견 때문인데, 그 원인들은 차후 우리의 철학에서 설명할 것이다. 다음으로는, 우리가 나중에 보여줄 것처럼 많은 면밀한 구별이 필요하며, 이는 아주 고된 일이기 때문이다. 마지막으로, 우리가 이미 보여주었듯이, 인간사의 조건이 극히 가변적이기 때문이다(§45).

지성의 작동을 가로막는 첫째 장애는 '편견'이다.『윤리학』에 따르면, 거짓된 관념은 단지 참된 한에서의 참된 관념에 의해 물러나지 않는다

(제4부 정리1). 그것은 정서를 수반하며, 따라서 더 강한 정서를 수반하는 한에서의 참된 관념에 의해서만 물러날 수 있다. 둘째, 단순하고 파편적인 인식에 만족하게 하는 **정신의 수동성**이다. '세심한 구별'을 위해서는 정신이 "내부로부터, 곧 여러 사물들을 동시에 주시하는 것으로부터 규정되어, 그것들이 어떤 점에서 합치하고 차이가 나거나 대립하는지를 이해하는 것"(제2부 정리 25), 곧 정신의 능동이 필요하다. 그래서 「편지 37」에서는 진정한 방법이 무엇인지 제시한 이후, 그런 기획을 위해서는 "부단한 성찰, 그리고 집요하고 확고부동한 결심이 필수불가결[하며] …… 이러한 조건들을 충족하려면, 일정한 삶의 규칙을 세우고 잘 규정된 목적을 스스로에게 부과해야"[32]한다고 덧붙인다. 마지막으로, '가변적인 인간사의 조건'은『신학정치론』의 서문에 따를 때, 자신의 확고한 결단에 따라 매사를 다스리지도 못하고 운이 우리에게 늘 호의적으로 작용할 수도 없는 인간 조건을 가리키며, 이 때문에 모든 인간이 희망과 공포에 매달릴 수밖에 없는 상태, 곧 정념에 지배될 수밖에 없는 인간 조건을 의미한다. 그러므로 '지성의 교정'에는 **정념의 통제**라는 윤리학의 작업 역시 필요하다. 그리고 정념을 통제하기 위해서는 그것의 원인에 대한 인식이 요구될 수밖에 없다.

다른 한편, 방법의 필요성과는 별도로 방법에 대한 논고를 쓰는 행위의 필요성도 문제이다. 이 문제 역시 스피노자는 다시금 가상의 반박자를 내세워 제기한다(§ 46). 진리는 스스로 명백하게 드러나는데 왜 당신은 곧장 자연의 진리들을 보여주지 않고 방법에 대해 이렇게 말하고 있는가? 방법에 대한 말하기는 수행적으로 모순이 아닌가? 사실 지금까지 살펴본 스피노자의 입장에 따르면, 참된 인식을 정당화하는 메타 담론은 불필요하다. 데카르트가 세 편의 자연학 시론을 통해 그렇게 했듯이, 인식 과정을 몸소 보여주기만 하면 참과 거짓은 스스로 드러난다. 그

---

32  스피노자(2018), 239쪽(G IV, 189) 참조.

런데 방법에 대한 논의는 인식 과정 자체는 아니고(즉 방법은 사물의 원인을 이해하기 위한 추론 활동 자체는 아니며, §37) 어쨌든 메타 담론이다(방법은 추론하기와 이해하기'에 대한' 담론이다, §37). 그러므로 방법에 대한 논고는 그 자체가 모순으로 보인다. 가령, 스피노자는 정당화가 필요 없음을 정당화하는 수행적 모순을 범하고 있다. 앞 절에서 본 두 문제와는 달리, 수수께끼 같은 스피노자의 답변은 이 점에 대한 암시로 보인다. "여기저기서 행여 발견될지도 모르는 역설들 때문에 이것들[그가 제시한 것들]을 거짓으로 거부해버리려 하지 말라"고, 그 대신에 "우리가 그것들을 입증하는 순서를 먼저 고려"해보라고, 그러면 "우리가 진리를 따라왔다는 것을 결국 확신할 것"(§46)이라고.[33] 이는 결국 자신의 '철학'에서는, 그러니까 『윤리학』에서는 곧바로 원인에 의한 인식을 제시하는 방식을 택하게 되는 필연성을 예고하는 것이 아닐까? 이렇게 보면, 바로 다음 절에서 방법의 구체적 내용을 제시하기 시작할 때, 스피노자가 다음과 같이 내용을 한정한 것은 의미심장하다. "그러나 나는 여기서 각 지각의 본질을 설명하지도, 그것을 그 각각의 가까운 원인을 통해 설명하지도 않을 것이고, 그 대신에 단지 방법에 요청되는 것, 곧 허구적 지각과 거짓된 지각, 그리고 의심스러운 지각이 무엇과 관련되는지 그리고 이 각각으로부터 우리가 어떻게 자유로워질 것인지만 다룰 것"(§51)이다. 이 유보는 논고가 '철학'이 아님에 대한 일러두기인 동시에 완결적 논의는 철학에 가서야 이루어질 수 있음에 대한 암시로 볼 수 있을 것이다.

### 3. 방법의 내용

방법의 기획에 대한 논의 후에, 방법의 내용에 대한 논의가 시작된다.

---

33 여기서 빔 클레버(Wim Klever)는 '역설들'을 『윤리학』에서 연역될 명제들에서 발견될 역설로 보지만(Wim Klever, 1987, pp. 104~06), 이는 문맥상 너무 동떨어진 해석이다.

방법의 첫 번째 부분은 참된 관념을 여타의 지각과 구별하고 여타의 지각을 멀리하도록 정신을 제어하는 것이다(§§ 50~90). 방법의 두 번째 부분은 이 구별에서 도출되는 참된 관념의 규준에 따라 미지의 것들을 지각하기 위해 따라야 할 규칙을 제시하고(§§ 91~98), 무용한 것들로 정신이 피로해지지 않도록 순서를 수립하는 것(§§ 99~끝)이다. 이 중 가장 큰 비중을 차지하는 것은 참된 지각을 허구나 거짓, 그리고 의심스러운 지각과 구별하는 첫 번째 부분이다. 제시된 약속이 완수된 것도 사실 이 부분뿐이며, 나머지 두 부분은 미완으로 남는다.

1) 방법의 첫 번째 부분: 참된 관념과 여타 관념의 구별(§§ 59~90)
참된 관념을 다른 관념과 구별하는 작업은 상상과 지성의 구별까지 포함하면 이 논고의 거의 절반을 차지할 만큼 막대한 비중을 차지한다. 스피노자의 방법 논고는 결국 이 구별 작업에 대한 것이라 해도 과언이 아닐 것이다. 이 작업은 왜 그렇게 중요한가? 답변은 꿈과 각성의 비유에서 찾을 수 있다.

여하간 나는 여기서 이[참된 관념을 여타의 지각과 구별하고 분리하기]를 상세히 설명할 작정인데, 이는 독자들을 매우 필요한 것에 대한 사유에 붙잡아두기 위해서이다. 그뿐만 아니라 참된 지각과 다른 모든 지각이 어떻게 구별되는지에 주목하지 않은 까닭에, 참된 관념들에 대해서조차 의심하는 이가 많기 때문이기도 하다. 마치 깨어 있을 때 자신이 깨어 있음을 의심하지 않았으면서도, (종종 일어나는 일이듯이) 꿈에서 자신이 확실히 깨어 있다고 믿었으나, 이후에 그것이 거짓임을 발견했던 일이 한 번 있고 난 이후에는 자신이 깨어 있다는 것 역시 의심하는 사람들처럼 말이다. 이런 일은 꿈과 깨어 있음을 구별해본 적이 전혀 없기 때문에 일어난다(§ 50).

깨어 있는데도 꿈꾸고 있지는 않은지 의심할 수 있듯이, 참된 관념 안에서도 의심하는 일이 일어날 수 있다는 것 ─ 이는 명백히 데카르트적 문제설정이다. 또한 이 의심이 깨어 있는 상태를 꿈꾸는 상태와 구별해 봄으로써 제거될 수 있다는 것은 마지막 「제6성찰」의 결론이기도 하다. 즉 기만자 신의 가설을 물리치고 난 후 우리는 "깨어 있을 때 나에게 일어나는 일은 기억에 의해 다른 모든 삶의 활동과 결부될 수 있지만, 꿈 속에 나타나는 것은 결코 그럴 수가 없다"(1997b, 122쪽: AT VII, 89)라고 확신할 수 있다. 『윤리학』에서는 꿈과 각성 상태의 구별이라는 문제가 더 이상 등장하지 않는다. 관념이 인식 주체에게 어떻게 나타나느냐로 접근하는 대신에 관념들이 어떤 방식으로 산출되느냐라는 **인과적 발생**의 관점에서 접근하기 때문이다. 그 결과 오히려 정상적 감각, 꿈, 심지어 착란 상태가 모두 수동(passio)이라는 점에서 같은 부류로 취급될 것이다. 이와 달리, 이 논고에서는 **현상적 기술의** 관점을 취하고 있고, 이런 지평에서는 꿈과 각성의 구별이 여전히 중요한 문제로 남는다. 그리고 여기에 제시된, 이를테면 '비(非)진리의 현상학'은 단순히 『윤리학』의 발생적 설명으로 대체될 미성숙된 사상이 아니라 그 나름의 기술적 가치를 갖는다. 스피노자는 꿈과 각성의 구별이라는 데카르트적 문제설정 안에서도 데카르트의 접근 방식과는 다른 방향으로 논의를 전개한다. 데카르트는 참된 관념을 가려내기 위해 내가 가진 관념들 가운데 머무르면서도 관념들 바깥(최고의 완전성 혹은 무한에 대한 관념의 인과적 담지자로서의 신)으로 나가야 했다. 반면에 스피노자는 오로지 **관념들에 대한 내재적 분석**만을 통해 동일한 과업을 수행하려 한다. 그 결과 우리는 허구와 거짓, 의심스러운 관념 같은 진리의 타자에 대한 유례 없이 상세한 분석을 만나게 된다.

가장 먼저 다뤄지는 것은 허구적 관념과 참된 관념의 구별이다. 허구적 관념은 다시 사물의 실존에 대한 허구(§§ 52~57)와 본질에 대한 허구(§58)로 나눌 수 있다. 실존에 대한 허구는 해당 사물의 실존이 영원 진리가 아닐 경우, 이 실존의 필연성이나 모순이 인식되지 않은 까닭에 사물이 실존할 수도 안 할 수도 있다고 생각될 경우 생겨난다. 반대로 그 필연성이나 모순이 인식되면 허구는 제거된다. 본질의 허구 역시 마찬가지인데, 사물의 본성을 더 많이 이해할수록 허구의 여지는 사라진다. 이를 통해 스피노자는 허구를 두려워할 이유가 없음을 강조한다. 곧 단순한 것은 참일 수밖에 없으며, 복합적인 것은 단순한 것으로 분해하기만 하면 된다.

두 번째로, 참된 관념을 거짓 관념과 구별하는 것 역시 허구 관념과의 구별과 같은 방식으로 이루어진다(§§ 66~76). 거짓 관념 역시 사물의 필연성이나 모순을 인식하지 못할 경우에 생겨난다. 여기서 특히 스피노자는 참된 것의 형상이 대상에, 즉 대상과의 합치에 있는 것이 아니라 지성의 역량과 힘 안에 있음을 강조한다. 가령, 원을 한 끝이 고정되고 다른 끝이 움직이는 선의 회전으로 정의한다고 해보자. 이 회전을 우리가 원의 개념이나 회전의 원인에 결부시키지 않고 단독으로 긍정할 때, 이 관념은 거짓이다. 그러나 회전 자체는 지성의 역량의 산물로서 그 자체로는 거짓이 아니다.

세 번째로, 의심스러운 관념 역시 같은 원리에 의해 구별된다(§§ 77~80). 의심 역시 허구나 거짓과 마찬가지로 인식의 결여에서 성립한다. "의심이 가는 사물 자체로 인해 영혼 안에 의심이 있게 되는 경우는 없다. …… 의심은 오히려 다른 관념, 곧 의심이 가는 사물과 관련하여 우리가 확실한 무언가를 결론 내릴 수 있을 정도까지 명석판명하지는 않은 다른 관념으로 인해 있게 될 것이기 때문이다"(§ 78). 이로써 스피노자는 데카르트가 '방법적 회의'라는 이름으로 의심에 부여하는 특권을 박탈한다. 여기에는 이후 『윤리학』에서 만나게 될 의심에 대한 스피노자 특유의 정의가 이미 함축되어 있다. 곧 의심이란 정신의 의사에 의한 판단중지가 아니라 둘 이상의 명석판명하지는 않은 관념들의 충돌로 생겨나는 동요의 상태[34]에 불과하다. "만일 영혼 안에 단 하나의 관념만 있다면 …… 어떤 의심도 없을 것이고, 확실성 또한 없을 것이며, 단지 그런 느낌만 있을 것이다"(§78).

이렇게 참된 관념을 나머지 관념들과 구별한 이후에 스피노자는 일종의 부록으로 기억과 망각의 본성에 대해 첨언하고, 이를 계기로 상상의 성격을 분명히 한다(§§81~84). 핵심은 기억을 상상과 한편에 놓고, 둘 다를 지성과 구별하는 것이다. 그러니까 '지적 기억'은 물론이고, 지적 사유를 돕는 상상력의 보조적 역할조차 인정하지 않는 셈이다. 그렇다면 허구 관념, 거짓 관념, 의심스러운 관념과 참된 관념을 구별하는 것과 이처럼 상상과 지성을 구별하는 것 사이에는 무슨 차이가 있는가? 전자의 구별이 관념의 성격에 대한 **기술적 측면**과 관련된다면, 상상과 지성의 구별은 관념들의 **발생적 측면**과 관련된다. 이후 『윤리학』에서는 허구 관념, 거짓 관념, 의심스러운 관념이 모두 상상이라는 이름 아래 다뤄지고, 상상은 신체 변용과 관련된 발생적 맥락에서 설명될 것이다. 그렇지만 여기서 스피노자는 상상에 대한 상술은 자제하고 많은 것을 '**철학**', 곧 우리가 알고 있는 『윤리학』으로 미룬다. 그 대신에 상상이 지성과는 다르다는 것, 그리고 상상 아래에서 정신이 수동적이 되는 것으로 이해하기만 한다면, 상상을 어떤 뜻으로 이해해도 무방하다고 덧붙인다.

그렇다면 이 논고에서 스피노자는 왜 군이 상상과 지성을 예리하게 구별해두고자 하는가? 이를 통해 그가 어떤 철학적 전통을 겨냥하는지를 생각해보자. 그가 겨냥하는 것은 무엇보다도 아리스토텔레스적 전통이다. 아리스토텔레스[35]에 따르면, 감각 자료를 받아들이는 감각 작용은 수동적인 것이지만, 공통 감각(koinē aisthēsis) 혹은 상상력

---

34  『윤리학』에서는 의심을 '상상의 동요'(imaginationis fluctuatio)(제2부 정리 44의 주석)라고 부를 것이다. 제3부 정리 17의 주석에서는 상반되는 정서들의 공존 상태를 '영혼의 동요'(fluctuatio animi)라고 부르고 이것과 의심(곧 상상의 동요) 사이에는 정도의 차이만 있다고 진술한다.

35  아리스토텔레스, 『영혼에 대하여』 제3부 425a 이하를 참조하라.

(phantasia)을 통한 감각 자료들의 통합과 보존은 능동적인 것이며 이를 바탕으로 지적 인식이 이루어진다. 그러므로 스피노자가 이처럼 상상과 지성을 배타적으로 구별해두려 하는 데에는 감각 없이는 상상도 없고 상상 없이는 지적 판단도 없다는 아리스토텔레스적 인식론에 대한 비판이 함축되어 있다. 나아가 비판은 스피노자와 같이 반(反)아리스토텔레스 진영에 있는 데카르트까지 겨냥한다. 데카르트의 경우에 상상과 순수 지성을 구별하고 공통 감각을 거치지 않은 순수한 지적 사유의 존재를 인정하지만,[36] 상상력을 지성의 보조적 능력으로 보기 때문이다. 스피노자에게서 상상과 지성을 이처럼 배타적으로 구별하는 것이 중요한 이유는 그럼으로써 회의주의는 물론이고, 유비적 인식이나 초월적 보증의 필요성을 물리칠 수 있게 된다는 것이다. 감각적이거나 상상적인 관념과 지적 관념은 서로 뒤섞일 우려가 없으므로 어떤 외적이거나 초월적인 보증 없이 **지적 관념들의 연쇄**만으로 진리가 확보되는 것이다. 이것은 방법이 인식과 별개로 존재하는 것이 아니라 인식의 과정 안에서 마련된다는 이 논고의 핵심 주장의 토대이기도 하다.

이제 이 부분의 논의 전체에서 특별히 주목할 사항을 정리해보자. 첫째, 앞서 언급했듯이, 전체 논고의 절반을 차지할 만큼 참된 관념과 나머지 관념을 **구별하는 작업**의 비중이 압도적으로 크다는 사실이다. 이 점은 방법을 인식에 선행하여 별도로 마련되는 도구가 아니라 **관념에 대한 관념** 혹은 **반성적 인식**이라고 정의했던 바와 일관된다. 방법은 참된 관념을 나머지 관념과 구별하는 과정 자체로부터 도출되는 참된 관념의 규준에 따라 미지의 것들을 인식하도록 하는 규칙이라 할 수 있다.

둘째, 참된 관념을 나머지 관념들과 구별하는 작업 가운데서도 그것을 **허구 관념**과 구별하는 작업에 가장 큰 비중을 부여한다는 점이다.[37]

---

36  특히 「제2성찰」의 밀랍 분석을 보라(『성찰』 AT VII 32. l. 18~19: 데카르트[1997b], 53쪽).

스피노자는 허구 관념을 제일 처음으로 다루고 또 가장 큰 분량을 할애함은 물론(§§ 50~65), 이어지는 나머지 관념들과의 구별도 모두 허구 관념과의 구별에 준해서 수행한다. 허구 관념에 이토록 큰 중요성을 부여하는 것은 『윤리학』에서 관념을 외부 사물의 모사가 아니라 "정신이 사유하는 것이기 때문에 정신이 형성하는 정신의 개념"(제2부 정의 4)으로 보는 것과 부합한다. 이는 이후 『윤리학』에서 허구 관념의 상응물인 상상이 그 자체로는 오류가 아니며, 문제는 다만 그 대상의 실존을 배제하는 **다른 관념이 없다**는 데 있을 뿐이라는 언명으로 정식화된다(제2부 정리 17의 주석). 허구 관념의 이런 적극성은 논고에서 다음의 비유로 표현된다. "어떤 제작자가 어떤 제작물을 순서대로 구상한다면, 설령 그런 제작물이 실존한 적도 없고 심지어 앞으로도 결코 실존하지 않을 것이라 하더라도 그럼에도 그것에 대한 사유는 참되며, 제작물이 실존하든 실존하지 않든 그 사유는 동일"(§ 69)하다. 이 점은 『윤리학』 집필 이전인 1663년에 시몬 더프리스(Simon de Vries)에게 보낸 편지에서 스피노자가 든 인공물의 사례에서 더 잘 드러난다.

예를 들어 솔로몬의 신전을 묘사하도록 요구받을 경우, 장난칠 생각이 아니라면 저는 그것에 대한 참된 묘사를 해야 합니다. 그러나 제가 건립하고픈 신전의 관념을 제 정신 속에 형성할 경우, 그리고 이 신전에 대한 묘사로부터 제가 이런 기초, 이런 돌과 저런 재료의 규모가 필요하다고 결론 내릴 경우, 건전한 정신을 가진 사람이라면 제가 그릇된 정의

---

37 필리포 미니니(Filippo Mignini)의 결산에 따르면, 허구라는 단어는 이 논고에서 총 76회 사용되며, 이 중 명사 'fictio'가 23회, 형용사 'fictius'가 13회, 동사 'fingo'가 40회 사용된다. 이는 여타의 라틴어 저작에 사용된 동일 단어군(fictio, fictius, fingo)의 총 횟수(75회)보다 많으며, 이 논고를 포함하여, 그리고 이 논고에는 등장하지 않는 유사 단어들(fictitius, figmentum)까지 합친 이 단어군의 총 사용 횟수(96)에 비해서도 그리 적지 않다(F. Mignini, p. 34). 이 논고를 비롯하여 스피노자 사상 전반에서 허구가 갖는 성격과 위치에 대해서는 박기순(2006)을 참조할 수 있다.

를 사용했기 때문에 잘못 결론 내린 것이라고 말할 수 있겠습니까? 또
는 제 정의를 증명하라고 요구할 사람이 있겠습니까?(「편지 9」, 스피노
자(2018), 60쪽: G IV, 43)

허구 관념은 정신 바깥에 상응하는 대상이 있든 없든, 이런 의미에서
그 자체로 실재성을 가지며, 이 점에서 **관념 일반**의 범례가 된다. 심지
어 과학에서 쓰이는 가설, 나아가 기하학적 사례조차 허구 관념의 일종
으로 취급된다. 가령, 불타는 촛불이 타지 않는다는 가정(§57)이나 거짓
관념에 대한 논의에서, 그리고 구(球)의 발생적 정의를 위해 떠올린 반
원의 회전(§72) 같은 것이 그것이다. 이런 관념들은 물론 허구이지만 지
성의 힘을 현시하는 것이기도 하다. 타고 있는 촛불에 대해 타고 있지
않다고 가정하는 것은 모순되어 보이지만, 이는 주변 물체들(공기)을 추
상한 결과이다. 반원의 회전은 구의 개념과 별도로 긍정될 때 거짓이지
만, 구의 개념과 결합될 때는 참되다.

셋째, 관념은 대상과의 관계를 떠나 관념 그 자체로, 더 정확히 말해
**관념들의 질서** 내에서 실재성을 갖는다. 즉 한 관념의 허구성이나 참됨
은 관념들과의 관계에 따라 결정되며, 앞서 말했듯이, 관념의 허구에 대
해 걱정할 까닭이 없는 이유 역시 허구가 주체에 의해 **자의적으로 만들
어지지 않기** 때문이다.

허구적이면서 본성상 거짓된 것에 대해, 그것을 재어보고 이해하고
또한 연역되어야 할 것들을 그것으로부터 올바른 순서로 연역하기 위
해 주의를 기울일 때, 정신은 쉽사리 거짓을 드러낼 것이다. 그리고 만
일 허구적인 사물이 본성상 참되다면, 정신이 그 사물을 이해하기 위해
그것에 주의를 기울이고, 그것으로부터 따라 나오는 것들을 올바른 순
서로 연역하기 시작할 때, 정신은 어떤 중단도 없이 순조롭게 계속 나아
갈 것이다(§61).

이 같은 관념들의 연쇄는 이 논고 전반에 걸쳐 강조되는 주제이다. 이미 인용한 물질적 생산과 지적 생산의 유비에서 지적 도구와 지적 산물이 연쇄를 이루면서 무한진행한다고 보는 대목(§31), 표상적 본질로서의 관념과 형상적 본질로서의 관념(곧 다른 관념의 대상이 되는 관념)이 연쇄를 이루면서 무한진행한다고 보는 대목(§33), 자연 안의 모든 사물들이 교류하듯이 표상적 본질들이 교류한다고 보는 대목(§41) 등을 들 수 있다. 이처럼 진리 기준을 관념 연쇄의 성공 여부에 둠으로써, '확실성'은 단지 의식에 느껴지는 주관적 확실성만은 아니게 된다. 관념과 대상의 일치(adaequatio)라는 전통적 진리 기준으로 돌아가지 않고서도, 확실성은 어느 정도 객관성을 확보하게 되는 것이다. 그래서 스피노자는 『윤리학』에서 확실성을 단순한 '의심의 부재'와 구별할 수 있게 된다. "어떤 사람이 거짓된 것들에 만족하고 그것들에 대해 의심하지 않을 때, 우리는 그가 확신한다고 말하지 않고, 단지 그의 상상을 동요하게 만드는 근거들이 없기 때문에 단지 의심하지 않는다고, 혹은 거짓된 것들에 만족한다고 말한다"(제2부 정리 49의 주석).

물론 이 논고에서 『윤리학』에서와 같은 평행론, 곧 관념들의 질서와 연관 및 사물들의 질서와 연관의 동일성이 온전히 인정되고 있는지는 알 수 없다. 우선 사물들의 질서와 연관이 관념들의 질서와 연관의 모델이라는 함축이 완전히 제거되지는 않은 듯 보인다. 더구나 신의 사유 양태로서 관념들에도 인과 역량이 있다는 점 또한 온전히 인정되고 있는지 알 수 없다. 물론 인간 정신을 '일종의 정신적인 자동기계'(§85)로 보는 데서 이 인과 역량이 시사되지만, 이 인과 역량이 정신이나 지성에 부여되는지, 관념들에 부여되는지는 분명치 않다.

2) 방법의 두 번째 부분: 규칙의 수립(§§91~ )
참된 관념과 나머지 관념들을 구별하고 상상과 지성을 분명히 구획한 후, 방법의 두 번째 부분에서 스피노자는 다시 한 번 목표를 명확히 한다(§ 91). 하나는 명석판명한 관념을 갖는 것이고, 다른 하나는 이 관념들이 생산적인 방식으로 연쇄되도록 질서 지우는 것이다.

(1) 명석판명한 관념을 갖기 위한 규칙(§§ 92~98)

명석판명한 관념을 갖기 위한 규칙으로 스피노자는 바람직한 정의의 조건을 제시한다. 여기서 유명한 '발생적 정의'에 대한 논의가 등장한다.

모든 사물은 본질에 의해 인식되거나 원인에 의해 인식되며, 또한 추상적으로가 아니라 개별적 본질로부터 인식되어야 하고, 그러려면 사물에 대한 정의로부터 나른 관념들을 도출해야 한다. 그래서 정의의 조건이 규칙의 첫 번째 항목으로 등장한다. 그렇다면 바람직한 정의는 어떤 것인가? 그것은 내밀한 본질을 설명하는 것이어야 하며, 가까운 원인을 포함하고 그로부터 모든 특성이 도출될 수 있는 정의이어야 한다. 가령, 원을 한 점으로부터 등거리에 있는 점들의 집합으로 정의할 경우에, 이 정의는 원의 가까운 원인을 포함하고 있지 않다. 반면에 원을 한 끝이 고정되고 다른 끝이 움직이는 선분의 회전으로 정의할 때, 이것은 원인을 포함하며 이로부터 모든 특성이 도출된다는 점에서 좋은 정의이다. 발생적 정의에 대한 이 논의에는 홉스의 영향이 지대하다.[38] 유클리드 기하학을 해석기하학으로 대체하고자 했던 데카르트에 맞서 홉스

---

38 이에 대한 상세한 논의는 M. Gueroult(1974), pp. 467~87; Paolo Mancosu(1996), pp. 98~100을 참조하라. 홉스의 발생적 정의론(그리고 홉스가 영향을 받은 베이컨의 형상 이론)보다는 덜 중요하지만 스피노자 정의 이론에 영향을 끼친 다른 원천으로 세 가지를 더 들 수 있다. 첫 번째는 네덜란드의 칼뱅주의자이자 신스콜라학파인 프란시스쿠스 뷔르허르스데이크(Franciscus Burgersdijk)와 아드리안 헤이레보어트(Adriaan Heereboord)이며, 두 번째는 데카르트와 데카르트-스콜라주의자 요하네스 클라우베르크(Johannes Clauberg), 그리고 홉스 데가르드주의사인 람베르투스 판펠트하위선(Lambertus van Velthuysen), 마지막으로 마이모니데스(Maimonides)와 헤르소니데스(Gersonides)가 있다. 이에 대해서는 A. V. Garrett(2003), pp. 151~56을 참조하라.

는 유클리드 기하학을 더 중시하고 다만 더 일관적인 것으로 만들기 위해 부분적으로 개혁하고자 했다. 가령, 유클리드가 구, 원뿔, 원기둥 등 대부분의 도형을 발생적으로 정의하면서도 원에 대해서만은 한 점으로부터 등거리에 있는 점들의 집합이라는 정태적 정의를 제시했다면,[39] 홉스는 방금 우리가 본 것과 같은 원에 대한 발생적 정의를 제시한다.[40] 또한 기하학을 모든 학문의 모델로 생각하고 기하학에서와 같은 발생적 정의를 통한 인식, 즉 원인에 의한 인식을 완벽한 인식의 모델로 생각한 것 역시 스피노자가 홉스를 이어받은 부분이다.

그러나 이 발생적 정의론의 바탕에 있는 형이상학은 매우 다르다. 우선 홉스에게서 발생적 정의는 일차적으로는 명목적 정의이다. 그리고 만물의 제1원인인 신에 대해 인간은 전능성이라는 특성 외에는 알 수 없다. 반면에 스피노자에게서 발생적 정의는 실재에 뿌리를 내리고 있고, 이는 인간이 제1원인인 신에 대해 적합한 인식을 가질 수 있다는 사실에 토대를 둔다.[41] 스피노자는 정의를 창조된 사물에 대한 것(§96)과 창조되지 않은 사물(§97)에 대한 것으로 나누고 양자 모두에 대한 조건을 제시하는데, 이는 창조되지 않은 것, 곧 신에 대해서도 정의를 산출할 수 있음을, 다시 말해 원인을 통한 완벽한 인식이 가능함을 함축한다. 그러므로 이후 『윤리학』에서는 창조된 것과 창조되지 않은 것, 원인에 의해 산출된 것과 원인이 없는 것이라는 구분이 사라지고, 신 역시 원인(적극적 의미의 자기 원인)[42]을 통해 정의되는 것은 이 논고에 함축된 형이상학을 보다 일관되게 표현한 것이라 할 수 있다.

다음으로 원인에 의한 인식의 가능 범위 역시 다르다. 홉스는 모든 존

---

39 『유클리드 기하학』 제1권 정의 15.
40 T. Hobbes, 『물체론』(De corpore), 제1부 제1장 제5절.
41 『지성교정론』의 발생적 정의론이 『윤리학』의 실체 이론과 어떻게 연결되는지에 대한 해명으로는 알렉상드르 마트롱(2008), 제1장을 참조하라.
42 이에 대한 자세한 논의는 진태원(2006)을 참조하라.

재자를 물체로 환원하고 이것을 다시 자연적 물체와 인공적 물체로 나누면서, 기하학에서와 같은 원인에 의한 인식이 인공적 물체에 한해서만 가능하다고 한정한다. 인간은 스스로가 만든 것만을 완벽하게 알 수 있다는 것인데, 도형처럼 인간 스스로가 작도한 기하학적 존재나 계약을 통해 인공적으로 만들어낸 정치체만이 여기에 해당된다. 자연학의 경우에 그 대상들은 신이 만들었고 인간은 신에 대해 그가 전능하다는 사실밖에는 알 수 없으므로 그것은 확실한 과학이 될 수 없다. 스피노자는 이런 식의 구획을 설정하지 않는다. 오히려 그는 "우리 정신이 가급적 자연 전체에서나 부분들에서나 자연의 형상적 존재를 표상적으로 재현하게끔 모든 관념을 연쇄시키고 질서 지우고자 노력할 것"(§91)이라고 말한다.

마지막으로 인간 이성의 지위, 따라서 인간의 지위에 대한 인식의 차이가 있다. 홉스에게 인간의 지위는 '반-자연적 효과들을 산출하는 자연적 존재'[43]라는 말로 집약된다. 인간은 다른 동물들과 마찬가지로 자연적 존재이다. 그것은 운동을 하며 감각을 통해 인식한다. 그러나 인간은 동물과는 다른 영역을 구축할 수 있는데, 이는 그가 언어라는 기호를 사용하기 때문이다. 이성이란 언어라는 기호의 배치와 조합 능력에 다름 아니다. 이 능력 덕분에 인간은 가령 계약을 맺을 수 있고, 이로써 자연의 지배에서 벗어나 인공적인 정치체를 구축할 수 있다. 이 때문에 홉스에게서 언어는 이성의 산파라고 할 만큼이나 중요한 지위를 갖는다. 스피노자의 인간관이 이와 얼마나 거리가 있는지는 『윤리학』이나 그의 정치 논고들에 잘 나타나 있으며, 그것은 한마디로 인간은 "'국가 안의 국가'(imperium in imperio)가 아니다"라는 말로 요약된다. 한편으로 인간은 자연의 일부라는 지위를 벗어날 수 없다. 그러니까 자신이 알지 못하는 외적 원인의 지배에서 벗어날 수 없다. 따라서 계약의 효력 역시 정

---

43  P.-F. Moreau(1989), p. 44.

넘의 힘이 그것을 지지해줄 경우에만 유지되며, 강력한 인공체인 국가도 인간 정념의 파괴적 힘에 의해 언제든 해체될 수 있다. 다른 한편으로 인간 정신은 신적 지성의 일부이다. 따라서 인간의 추론은 단지 명목적인 이름들의 배치와 조합이 아니라 실재에 대한 것이다. 이런 형이상학적 내용은 이 논고에서 최대한 배제되어 있다. 그러나 앞서 말한 정의 이론은 물론이고, 언어를 거듭해서 상상으로 격하하면서 지성과 분리하는 대목들에서 우리는 그가 홉스에 대해 취하는 거리를 엿볼 수 있다.

### (2) 관념들을 통일되게 질서짓기 위한 규칙(§§ 99~103)

방법의 첫 번째 부분이 명석판명한 관념들을 어떻게 획득하느냐를 다루었다면, 두 번째 부분은 이 관념들을 어떻게 하나의 관념에 결부시켜 질서 지우는지를 다룬다. 통일성을 부여할 이 하나의 관념을 스피노자는 '그 표상적 본질이 우리 모든 관념의 원인이 되는 어떤 존재자'(§99)에 대한 관념이라 말한다. 이런 원인에 해당하는 것은 물론 신일 것이다. 신은 관념들이 하나의 체계로 통합되게 하는 원인이거나, 아니면 이후의 이마누엘 칸트(Immanuel Kant)가 말하는 것처럼 모든 학문들의 통일성을 이끌어가는 규제적 이념과 같은 것일 수도 있다. 그러나 여기서 스피노자는 신을 거론하지 않는다. 이런 존재자에 대한 더 구체적 논의를 생략하고, 이를 관념들의 연쇄의 출발점이 될 '부동의 영원한 사물들의 계열'로 대체한다.

스피노자는 이를 보편적이면서도 추상적이지 않고 물리적이며 실재적인 것이라고 규정하는데, 이것이 정확히 무엇을 가리키는지는 이 논고만으로는 알 수 없다. 더구나 이 주제를 둘러싼 스피노자의 서술은 혼란스럽다. 우선 그는 개별자들의 인식을 위해 이 영원한 사물들과 그 법칙들 외에 **다른 보조물**을 찾아야 한다고 하면서도 이 보조물을 찾는 작업을 영원한 사물과 법칙에 대한 충분한 인식 이후로 미룬다. 다른 한편, 영원한 사물들의 인식에 도달하고, 앞서 말한 정의의 조건에 따라

이 사물들의 정의를 형성하기 위해서는 지성의 힘과 본성을 알아야 하지만, 그는 **지성의 정의**에는 도달하지 못하고 지성의 특성을 열거하는 데 그친다. 이는 분명 이 논고의 미완 이유를 시사해주는 대목이다. 실로 유고집에 들어 있던 이 원고를 읽은 라이프니츠가 자신이 "가장 기대했던 대목에서 스피노자가 멈춰버렸다"[44]라고 아쉬워했을 만큼 중요한 부분이기도 하다. 이것이 분명 이 논고의 한계이겠지만, 이것이 과연 『윤리학』에서 극복되었는지, 극복되었다면 어떤 방식으로인지, 아니라면 어떤 방식으로 피해 가는지는 『윤리학』과의 대조를 통해 면밀히 검토해볼 문제이다.

이제 아래 제III장에서는 초기작이자 미완이라는 이 논고의 특성 때문에 제기되는 주요한 문헌학적·해석적 쟁점을 간략히 밝혀두겠다.

## III. 『지성교정론』의 해석상의 쟁점

### 1. 『지성교정론』의 작성 시기 및 다른 저술과의 관계

해석상의 차이를 가져오는 가장 큰 쟁점 중 하나는 『지성교정론』의 작성 시기이다. 이 논고의 정확한 집필 시기는 알 수 없다. 다만 스피노자가 논고에 대해 처음 언급하는 곳이 올덴부르크에게 보낸 「편지 6」이라고 보면, 이 편지에 날짜는 적혀 있지 않지만 전후 관계로 미루어 대략 1662년 상반기(4, 5월) 어느 때라고 추측할 수 있다.[45] 작성 시기는

---

44 1678년 5월에 라이프니츠가 치른하우스에게 보낸 편지(M. Laerke[2015], 107에서 재인용).

45 올덴부르크가 스피노자에게 쓴 「편지 5」가 1661년 10월 11/21일자로 되어 있고, 「편지 6」에 대한 올덴부르크의 답신인 「편지 7」(여기에도 날짜는 없다)에서 올덴부르크가 영국의 왕립과학협회 헌장 발표(1662년 7월 15일)를 언급하고 있으며, 서두에서 자신이 스피노자의 편지(곧 「편지 6」)를 수주일 전에 받았다고 말하고 있기 때문이다. 단 이 추측은 「편지 6」에서 말하는 'integrum opusculum'이 『지성교정론』을

두 가지 문제와 연관되어 있다. 하나는 라틴어 유고집과 네덜란드어 번역본의 관계 문제이고, 다른 하나는 또 다른 초기 글인 『소론』과의 전후 관계 문제이다.

### (1) 유고의 라틴어본과 네덜란드어 번역본의 관계

먼저 『지성교정론』 라틴어본과 네덜란드어 번역본의 출판 경위를 보자. 스피노자가 1677년 2월 21일 헤이그에서 세상을 떠날 당시, 그때까지 출판된 책은 단 두 개였다. 하나는 『르네 데카르트의 '철학의 원리'에 대하여』(1663년)이고(1664년 네덜란드어 번역본 출간), 다른 하나는 라틴어로 집필되고 익명으로 출간된 『신학정치론』(1670년)이다.[46] 세상을 떠나기 전 날에 스피노자는 자신이 쓴 수고들을 하숙집 주인 헨드릭 판 데르 스피크(Hendrik van der Spyck)에게 맡기면서 서적상 얀 리우베르츠(Jan Rieuwerts)에게 보내라고 부탁하고, 리우베르츠는 3월 25일자 편지에서 스피크에게 수고들을 받았다고 알린다. 리우베르츠는 메이어르를 비롯한 스피노자의 친구들과 같이 이 라틴어 수고들을 정리하여 그 해 12월 출판하고, 이듬해 1월에 배포하기 시작한다. 책의 제목은 *B.d. S. Opera postuma, quorum series post Preaftionem exhibetur*(베네딕투스 데 스피노자의 유고와 이에 대한 서문. 이하 'OP 판본'으로 축약)였고, 출판사나 인쇄 장소는 명기되지 않았다. 그 안에는 35쪽에 달하는 서문이 있고, 그다음에 『윤리학』, 미완성의 『정치론』과 『지성교정론』, 편지들이 있으며, 색인(full Index Rerum), 히브리 문법 단편, 오류(Errata) 목록이 순서대로 포함되어 있다. 이 순서는 연대기적 순서와는 무관하며 내용상의 중요성이 일차적 기준이 되었다. 이 라틴어 유고집과 동시에 유고집의 네

---

가리킨다고 볼 경우에 해당된다. 뒤에서 살펴보겠지만, 미니니는 그것이 『소론』을 가리킨다고 보고, 『지성교정론』은 그 이전인 1658~59년에 집필이 시작되었다고 본다.
46 스피노자의 「편지 44」에 따르면, 이 논고의 네덜란드어 번역이 시도되고 있었으나 스피노자 자신이 중지를 요청한다. 라틴어본 출간 이후의 나쁜 여론 때문이다.

덜란드어 번역본도 준비되어 출판된다. 번역자는 얀 H. 흘라즈마커(Jan H. Glazemaker)였다. 그는 『규칙』을 비롯한 데카르트 글의 네덜란드어 번역자였고, 스피노자와 라이프니츠 공통의 편지 교환자였던 치른하우스의 친구이기도 했다. 네덜란드어 번역본의 제목은 *De Nagelate Schriften van B.d.S.*[47]이다(이하 'NS 판본'으로 축약). 여기에는 스피노자의 친구 야리흐 옐러스(Jarig Jelles)의 서문과 『윤리학』, 『정치론』, 『지성교정론』, 편지의 네덜란드어 번역이 포함되어 있다. 유고집에 실린 『지성교정론』이 미완성인 만큼, 네덜란드어 번역본은 라틴어본의 오류나 누락 부분을 해석하는 데 중요한 열쇠가 된다. 그러나 어떤 측면에서, 어느 정도의 중요성을 부여할 것인가에는 논란이 있다.

카를 겝하르트(Carl Gebhardt)나 해럴드 H. 요하킴(Harold H. Joachim) 등 초기 연구자들은 NS 판본이 OP 판본의 번역본이 아니라 세상을 떠나기 훨씬 이전에 스피노자가 친구들에게 맡겼을 또 다른 라틴어 수고의 번역이고, 이 라틴어 수고본을 스피노자 자신이 다시 교정한 것이 OP 판본 원고라고 생각해왔다. 만일 그렇다면, OP판 원고와 NS판 원고의 차이는 스피노자가 직접 썼을 두 라틴어 원고의 차이, 따라서 스피노자 자신의 생각의 변화를 나타내는 것이 된다. 그러나 포케 아커만(Fokke Akkerman), 필리포 미니니(Filippo Mignini), 피에르-프랑수아 모로(Pierre-François Moreau) 등 오늘날 대부분의 연구자들은 『지성교정론』에 상이한 두 개의 수고가 있었음을 받아들이지 않는다. 이 판단의 중요한 근거 중 하나는 「편지 6」에서 스피노자 자신이 언급한 논고가 『지성교정론』이 아닐 수 있다는 가설이다. 「편지 6」에서 스피노자는 이렇게 말한다.

---

47  *De Nagelate Schriften van B.d.S. Als Zedekunst, Staatkunde, Verbetering van't Verstant, Brieven en Antwoorden. Uit versheiden Talen in de Nederlandshce gebragt.* Gedrukt in't Jaar 1677.

선생님의 새로운 질문, 즉 어떻게 사물들이 존재하기 시작했고 어떤 결합을 통해 그것들이 제1원인에 의존하는지에 대해 말씀드리자면, 저는 이 주제에 대한, 또한 지성의 교정에 대한[de emendatione intellectus] 완결적인 작은 저작 하나를[integrum opusculum] 작성했습니다. 그리고 이것을 정서하고 교정하는 일에[emendatione] 집중하고 있습니다(스피노자(2018), 48쪽, 한글 번역은 수정: G IV, 36b).

전통적 해석에 따르면, 여기서 언급되는 '완결적인 작은 저작'은 두 부분 모두 『지성교정론』을 가리키거나(야코프 프로이덴탈Jacob Freudenthal, 1896), '사물들의 기원' 등 형이상학적 문제를 다루는 제1부는 『소론』을, '지성의 교정'을 다루는 제2부는 『지성교정론』을 가리킨다(겝하르트, 1925). 이 가운데서도 겝하르트의 의견이 오랜 기간 정설로 받아들여졌다. 즉 스피노자는 「편지 6」을 쓸 때쯤 『지성교정론』을 집필하기 시작했고, 그때 이미 『소론』의 라틴어 원본이 있었으리라는 것이다. 반면에 미니니는 「편지 6」에서 언급된 저작 전체를 『소론』으로 보아야 한다고 주장한다. 스피노자는 『지성교정론』을 완성되었다고 여긴 적이 없으며 평생에 걸쳐 수정한 이상, 그런 원고를 「편지 6」에서 이미 완성되어 교정 중인 것으로 말했을 리는 없다는 것이다. 그래서 그는 사물의 기원과 제1원인을 다루는 형이상학적 부분이 『소론』의 제1부이고, 지성의 교정에 관한 부분은 인식론적 문제를 다루는 『소론』의 제2부라고 결론을 내린다. 이로써 OP 판본과 별도의 라틴어 수고가 있어 그것이 NS 판본의 대본이 되었다는 전통적 해석은 흔들리게 된다. 스피노자 스스로 완성되었다고 여긴 적이 없는 글을 지인들에게 보냈을 리 없기 때문이다.

실제로 유고집 서문이나 논고의 일러두기에서 지인들은 스피노자가 이 논고를 세상을 떠나기 전까지 계속 완성할 뜻을 품고 있었다고 말한다. 나아가 편지들은 스피노자의 지인들이 스피노자 생애 말엽까지 이 논고가 있었다는 사실조차 알지 못했음을 시사한다. 가령, 방법에 관한 바우메이스터르의 질문에 대한 답변(1666년 6월, 「편지 37」)에서 스피노자는 『지성교정론』에서 제시될 내용을 거의 그대로 반복하는데, 이는 바우메이스터르가 『지성교정론』의 내용을 접한 적이 없다는 증거이다. 스피노자가 세상을 떠나기 2년 전인 1675년에 치른하우스가 쓴 편지(「편지 59」) 역시 마찬가지이다. '방법에 관한 당신의 책'에 관한 치른하우스의 탐문은 그가 논고의 존재를 알고는 있지만 소지하지는 않았으며, 심지어 본 적도 없음을 방증한다. 『윤리학』에 접근할 수 있었던 치른하우스가 이 논고를 모른다면, 스피노자의 다른 친구들 가운데 그것을 소유하거나 알고 있었던 자는 없었을 것이다.

그래서 오늘날 대부분의 주석가들은 OP 판본 원고와 별개의 라틴어 수고본이 있어 이것이 NS 판본의 원본이 되었다는 겝하르트의 해석을 받아들이지 않고 있다. 이럴 경우 OP 판본과 NS 판본의 차이도 스피노자 사상의 변이와는 무관해진다. 그것은 번역자 흘라즈마커의 잘못이나 OP 판본 인쇄를 준비했던 사람들의 개입 때문에 생겨났을 뿐이다. 그렇다면 네덜란드어 번역본은 단지 '수용의 최초의 증거'로서만 가치를 갖는다. "스피노자 측근들이 어떻게 그의 텍스트를 이해했고 또한 경우에 따라 심지어 그들을 곤란하게 했던 것, 그래서 실제적 문제일 수 있는 것이 무엇인지"[48]를 알아볼 수 있게 한다는 의미에서 말이다. 이처럼 OP 판본과 NS 판본의 관계가 겝하르트가 수립한 것과 매우 다르다는 것이 밝혀지면서 결국 1977년 아커만은 겝하르트 판본(1925년)이 더 이상 엄밀한 스피노자 연구의 바탕이 될 수 없다고 결론짓게 된다. 이것이 현재 모로를 중심으로 이루어지고 있는 라틴어-프랑스어 대역 전집(PUF 출판사) 출간의 동기이기도 하다.

---

48  P.-F. Moreau(1994), p. 6~7, note 3.

(2) 『지성교정론』과 『소론』의 선후 관계

방금 말한 OP 판본과 NS 판본의 관계가 미니니가 내놓은 혁신적 해석의 핵심은 아니다. 더 중요한 것은 『소론』과 『지성교정론』의 선후 관계이다.

『소론』은 스피노자 생전에 출판되지 않았음은 물론이고, 유고집에도 들어 있지 않았다. 그것은 18세기에 처음 알려지고 19세기에 가서야 출판된다(1862년에 요하네스 판플로텐Johannes van Vloten이 그보다 몇 년 전 발견된 네덜란드어 판본을 라틴어로 번역·출간한다). 프로이덴탈과 겝하르트 이래, 『소론』은 작성 동기(그것은 출판할 의도 없이 단지 친구들 사이에 돌려볼 목적으로 작성되었다)와 그 바탕에 깔린 르네상스 신플라톤주의나 신비주의적인 성격, 지적 인식을 '수동'으로 보는 관점, 『윤리학』의 초안이라는 성격 등의 이유로 별 주저 없이 스피노자 최초의 저작으로 간주되었다. 겝하르트는 『소론』의 작성 시기를 스피노자가 시나고그에서 축출되고 나서 레인스뷔르흐로 이주하기 이전인 암스테르담 시기(1656~60년)로 추측했다. 이에 따라 자연스럽게 『지성교정론』은 두 번째 글(레인스뷔르흐 시기 1660~61년)로 인정되었다. 그러니까 『지성교정론』은 『소론』의 결론으로, 그리고 『윤리학』의 방법론적 도입으로 작성되었다는 것이다.

이에 반대하여 1979년부터 미니니는 『지성교정론』이 『소론』에 선행한다는 가설을 제기하고 이를 뒷받침하는 글을 꾸준히 발표해왔다.[49] 「편지 6」에 언급되는 '완결적인 작은 저작'이 전부 『소론』이라는 그의 가설도 『지성교정론』 집필이 『소론』보다 먼저 시작되어 포기되거나 생애 말엽까지 진행되었다는 가설의 일부이다. 『지성교정론』이 먼저임을 뒷받침하는 미니니의 논거는 외적 정황보다는 대부분 이론적인 것이다. 가령, 『지성교정론』의 지성 개념이 지성을 의지와 동일시하는 『윤

---

49  F. Mignini(2001); (2009), p. 43~44.

리학』의 그것과 다르다거나, 『소론』과 『윤리학』에서 세 가지로 제시되는 인식의 종류가 『지성교정론』에서는 네 가지로 제시된다는 점, 『지성교정론』의 '상상' 개념이 심신 상호작용을 전제로 하는 듯 보인다는 점, '정신이 신체에 대한 관념'이라는 『소론』과 『윤리학』의 심신 이론은 물론이고, 실체·속성·양태 같은 스피노자 존재론의 핵심 어휘나 신과 자연을 동일시하는 테제가 여기에는 없다는 점 등이 그것이다.

그러나 미니니가 든 학설상의 근거들 각각에 대해서는 반대 해석도 충분히 가능하다. 대표적으로 알렉상드르 마트롱(Alexandre Matheron)에 따르면, 『지성교정론』은 데카르트주의 독자들을 겨냥한 교육학적이고 예비적인 저작이다. 따라서 스피노자는 자기 생각을 직접, 그리고 완전히 드러내기를 삼갔다. 그러므로 이런저런 테제를 곧이곧대로 받아들여 이 논고와 다른 저작 사이의 선후 관계를 논하는 것은 부당할 수 있다. 실제로 스피노자는 자신의 형이상학적 입장을 '철학'에, 즉 본격적인 철학적 저작에 제시하리라 기약하면서 이 논고에서는 가급적 끌어들이지 않으려 한다. 게다가 논고에서 『윤리학』과 양립 불가능한 내용을 담은 대목은 흔치 않으며, 그렇게 보이는 대목조차 논고가 겨냥하는 독자의 어법에 맞춘 것일 수 있다.[50] 그래서 영미권의 대표적 연구가이자 표준판 번역자인 에드윈 컬리(Edwin Curley)도 영역본 서문에서 『지성교정론』이 『소론』에 앞선다는 미니니의 가설을 결정적으로 받아들이는 대신에, 최소한 『소론』과 유사한 시기에 『소론』의 입문 격으로 집필되었으리라 생각한다.[51] 프랑스어 번역과 더불어 이 논고에 대한 가장 상세한 주해 중 하나를 펴낸 베르나르 루세(Bernard Rousset)[52] 역시 스피노자가 오랜 시간에 걸쳐 개입한 상이한 층들이 있음을 인정할 뿐이다.

---

50  A. Matheron(2011c).

51  E. Curley(1986), p. 4.

52  B. Spinoza(1992).

세브린 오프레-페르즐리(Séverine Auffret-Ferzli)에 따르면,[53] 유고집 편집자들이 말하듯이, 스피노자는 『지성교정론』을 끝내기 위해 작업을 계속 이어갔고, 이는 1675년 치른하우스가 제기한 문제에 대한 답변에서 보이듯이, 생애 마지막 시기까지 이어진 것으로 보인다. 그래서 설령 미니니 해석을 받아들여 『지성교정론』의 핵심이 『소론』보다 앞서 작성되었다고 하더라도, 만일 스피노자가 이후에도 계속 작업했으리라고 본다면, 『지성교정론』은 스피노자 사상 진화의 특정 시기에만 해당되는 저작이 아니라 그의 지적 경험 전체와 궤를 같이하는 저작으로 간주되어야 한다. 마지막으로 영어나 프랑스어 권역 바깥의 동향을 보면,[54] 이탈리아의 대표적 연구가인 에밀리아 잔코티(Emilia Giancotti)는 『소론』의 이탈리아 번역본 소개글에서 이 문제에 대한 확정적 증거가 없다는 회의적 입장을 보인다. 또한 『윤리학』의 이탈리아 번역본 소개글에서 『지성교정론』이 『소론』에 선행한다는 미니니 입장에 대한 반증을 내세운다. 대표적으로 『소론』에서 인식이 수동(passion)으로 다뤄지는 반면에, 『지성교정론』과 『윤리학』에서 인식은 능동(action)으로 다뤄진다는 점이 그것이다. 독일의 대표적 스피노자 연구가인 볼프강 바루트샤트(Wolfgang Barutschat) 역시 『소론』의 독일어 번역본 소개글에서 위와 동일한 논거로 『소론』이 『지성교정론』에 선행함을 여전히 지지해야 한다고 주장한다. 스페인의 아틸라노 도밍게스(Atilano Domínguez) 역시 『지성교정론』이 『소론』에 앞선다는 것을 증명하려는 의도는 『지성교정론』에 대한 과장된 비판으로 이어진다고 비판한다. 물론 이런 반박들 역시 결정적이지는 않으며, 미니니로서는 자기 가설을 계속 옹호할 이유가 있다. 스피노자가 생애 후반까지 논고를 손봤다 하더라도, 이 논고가 스피노자 사상의 진화에서 어떤 시기에 속하는지 특정할 수 없게 할 만큼

---

53  S. Auffret-Ferzli(1992).
54  이에 대해서는 F. Mignini(2009), p. 43을 참조했다.

많거나 의미심장한 개입은 없다는 것이다.[55]

이 모두를 고려할 때, 미니니의 해석을 최종적인 것으로 받아들이는 대신에 마트롱이나 컬리처럼 최소한 『소론』이 『지성교정론』보다 앞선다고 볼 이유는 없다는 정도로 결론을 내려두는 것이 현재로서는 가장 합당할 것 같다.

### 2. 미완성의 이유

『지성교정론』이 『소론』에 앞서는 최초의 글이냐는 문제는 논고의 미완성 이유에 관한 물음과 이어진다. 유고로만 출판된 글 모두가 저자의 눈에는 완성된 글이 아닐 것이다. 그러나 다 같은 정도로 그런 것은 아니다. 『윤리학』은 명백히 예외로 볼 수 있다. 스피노자가 적어도 출판을 시도했고(1675년), 결국 출판을 포기한 것도 단지 정황적 이유(『신학정치론』 출간 이후의 적대적 여론) 때문이라 추정되기 때문이다. 『정치론』도 분명 미완이지만, 스피노자의 완성된 정치사상은 물론 형이상학의 최종 형태를 담고 있다고 인정된다. 초기작인 『소론』은 어떨까? 그것도 명백히 미완이지만 형식적 구조나 다루는 주제상 『윤리학』으로 발전해 갔음이 확실하기 때문에 적어도 어디까지가 스피노자의 완성된 사상이고, 어디까지가 초기 사상인지 비교적 분명히 가려낼 수 있다. 『지성교정론』은 사정이 다르다. 이 논고는 그의 독자적 사상이 모습을 갖추기 이전에 집필되기 시작했다가 포기되었다. 게다가 주요 주제인 방법, 곧 "어떤 방법(via)으로 지성을 완전화해야 하는가"[56]에 대한 다른 독립된 글은 없으므로 이 시기의 사상을 성숙기 사상과 비교하기가 곤란하다. 따라서 논고 내용은 물론, 심지어 주제 역시 얼마나 스피노자 사상에 충실하다고 볼 수 있을지 논란의 여지가 있다. 그래서 미완성의 이유를 따

---

55  F. Mignini(2007), p. 42.

56  스피노자, 『윤리학』 제5부 서문.

져볼 필요가 있다.

유고집 편집자들의 보고에 따르면, 미완성의 이유는 다른 업무들과 이른 죽음이다. 논고의 집필 시기를 1662년 상반기 이전으로 추정한다면, 실제로 그 이후 시간 동안 스피노자는 다른 글을 집필하는 데 주력했다.[57] 그러나 이런 외적 정황만으로 이 논고의 미완성은 설명되지 않는다. 단적으로 이와 비슷한 시기에 집필되기 시작했으리라 생각되는 『소론』은 두 번이나 새로 쓰여 『윤리학』이 되었다. 이 논고 역시 그런 작업을 거치지 말란 법은 없다. 그러므로 미완성의 **내적이고 이론적인 이유**를 따져보아야 한다. 이 문제는 스피노자 사상 내적으로는 『소론』 및 『윤리학』과의 관계를 통해, 외적으로는 선행자인 베이컨,[58] 데카르트,[59] 홉스[60]가 끼친 영향과 단절의 구체적 내용을 통해 검토될 수 있다. 이에 대한 세부 논의는 앞의 해제 및 옮긴이 주석에 제시해두었다. 여기서는 이 문제를 둘러싼 상이한 해석의 스펙트럼에서 몇 가지를 압축해 소개하기로 한다.

## (1) 스피노자 사상의 성숙도와 논고의 미완 정도

스피노자가 부딪쳤을 난점을 말하기 전에, 『지성교정론』에 반영된 철

---

57  우선 1665년 이전(아마도 1662년)에 『윤리학』 집필이 시작되어 1665년에는 이미 상당 정도 진척되었다. 1663년에 『르네 데카르트의 '철학의 원리'에 대하여』를 그 부록인 「형이상학적 사유」와 함께 출판했으며, 1665년부터 『신학정치론』을 집필하여 1670년에 출판했다. 그리고 1670년부터 1675년까지 『윤리학』을 교정했고, 1675년부터 1677년까지 역시 미완으로 남은 『정치론』을 썼다.

58  이에 대한 간략한 논의는 앞의 190~93쪽을 참조하라. 더 상세한 논의는 Didier Deleule(1997), Juliette Goursat(2006), 김은주(2015)를 참조할 수 있다.

59  이에 대한 간략한 논의는 앞의 193~200쪽을 참조하라. 특히 데카르트의 『정신지도를 위한 규칙』과의 관계를 주제적으로 다룬 논문으로는 Sánchez Estop(1987)을 참조할 수 있다.

60  이에 대한 간략한 논의는 앞의 213~16쪽을 참조하라. 상세한 논의로는 특히 발생적 정의를 주제적으로 다룬 M. Gueroult(1974), pp. 467~87을 참조하라.

학적 미성숙의 정도를 둘러싸고서도 연구자들 사이에 이견이 있음을 먼저 말해둘 필요가 있다.

미성숙을 가장 강조하는 연구자는 역시 그것이 『소론』에 시기상 선행한다는 가설을 내놓은 미니니이다. 그에 따르면, 이 논고는 방법에 대한 논고이기는 하지만 단지 철학 입문이었다기보다는 형성 중에 있던 스피노자 사상의 독립된 표현이자 스피노자 철학의 한 '시기'(moment)였다.[61] 그러므로 아직 온전한 스피노자의 것이 아니었던 어떤 사상의 집필이 미완성으로 남은 것은 어찌 보면 당연한 일이다.

그러나 이 논고를 스피노자의 독자적 사상이 모습을 갖추기 이전에 형성되었다가 단순히 포기된 초기 글로만 간주하기는 어렵다. 첫째, 앞서 언급했듯이, OP 판본 전체의 서문이나 이 논고의 일러두기는 스피노자가 글을 완성하려는 기획을 끝까지 포기하지 않았다고 보고한다. 일러두기에 따르면, 스피노자는 이 글을 쓰기 시작한 이래 완성할 뜻을 줄곧 품고 있었으나 더 긴급한 다른 업무 때문에, 그리고 종국에는 갑작스러운 죽음 때문에 완성하지 못했다. 한편, OP 판본 전체의 서문에 따르면, 이 논고는 '방대한 지식'(vasta scientia)의 부족 때문에 미완성으로 남았는데, 이 논거는 방금 말한 일러두기의 근거와 상호 보완적이다.[62] 나아가 그가 지인들과 주고받은 편지는 상당 기간, 즉 거의 생애 말엽까지 집필과 수정 작업이 계속되었음을 입증한다. 가령, 앞서 말한

---

61  F. Mignini(1987), p. 18. 그 외 쥘 라뇨(Jules Lagneau, 1895)에 따르면, 스피노자는 자기 사유를 기하학적으로 구축한 추상적 체계의 철학자가 아니라 귀납적 이성의 편에 선 일종의 '선험적 경험론자'였고(p. 386), 『지성교정론』은 그가 아직 경험적 방법을 적용하고 실험하지 않았기 때문에 미완성되었다(pp. 378, 380 등). 샤를 아퐁(Charles Appuhn)(B. Spinoza[1964], "Notice", pp. 167~75)도 이에 부분적으로 동의하면서 다음을 덧붙인다. 스피노자는 도덕 및 정치철학(『윤리학』『신학정치론』『정치론』)에 대한 다른 책에 집중하는 것이 더 중요하다고 생각하였기에 『윤리학』 이후에 『지성교정론』을 끝내는 작업으로 되돌아가지 않았다는 것이다.

62  F. Mignini(2009), p. 33.

1675년 편지(「편지 59」)에서 치른하우스는 스피노자에게 다음과 같이 묻는다. "아직 알려지지 않은 진리들의 탐구에서 이성을 제대로 인도하기 위한 선생님의 방법을 저희가 언제 알 수 있습니까?"[63] 이 질문은 둘이 이전에 비공식적으로 비슷한 내용을 교환했고, 치른하우스가 스피노자의 방법 논고가 곧 출판되리라 기대할 이유가 있었음을 시사한다. 스피노자는 방법에 대한 글이 "아직 순서를 갖추어(ordine) 쓰이지 않았기 때문에 다른 기회로 미루겠다"(「편지 60」)[64]라고 답한다. 세상을 떠나기 2년 전까지도 최소한 이 논고의 집필 계획을 포기하지는 않은 것이다. 요컨대 『지성교정론』의 최초의 핵은 『소론』보다 앞서 작성되었을 수 있지만, 스피노자는 이후에도 논고를 계속 수정했고, 끝까지 논고의 완성을 포기하지 않았다고 볼 수 있다.[65]

둘째, 스피노자는 오랜 기간 수정 작업을 계속해 나갔지만 논고의 내용에 대체로 만족했던 것처럼 보인다. 역시 지인들에게 보낸 편지가 이를 시사한다. 해제에서 보여주었듯이, 바우메이스터에게 보낸 편지 (1666년, 「편지 37」)에서 스피노자는 『지성교정론』의 주요 테제를 그대로 반복한다. 지성은 신체와 달리 운(fortuna), 곧 외적 원인들에 종속되지 않으며 명석판명한 관념들을 형성할 힘이 있다는 것, 또한 무엇보다도 지성과 상상을 구별해야 한다는 것이다. 앞서 언급한 치른하우스의 편지 역시 『윤리학』이 거의 완성된 이후에도 스피노자가 논고를 출판할 생각을 버리지 않았음을 시사한다. 이 점은 『윤리학』을 통해서도 지지된다. 『윤리학』(제2부 정리 40의 주석 2)에서 스피노자는 여러 종류의 기초 개념들(notions)을 다루는 "다른 논고"(alius Tractatus)를 언급하는데, 그것은 『지성교정론』으로 보인다.[66] 이는 그가 이 논고를 포기하고 『윤

63  스피노자(2018), 335쪽.
64  스피노자(2018), 340쪽, 한글 번역은 수정: G IV, 271.
65  S. Auffret-Frezli(1992).
66  이 논고가 『지성교정론』을 가리킨다고 확신할 수는 없다. 스피노자는 이 주제에 대해

리학』으로 갈아탔다거나『윤리학』을 시작하고 난 뒤『지성교정론』이 무용해졌으리라는 추측을 약화시킨다. 이 구절은 그가 최소한『윤리학』의 집필이 거의 완성될 때까지도 이 논고를 **『윤리학』과 별도의 기획을 가진** (그러니까 '철학 입문'이나 '논리학'으로서) 의미 있는 저작으로 간주했음을 암시한다.[67]

미니니의 입장에 반대되는 대표적 입장으로는 마트롱의 해석이 있다.[68] 그에 따르면,『지성교정론』은『윤리학』과 배치되는 테제들을 하나도 포함하고 있지 않으며, 차이는 궁극적으로 방법론적인 것에 불과하다.『윤리학』과 비교할 때, 이 논고가 보이는 가장 큰 차이 중 하나는 인식 방식을 발생적으로 설명하지 않고 기술적(記述的)으로 제시하는 데 머무른다는 점이다. 마트롱에 따르면, 이 차이는 스피노자 사상의 한계에 기인하기보다 단지 논고의 집필 의도를 충실히 따른 결과일 뿐이다. 여러 인식 방식을 발생적으로 설명하려면 스피노자 자신의 형이상학적 테제들 역시 제시해야 했고, 이 테제들은 스피노자가 염두에 둔 데카르트주의 독자들이 받아들이기 어려운 것이었다. 그렇다고 이런 입문서에서 그들이 납득할 만한 증명을 수행할 수도 없고,『윤리학』에서처럼 자기 테제를 정의와 공리에서부터 설정하고 들어갈 수도 없는 일이다. 이런 상황에서 스피노자는 적절한 제시 방식을 끊임없이 찾았고, 그래서『지성교정론』은 미완으로 남았다는 것이다. 이렇게 보면 적어도 내용상으로는 '미완'이 아닌 셈이다.

논고에서 스피노자의 입장이 미묘하게 남아 있는 지점들을 호의적으

---

"언젠가 성찰했다"(aliquando meditatus sum)라고 말한 뒤, "이것들은 다른 논고에 할당해두었다"(haec alii dicavi Tractatui)라고 말한다. 흔히 이 진술의 과거형에만 주목하는데, 이 논고가 이미 집필된 것인지, 진행 중인지, 미래의 계획인지는 이 문장만으로는 판가름하기 어렵다.

67  이와 동일한 입장은 Herman de Dijn(2001), 특히 p. 347의 주 2에 명시되어 있다.
68  A. Matheron(2011a; 2011b).

로 해석한다면 마트롱의 입장이 가장 설득력 있어 보인다. 실제로 논고에서 스피노자가 자기 사상의 본격적 제시를 가급적 자제하면서 대부분 '철학' 혹은 '나의 철학'으로 미룬다는 사실, 그럼에도 그가 암시하는 사상들은『윤리학』의 사상과 적어도 반대되지는 않는다는 사실을 고려하면 특히 그렇다. 그러나 스피노자가 수정을 거듭해갔다면, 분명 제시 방식 이상의 어떤 난점 때문이긴 할 것이다. 설사 그것이 치른하우스에게 보낸 편지(「편지 60)」)에서 그 스스로 암시하듯이 '순서를 갖추어'(ordine) 쓰는 일에 불과했다고 하더라도, 순서의 미정은 내용의 미완성과 무관할 수 없다. 데카르트가 강조하듯이, 순서는 방법의 핵심이며, 방법에는 형이상학적 문제가 내포되어 있다. 방법이 갈릴레오 갈릴레이(Galileo Galilei)나 윌리엄 하비(William Harvey), 아이작 뉴턴(Isaac Newton) 같은 당대의 대표적 과학자들보다는 베이컨을 비롯하여 데카르트, 홉스, 스피노자, 이후 라이프니츠처럼 과학에 종사하는 철학자들 사이에서 논의 대상이 되었던 것도 이를 방증한다. 데카르트의 경우에도『규칙』은『지성교정론』처럼 미완에 그친 반면,[69] 이후『방법서설』을 거쳐『성찰』에 이르러서야 방법은 완성된 형태로 제시된다. 앞의 두 논고에서 선언되었던 방법의 통일성은 모든 지식의 연역적 상호 연관이라는 인식론적 비전에 의해 뒷받침되고, 이 비전은 다시 인간이 가진 지식이 세계 자체의 구조와 부합한다는 형이상학적 가정에 의해 뒷받침되는 것이다.

그러므로 이 문제에서도 스피노자가 논고 내용에 대체로 만족했다는 것, 그러나 결정적인 문제가 있어 수정을 계속했고 끝내 만족스러운 단계에는 이르지 못했다는 다소 절충적 입장으로 결론을 내리는 것이 현

---

69 그러나 마리옹은『규칙』에 제시된 데카르트의 방법조차 이미 단지 새로운 인식론만이 아니라 아리스토텔레스의 존재론과 대결하는 새로운 존재론을 은밀히 전달하고 있다는 의미에서 '회색 존재론'이라 부른다. Jean-Luc Marion(2002).

재로서는 가장 합당할 것이다. 달리 말해, 이 논고에 표현된 사상은 최소한 **스피노자주의의 일부로** 진지하게 고려될 가치가 충분하다는 것이다.

### (2) 스피노자가 부딪혔을 세 가지 난점

그렇다면 계속된 수정 작업을 끝내 마무리하지 못하게 한 이론적 난점은 무엇이었을까? 이는 참된 인식의 요소와 관련된 세 가지 가설로 압축할 수 있다. 지성의 정의, 방법의 지위, 경험과 이성의 관계가 그것이다.

첫째, '지성의 교정'이라는 베이컨적 제목은 여러 해석 가능성에도 불구하고 스피노자가 지성에 대한 일관된 개념에 이르지 못했음을 암시한다. 나중에 상술하겠지만, '지성의 교정'이라는 표현은 『윤리학』에 제시될 스피노자의 사상에 부합하지 않으며 심지어 이 논고 안에서도 일관적이지 않다. 이 문제는 논고의 마지막 부분에서 부딪히는 지성에 대한 정의의 문제, 그리고 『윤리학』에서 제시되는 상상-이성-직관지(直觀知)라는 세 종류의 인식 가운데 이성에 해당될 '추론적 인식'의 애매한 지위[70]와도 연결된다. 이 점을 근거로 적지 않은 연구자들은 스피노자가 아직 지성에 대한 확실한 개념에 이르지 못했다고 보고, 이것을 미완의 한 이유로 간주한다.[71] 그리고 이 난점은 아직 여기서 신의 무한 지성과 인간 지성의 관계에 대한 이론이 정립되지 않은 데 기인하는 것으로 여겨지곤 한다.[72] 대표적으로 게루의 해석에 따르면, 지성을 통해 사물들에 대해 내린 정의가 참되다는 것을 보증하려면 인간 지성이 신적 지

---

70  스피노자는 세 번째 지각 방식인 추론적 인식을 통해 "오류의 위험 없이 결론을 도출한다고까지" 보면서도 별다른 이유를 대지 않고서 "이것 자체로는 우리의 완전성을 획득하는 수단이 아닐 것"이라는 유보를 보인다(§ 28). 이에 대한 상세한 논의는 앞의 235쪽을 참조하라.

71  Paul Eisenberg(2001). 그 외 C. Appuhn(B. Spinoza[1964], pp. 171~72); F. Mignini (2009), p. 37.

72  M. Gueroult(1971), pp. 31~33.

성의 일부라는 형이상학적 테제를 바탕으로 한 지성의 정의가 필요하며, 이를 위해서는 다시 신에 대한 정의가 필요하다. 그러나 이 논고에서 스피노자는 아직 신에 대한 정의에 이르지 못했고 거기서 출발하지도 않기 때문에 지성에 대한 정의도, 지성이 내리는 정의들의 타당성도 수립하지 못하게 된다.

이 해석은 논고에서 발견되는 여러 문제가 수렴되는 핵심 고리를 적절하게 지적하고 있으며, 논고의 미완성 이유에 대한 가장 지배적인 해석이기도 하다. 그러나 만일 스피노자가 『윤리학』에서는 지성에 대한 개념을 확립하는 데 성공했다는 것이 이 해석에 전제되어 있다면, 이 해석에 대한 동의를 유보해야 할 것 같다. '인간 지성'에 대한 명시적 정의는 사실 『윤리학』에도 없기 때문이다.[73] 『윤리학』에서 스피노자는 대부분의 경우 '지성'을 신적인 것이라거나 인간적인 것으로 특정하지 않고 사용한다(제1부 정의 4, 제2부 정리 49의 따름정리, 제5부 정리 10 등). 그리고 실제 용례를 보면 대개 사물을 있는 그대로 인식하는 '무한 지성'에 더 가깝다(제1부 정의 4, 제5부 정리 10). 형용사를 붙여 특정할 경우에도 '무한 지성'이라는 표현만 사용한다(제2부 정리 4, 정리 11의 따름정리). '무한 지성'과 '인간 지성'의 관계에 대해서도 게루는 후자가 전자의 일부라고 보았지만, 무한 지성의 '일부'로 언급되는 것은 '인간 지성'도, '유한 지성'도 아니다. 그것은 정확히 '인간 정신'이다(제2부 정리 11의 따름정리). 그리고 인간이 '자연의 일부'라는 표현에서 알 수 있듯이, '일부'라는 표현은 인간 역시 '역량을 갖는다'는 뜻도 포함하지만, 이 역량이 '제한되어 있다'는 뜻이기도 하다. 이렇게 보면 인간 지성이 정확히 무

---

73  게루는 스피노자를 대신하여 다음과 같은 논증을 수립한다. (i) 인간 지성은 신의 무한 지성의 일부이며, (ii) 그래서 인간 지성은 그것이 적합한 관념을 갖는 한에서 무한 지성과 동일하며 신이 사물들을 인식하는 대로 인식한다. (iii) 따라서 무한 지성이든 유한 지성이든, 지성에 의해 생각될 수 있는 모든 것은 참되다. (iv) 그러므로 정의는 인간 지성이 생각할 수 있다(conceivable)는 것만으로도 참이다.

엇인지는 『윤리학』에서도 명시되어 있지 않다고, 아니면 이런저런 이유로 스피노자가 그것을 주제화하기를 피한다고 볼 수도 있다. 그런 만큼 '인간 지성'에 대한 정의는 계속 수수께끼로 남는다. 다만 『윤리학』은 그것에 대한 명시적 정의 없이도 성립하는 기획인 반면, 이 논고는 그렇지 않다는 것이 차이일 수 있다.

두 번째 문제는 지성을 교정하거나(베이컨) 인도하는(데카르트) '방법'이라는 기획이 갖는 난점이다. 이는 다시 두 가지로 나누어볼 수 있다. 하나는 스피노자의 인식론이 존재론적 지평에서, 그리고 신에서 시작하여 개별자로 나아가는 『윤리학』의 순서를 통해서만 완결적으로 전개될 수 있기 때문에 논고가 포기되었다고 보는 입장이 있다.[74] 데카르트를 이어 이후의 포르-루아얄(Port-Royal) 논리학(*La Logic ou l'art de penser*)의 저자들이 결과에서 원인으로 나아가는 분석적 방법을 진리 발견의 방법으로, 원인에서 결과로 나아가는 종합적 방법은 단지 진리를 제시하고 가르치는 방법으로 생각했던 것과 달리, 『윤리학』의 종합적 방법은 단지 진리 제시에만 적용되는 것이 아니다. 스피노자는 원인에 의한 인식만을 참된 인식으로 보면서 진리 제시만이 아니라 진리 발견에서도 종합적 방법을 따라야 한다고 보았다. 그렇다면 『지성교정론』이 따랐던 분석적 방법은 견지될 수 없었던 것일 수 있다. 다른 하나는 여기서 더 나아가 스피노자가 애초에 베이컨과 데카르트의 방법 이론에서 출발했지만 점차 반(反)방법론의 입장, 따라서 논고의 기획 자체에 반하는 입장을 취하게 되고, 그래서 논고를 포기할 수밖에 없었다고 보는 입장이다.[75] 분석이나 종합의 방법이 아니라 방법의 기획 자체가 문제

---

74 J.-L. Marion(1972); A. Matheron(2011b).

75 Harold H. Joachim(1940), pp. 104~11; R. Violette(1977); Koyré in Spinoza(1994), avant-propos, p. XXI; Wim Klever(1987), p. 102. 미완의 이유와 무관하게 논고에 제시된 스피노자의 입장을 반(反)방법론으로 보는 대표적 입장으로는 피에르 마슈레(2004)의 제2장, 특히 75~91쪽을 참조하라.

라는 것이다. 실로 방법이 '반성적 관념', 곧 '관념에 대한 관념'이라면, 그것은 앎(관념)에 뒤따르거나, 아니면 『윤리학』의 평행론에 따라[76] 앎 (관념)과 동시적일 것이고, 따라서 앎을 인도하거나 통제하는 역할을 할 수 없을 것이다. 결국 이 논고는 "사실상 미완성일 뿐만 아니라 본질상 (inherently) 완성될 수가 없는" 것이었던 셈이다.[77]

  그럼에도 문제는 남는다. 스피노자가 이 논고에서 다루는 방법이라 는 주제를 이후에도 무용한 것으로 배제하거나 불가능한 것으로 포기 하거나 혹은 『윤리학』을 통해 해소된 것으로 취급하지 않고, 별도의 중 요한 과제로 남겨둔다는 점이다. 앞에서 우리는 스피노자가 『윤리학』 제2부에서 여러 종류의 기초 개념들(*notiones*)을 다루는 "다른 논고"(*alius Tractatus*)(제2부 정리 40의 주석 2)를 언급한 사실에 주목하고 이것이 이 논 고일 수 있다고 말했다. 제5부에서도 그는 "신체가 자기 직무를 올바르 게 수행하기 위해 어떤 기예로 신체를 돌봐야 하는지"를 다루는 '의학' 과 더불어, "어떻게 그리고 어떤 방법(*via*)을 통해 지성을 완전하게 해야 하는지"를 다루는 것을 '논리학'이라는 이름으로 언급한다. 그는 이 둘 을 『윤리학』에서는 다루지 않겠다고 선언하는데, 이는 그것들이 불필요 하기 때문이 아니라 주제가 다르기 때문이다. 그러므로 그가 '방법'의 문제를 폐기했다고 단정하기는 어렵다. 결국 앞의 '인간 지성'처럼 이 문제 역시 『윤리학』에서 완전히 해소되었다고 전제할 수는 없다.

  세 번째 난점은 경험과 이성의 관계 설정이다. 각주를 비롯한 논고 의 여기저기에서 우리는 당대 경험론자들에 대한, 그리고 가설과 관찰 의 지위에 대한 스피노자의 다소 돌출적이고 단편적인 언급들과 마주 치게 된다. 이 언급들로 미루어볼 때 그가 아직 경험의 지위에 대해 분

---

76  정확히 말해, 사유 양태와 연장 양태의 평행론이 아니라 사유 양태인 관념과 역시 사
    유 양태인 관념의 관념 사이의 평행론, 그러니까 게루의 명명을 따르자면 '사유-내
    적 평행론'(intra-cogitatif parallelisme)에 따라.
77  Harold H. Joachim(1940), p. 108.

명한 입장을 수립하지 못했으리라고 볼 수도 있다. 이 논고에는 추상적 인식을 끊임없이 경계하면서 관찰 가능한 결과로부터 원인의 발견으로 나아간 경험론자 베이컨의 영향이 현저하게 남아 있다. 그러나 다른 한편으로 스피노자는 데카르트보다 더 일관된 합리주의를 추구한 합리주의자로서, 참된 인식이란 반드시 원인에서 결과로 나아간다고 보았다. 이와 같은 이중적 태도는 이 논고에 제시된 네 가지 지각 양식 가운데 세 번째에 해당하는 추론적 인식에 반영되어 있다. 스피노자는 추론적 인식을 오류의 위험이 없다고 보면서도 완전성을 획득하는 수단이나 (§28) 적합한 인식에서는 제외한다(§29). 추론적 인식은 원인에 의한 인식이 아니라 결과로부터 원인으로(혹은 특성으로부터 본질로) 나아가는 인식에 불과하기 때문이다. 『윤리학』에서는 이와 같은 애매성이 공통 개념(notiones communes)의 발견으로 일소된다. 『지성교정론』의 추론적 인식처럼 공통 개념 역시 1종의 인식인 상상과 3종의 인식인 직관지 사이에 있는 것으로, '우리 추론의 토대들'이나 '이성'으로 불린다. 그러나 공통 개념은 추론적 인식과 달리 적합한 인식에 포함된다. 첫째, 공통 개념은 모든 사물이나 몇몇 사물에 공통적인 특성의 관념인데,[78] 실체에 내속하는 술어와 같은 것이 아니라 사물들에 공통적인 일종의 법칙들로서 그 자체 결과들을 산출하기 때문이다. 다시 말해, 공통 개념에 의한 인식은 특성들에서 출발하는 추론적 인식이기는 하지만, 『지성교정론』에서 '추론적 인식'이 가진 지위와 달리, 그 자체 이미 원인에 의한 인식이기 때문이다. 둘째, 공통 개념은 데카르트에게서 지성적인 본유 관념처럼 항상 있으면서도(제2부 정리 38에 따라), 신체의 특성에 대한 관념으로서 신체에 닻을 내리고 있으며, 경험적인 마주침에 따라 더 많

---

78 『윤리학』의 정의에 따르면, 공통 개념은 한 물체의 전체와 부분에 골고루 있으면서 (제2부 정리 37) 모든 물체들에 공통적으로 있거나(제2부 정리 38), 인간 신체와 인간 신체를 변용시키는 특정 외부 물체들에 공통적으로 있는 특성들에 대한 관념 (제2부 정리 39)이다.

이 발견되거나 명시화된다. 이로써 셋째, '지성'에 대한 가치평가의 애매성이나 개별적 본질로부터 출발해야 한다는 방법론상의 문제점 역시 어느 정도 해소된다. 지성은 베이컨에게서처럼 사물들의 구체적 특성들 위로 날아올라 성급하게 일반화하는 위험을 안고 있는 추상적 인식 기관이나 능력이 아니다. 그것은 차라리 참된 관념들의 내적 질서로서, 인간 정신은 공통 개념들을 더 풍부하게 발견해감으로써 개별적 본질에 대한 인식으로 나아간다. 이처럼 신체 특징과 병행하고 경험에 열린 이성 개념의 발견을 들뢰즈는『지성교정론』에서『윤리학』에 이르기까지 '스피노자주의의 진전'이라고 높이 평가한다.[79]

다만 이 점에 있어서도 이 논고와『윤리학』사이에 확연한 단절이 있다고 보기는 어렵다. 공통 개념은 이미 여기서 윤곽을 드러내고 있기 때문이다. 추상적인 보편자와 대비되는 "물리적인 것들 혹은 실재적인 존재자들"(§99)이면서도, 가변적인 특정 사물들의 계열과도 대비되는 "부동의 영원한 사물들" "영원한 사물들과 그 법칙들"이 그것이다. 스피노자는 그것이 무엇인지 정확히 밝히지는 않지만, 개별적인 것들이면서도 "어디에나 현전하며 아주 광범위한 역량을 행사하므로 우리에게는 마치 …… 보편자 혹은 유(類) 같은 것일 테고, 모든 사물의 가까운 원인일 것"(§101)이라고 말하고 있다. 그러므로 공통 개념의 발견 이전까지 스피노자는 아직 경험과 이성의 관계를 일관되게 수립하지 못했지만, 이 논고의 집필 과정에서 공통 개념을 발견했고, 그 결과 논고를 굳이 완성할 필요를 못 느끼게 되었으리라 보는 것도 가능하다.

이제 마지막으로 '지성교정론'이라는 논고 제목과 이 번역의 대본이 된 라틴어본에 대해 간략히 언급해두기로 하자.

---

79  Gilles Deleuze(1968), pp. 271~75; 질 들뢰즈(1999), 제5장 스피노자의 진전(『지성개선론』의 미완성에 대하여), 165~79쪽; M. Gueroult(1974), pp. 579~600.

## 3. 제목과 판본

### 1) 논고의 제목

이 번역본에서 '지성교정론'이라 옮긴 '*De emendatione intellectus*'라는 제목은 적어도 세 가지 쟁점을 포함한다. (1) 'emendatio'라는 용어가 스피노자의 사상에 부합하는가? (2) 스피노자 자신이 붙인 제목인가? (3) 우리말로 어떻게 번역해야 하는가?

(1) 우선 'emendatio'라는 단어는 홉스의 "*Examinatio et emendatio mathematicae hodiernae*"(오늘날 수학에 대한 검토와 교정, 1660년)에서 명시적으로 찾아볼 수 있다. 그러나 이 논고에서 홉스의 영향은 국지적인 것으로, 발생적 정의와 관련된 대목(§§ 95~96)에서만 나타난다. 'emendatio'는 홉스보다는 베이컨을 참조한 표현으로 보인다. 베이컨은 지성이 우상으로 뒤덮여 있어 방법을 통해 이를 정화하고 교정해야 한다고 보았다. 스피노자도 논고의 제목에 이 단어를 사용할 뿐만 아니라 논고 전반부에서 지성을 '정화하기'(expurgare)나 '치유하기'(mederi)라는 표현(§ 16)은 물론이고, 지성을 '교정하기'(emendare)라는 표현(§ 18)을 사용한다. 그뿐만 아니라 '무작위적 경험'(experientia vaga)이라는 표현(§ 19), 추상적이고 보편적인 공리에 대한 경계(§ 75, § 99), 경험의 보조물을 통한 관찰과 실험의 필요(§ 102, § 103) 등 베이컨의 문제의식을 논고 전반에 걸쳐 찾아볼 수 있다.

문제는 '지성의 교정'이라는 표현이 지성을 진리의 기관, 심지어 참된 인식 자체로 보는 스피노자 『윤리학』의 관점에 위배된다는 점이다. 『윤리학』 집필 훨씬 이전에, 그리고 논고의 집필 이전이나 비슷한 시기에 쓴 것으로 보이는 「편지 2」(올덴부르크에게 보낸 편지, 1661년으로 추정)에서도 스피노자는 이미 베이컨이 지성과 정신을 혼동하면서 지성이 오류를 저지를 수 있다고 보는 점을 비판한 바 있다. 나아가 이 논고에서도 지성의 추상성을 경계하는 베이컨적 영감과 나란히, 아니 그 이상으로[80] 지성의 힘 역시 강조되고 있다. 논고의 뒷부분으로 가면서 지성은

'참된 것' 자체와 동일시되며(§68), 그 외 참된 사유의 형상이 연역되는 원천(§71), 기억과도 다르고(§82) 상상과 명백히 다른 것(§84, §87, §90)으로 규정된다. 이는 베이컨보다 데카르트의 입장에 더 가까우며 『윤리학』의 관점에도 위배되지 않는다. 사실 이 점을 염두에 두고 앞부분을 다시 보면, 애초에 '정화'나 '치유'가 언급될 때에도 지성이 어떤 병에 걸려 있고 어떤 잘못된 길로 빠질 수 있는지에 대해서는 언급된 바가 없음을 깨달을 수 있다. 그 대신에 지성의 교정은 강력한 인간 본성이라는 최고선(목적)에 이르기 위한 수단으로서 언급될 뿐이며, 이 경우에도 '교정'보다는 '강화'나 '완전화'의 의미가 더 강하다. 이렇게 보면 스피노자는 『윤리학』에서처럼 지성의 '완전화'[81]라고 하거나, 혹은 적어도 데카르트처럼 정신의 '지도'(directio)[82]라는 표현을 택할 수도 있었을지 모른다. 실제로 이 논고의 본문에서 그는 여러 번에 걸쳐 '정신을 지도하다/이끌다'(mentem dirigere)라는 표현을 사용하기도 한다.[83]

그럼에도 집필의 역사적 층위와 주도적 문제의식을 고려한다면, 앞서 언급한 '정화'나 '치유'라는 단어의 사용이 시사하듯이, '교정'이라는 뜻의 'emendatio'는 최소한 논고 집필을 시작할 당시의 스피노자의 의도를 반영한다고 볼 수 있다. 설령, 스피노자가 당시에도 이미 베이컨과 입장을 달리하고 있었다고 하더라도, 당대 지식인들 사이에 지배적으

---

80 미니니의 셈에 따르면, 전자의 베이컨적 의미로 사용된 것은 앞부분 10줄에 10번 정도이며, 후자의 데카르트적 의미로 사용된 것은 마지막 15줄에 50번 정도이다. F. Mignini(2007), p. 37.

81 "어떻게 그리고 어떤 방법(via)으로 지성을 완전하게(perfici) 해야 하는지"(제5부 서문).

82 방법에 관한 데카르트의 미완의 논고 제목은 "Ad directionem ingenii"로, 정확히 말해 'directio ingenii', 곧 '재능의 지도'이다. '타고난 재능'을 뜻하는 'ingenuim'은 '정신'으로도 볼 수 있고 '지성'으로도 볼 수 있다.

83 §38, §40, §43을 보라. 그 외 "사유들을 이끌다"(cogitationes dirigere)는 §49와 §105에서 언급된다.

로 통용되는 베이컨적인 토포스만은 취하고 싶었을 수도 있다.

(2) 물론 'emendatio'라는 단어가 포함된 제목은 스피노자 자신이 생전에 붙인 것이 아닐 가능성이 높다. 바우메이스터르가 편지를 통해 방법에 대해 질문할 때도 그는 이 논고의 존재를 아예 몰랐던 것 같고,[84] 이 논고에 대해 들은 바가 있었을 치른하우스도 스피노자에게 이 제목을 언급하지는 않고 이것을 단지 '방법'에 대한 글이라고만 칭한다.[85] 더구나 라틴어 유고집 부제와 네덜란드어 번역본 부제가 일치하지 않는다. 따라서 제목은 라틴어 유고집 서문을 쓴 옐러스와 메이어르를 비롯한 유고집 편집자들이 붙였을 가능성이 있다.

그렇다 하더라도 이 제목이 스피노자의 의도에 어긋난다고 볼 수는 없다. 우선 라틴어 유고집 외에 *"De emendatione intellectus"*라는 제목이 명시적으로 나타나는 곳이 한 군데 있다. 1678년 4월 10일에 치른하우스가 라이프니츠에게 쓴 한 편지이다. 물론 이때는 라틴어 유고집이 출판되어(1677년 12월) 배포되기 시작한 때(1678년 1월)로부터 이미 3개월 이상이 흐른 후이다. 하지만 치른하우스는 당시 이탈리아 여행 중이었고, 유고집 복사본은 아직 입수하지 못한 채 이전에 게오르크 헤르만 슐러(Georg Hermann Schuller)에게서 건네받은 수고만 갖고 있었던 것으로 보인다.[86] 따라서 이 편지는 논고가 유고집 이전에 이미 이 제목을 갖고 있었다고 짐작하게 하는 간접적인 근거가 될 수 있다. 역시 간접적이지만 더 의미 있게 고려할 수 있는 증거는 「편지 6」에서 스피노자 스스로 이 논고를 두고 '지성의 교정에 대한'(de emendatione intellectus) '완결적인 작은 저작 하나를'(integrum opusculum) 쓰고 있다고 진술한다는 점이다.[87] 미니니가 주장한 대로 이 글이 설령 『지성교

---

84  바우메이스터르에게 보낸 「편지 37」(1666년 6월)을 참조하라. 이에 대한 상세한 인용은 앞의 186~87쪽을 참조하라.

85  1675년 치른하우스가 스피노자에게 보낸 「편지 59」. 앞의 221쪽을 참조하라.

86  이는 Piet Steenbakkers(1994), pp. 38~39의 주 2를 참조했다.

정론』이 아니라 다른 글을 가리킨다고 하더라도, 스피노자가 이 시기에 이런 표현을 사용했다는 사실은 이 제목이 논고 집필 시기 스피노자의 의도를 반영한다고 보아도 무리가 없음을 뒷받침한다.

(3) 마지막으로 'emendatio'의 우리말 번역어 문제이다. 'emendatio' 라는 단어는 우리말에서 '개선'으로 번역되어왔다. 이것은 1930년 일본 이와나미(岩波) 출판사의 문고본으로 나온『지성개선론』의 번역에 따라 채택되어 지금까지 사용되어왔던 것으로 보이며, 다른 언어권에서 주로 채택되어온 번역어와도 부합한다(네덜란드어 Verbetering, 스페인어 Reforma, 영어 Improvement, 독일어 Verbesserung 혹은 Vervollkommung). 그러나 'emendatio'에는 '개선'만이 아니라 정화, 교정, 치유의 뜻도 있다. 이 두 번째 단어군은 병이나 악의 제거라는 함축을 가지므로 '개선'과는 함의가 다소 다르다. 그렇다면 제목의 번역어로 '지성정화론'이나 '지성치유론'이 적절하고도 자연스러워 보인다. 그러나 'expurgare'(정화하다)와 'mederi'(치유하다)라는 라틴어 용어가 논고 내에서 사용되기 때문에 이 둘은 배제해야 한다. 그러면 남는 것은 '교정'이라는 단어이다. 사실 'emendatio'의 일차적 의미가 바로 원고 교정이며, 다른 언어권에서도 '개선'과는 별도로 '교정'에 상응하는 계열의 단어들이 채택되기도 했다. 독일어의 'Berichtigung'(교정)과 'Läuterung'(정화), 영어의 'amendment'가 그렇다. 특히 현재 영어권의 표준 번역으로 통하는 컬리 번역본(Spinoza, 1985)에서 이전까지 주로 쓰인 'improvement' 대신에 'emendation'이라는 단어를 그대로 쓰는 것도 이런 이유 때문일 것이다. 국내에서는 진태원이 '지성교정론'이라고 바꿀 것을 제안한 바 있다. 스피노자가 'emendatio'를 내세운 것은 "단순히 지성의 능력을 좀 더 높은 단계로 끌어올린다는 목적을 표현하기 위해서가 아니라 세속적인 욕망(부, 명예, 성적 욕망)이나 상상에 의해 '분열되고 혼란에 빠진'

---

87 앞의 220쪽에 인용된「편지 6」을 참조하라.

지성의 구조, 형태를 바르게 세우려는 저술의 목적을 분명히 하기 위해서였다"[88]라고 한 말이다. 논거는 더 따져봐야겠지만, 이 결론은 이 단어에 대한 스피노자의 용례에 의해 지지된다. 이 단어는 논고 안에서 거짓 관념의 교정(§67)이나 의심의 교정, 아집의 교정(§77) 같이 실제로 '교정'의 의미로 사용되며, 앞서 인용한 「편지 6」의 구문에서도 스피노자는 이 논고 자체를 가리키는 데 사용한 'emendare'를 이 논고의 수정을 가리키는 데 사용하고 있기 때문이다.

그러므로 'emendatio'를 성숙기의 스피노자 사상에 조금 더 부합하는 다른 번역어로 대체하기보다 단어의 일차적 의미인 동시에 집필의 역사적 지층을 간직한 단어인 '교정'으로 옮기는 것이 가장 낫다고 판단된다.

### 2) 판본 선택과 단락 번호

스피노자가 세상을 떠나고 지인들이 라틴어 유고집을 출판한 이후, 130년 동안 스피노자는 이 판본을 통해 알려졌다.[89] 네덜란드, 프랑스, 영어, 독일어 등의 번역본은 출판되었지만, 라틴어의 새 고증 판본은 1802년에 가서야 나온다. 그사이에도 스피노자는 유고집보다는 다른 경로를 통해 알려졌다. 『역사적·비평적 사전』에서 벨이 쓴 항목과 여러 신학자 및 철학자들의 반박문, 그리고 스피노자주의를 표방하거나 이용한 비밀 수고들이 그것이다. 이런 유포 형태는 유럽 사상사의 관점에서는 흥미로울 수 있으나, 스피노자 사상에 문면 그대로 접근하게 하는 수단은 아니었다. 오히려 스피노자의 사상은 엄밀한 독해보다는 논박의 대상으로만 검토되거나 혹은 편의적인 짜깁기의 대상이 되었

---

88  마슈레(2004), 32쪽의 옮긴이 주 21.

89  이하 판본의 변천과 단락 번호와 관련된 내용은 PUF 판본의 새 전집 중 『지성교정론』을 비롯한 초기 글에 대한 일반적 입문으로 수록된 모로의 해설을 요약했다 (B. Spinoza[2009], pp. 11~12).

다. 이 때문에 그의 저작들을 새로운 바탕 아래 모을 필요성이 요청되었고, 이것이 19세기 독일의 위대한 판본들을 탄생시켰다. 헤겔(G. W. F. Hegel)이 참여한 1802~03년 파울루스(Paulus) 판본,[90] 1830~31년 프뢰러(Gfrörer) 판본,[91] 1843년 리들(Riedel) 판본,[92] 1843~46년 브루더(Bruder) 판본,[93] 1874~82년 힌스베르흐(Ginsberg) 판본[94]이 그것들이다. 네덜란드에서 준비된 판본으로는 1862년 판플로텐(van Vloten) 판본[95]과 1882~83년 판플로텐(van Vloten)과 란트(Land) 판본[96]이 있다. 그사이에 네덜란드어로 된 또 다른 젊은 시절의 글『소론』이 발견되고 판플로텐 판본에 네덜란드어본과 그것을 판플로텐이 직접 라틴어로 번역한 판본이 실리면서 저작들 작성의 연대기적 순서에 대한 연구가 본격적으로 시작되었다. 그리고 이 연구의 첫 번째 결산이 1925년 출판된 이래 오늘날까지 근 100년간 표준 판본으로 통해 온 겝하르트 판본[97]이다.

90  *Benedicti de Spinoza opera quae supersunt omnia.* Iterum edenda curavit, praefationes, vitam auctoris, nec non notitias, quae ad historiam scriptorum pertinent, addidit Henr. Ebrh. Gottlob Paulus, Jenae, 1802~1803.
91  *Benedicti de Spinoza opera philosophica omnia edidit* et praefationem adjecit August Friedrich Gfrörer, Stuttgart, 1830.
92  *Renati des Cartes et Benedicti de Spinoza praecipua opera philosophica recognovit notitias historico-philosophicas* adjecit dr. Carolus Riedel. Lipsiae, sumtibus Hermanni Hartung, 1843.
93  *Benedicti de Spinoza Opera quae supersunt omnia.* Ex editionibus principibus denuo edidit et praefatus est Carlus Hermannus Bruder, Lipsiae, 1843~1846, 1913.
94  *Spinozae Opera philosophica im Urtext,* hrsg. v. Hugo Ginsberg, Leizig, 1875~1882.
95  *Ad Benedicti de Spinoza Opera quae supersunt omnia Supplementum. Continens Tractatum hucusque ineditum De Deo et homine, Tractatum de Iride, Epistolas nonnullas ineditas, et ad eas vitamque philosophi collectanea,* Amstelodami, 1862(『소론』의 네덜란드어 판본과 더불어 이것의 라틴어 번역본이 처음 실림).
96  *Benedicti de Spinoza Opera quotquot reperta sunt.* Recognoverunt J. van Vloten et J. P. N. Land, Hagae Comitum, 1882~1883, 1895, 1914.
97  *Spinoza Opera,* im Auftrag der Heidelberger Akademie der Wissenschaften, hsrg. v. C. Gebhardt, Heidelberg [1925], 1972; Supplementa, vol. V, hrsg. von C. Gebhardt, C.

그러나 앞에서 본 것처럼, 이 긴 시간이 흐르는 동안 새로운 이론적·문헌학적 사실들이 발견되었고, 그 결과 새 라틴어 고증 판본의 필요성이 제기되었다. 이런 문제의식 아래 최근 새로 출판되고 있는 고증 판본이 피에르-프랑수아 모로의 책임 아래 1999년 『신학정치론』을 시작으로 프랑스의 Presses Universitaires de France(PUF) 출판사에서 출간되고 있는 라틴어-프랑스어 대역 스피노자 전집이다. 번역자 역시 미니니에 의해 수립된 이 전집의 『지성교정론』 라틴어본을 1차적인 번역 대본으로 삼았다.

PUF 판본에서 형식상 특징적인 점은 라틴어 원문에는 단락 번호를 붙이면서도, 프랑스어 번역에는 단락 번호를 제거했다는 점이다. 원래 라틴어 유고집에서 「형이상학적 사유」와 『정치론』에는 단락 번호가 붙어 있었지만, 『지성교정론』과 『신학정치론』에는 단락 번호가 붙어 있지 않았다. 『지성교정론』의 프랑스어 번역 새 판본에 단락 번호가 없는 것은 유고집 원문의 상태를 충실히 반영한 것이다. 반면에 거기서도 라틴어 원문에 여전히 단락 번호를 붙인 것은 역사적으로 내려오는 공통의 참조 체계를 존중하기 위한 것이다. 유고집에는 없던 단락 번호를 처음 붙인 것은 카를 헤르만 브루더(Karl Hermann Bruder)의 판본에서이다. 이 번호는 적어도 19세기 — 아마도 독일의 범신론 논쟁 이후 — 에 생겨난 새로운 독해 방식, 특히 텍스트의 세부 사항에 대한 관심을 반영한다. 『신학정치론』에 붙인 번호는 이후의 판본에서는 사라지지만, 『지성교정론』에 붙인 번호는 프랑스의 쿠아레 판본(1994)이나 미국의 컬리 판본(1985) 같은 대표적 번역본에서 그대로 보존된다. 샤를 아풍(Charles Appuhn)(1964)처럼 『지성교정론』에 새롭게 번호를 매긴(110개 대신 72개 단락) 경우도 있지만, 이후 이 번호를 따른 판본은 없었다. 미니니가 수립한 라틴어 판본 역시 브루더 판본 번호를 따르되, 단락이 명백히 부적

Winter, Heidelberg, 1987.

절하게 나뉜 경우에 한해 브루더의 구분에 약간의 변경을 가하고 있다.

이미 국제적으로 통용되는 참조 체계를 존중하고 국내 연구에서도 공통의 참조 체계가 필요하리라 판단하여 우리말 번역본에서는 라틴어와 한글 번역 모두에 브루더 판본의 단락 번호를 붙이되, 구분 지점이 적절하지 않다고 판단될 경우에는 미니니의 구분을 따랐다.

# 베네딕투스 데 스피노자 연보

| | |
|---|---|
| 1632년 | 11월 24일, 암스테르담에서 미카엘 데스피노자(Michael d'Espinoza) 와 한나 데보라(Hanna Deborah) 사이에서 태어남. |
| 1633년 | 갈릴레오 갈릴레이에 대한 종교재판이 열림. |
| 1637년 | 르네 데카르트가 『방법서설』을 출간함. |
| 1638년 | 어머니 한나 데보라가 세상을 떠남. 암스테르담에 포르투갈계 유대 공동체가 성립함. |
| 1641년 | 데카르트가 『제일철학에 관한 성찰』을 라틴어본으로 출간함. |
| 1642년 | 토머스 홉스가 『시민론』을 라틴어본으로 출간함. |
| 1644년 | 데카르트가 『철학의 원리』를 출간함. |
| 1646년 | 고트프리트 빌헬름 라이프니츠가 태어남. |
| 1647년 | 홉스의 『시민론』이 네덜란드어 번역본으로 출간됨. |
| 1649년 | 데카르트가 『정념론』을 출간함. |
| 1648년 | 베스트팔렌 조약의 체결로 30년전쟁과 네덜란드 독립전쟁(80년 전쟁)이 종식됨. |
| 1650년 | 데카르트가 세상을 떠남. 오라녜 가문의 빌럼 2세에 의한 쿠데타가 실 패함(더불어 빌럼 2세가 세상을 떠남). |
| 1651년 | 홉스가 『리바이어던』을 영어본으로 출간함. |
| 1652~54년 | 제1차 네덜란드-영국 전쟁이 발발함. |
| 1653년 | 요한 더빗이 홀란트 주의 대표 법률비서로 선출됨(~72년까지). |
| 1654년 | 아버지 미카엘이 세상을 떠남. |

| 1656년 | 암스테르담의 유대 공동체로부터 추방됨(혜렘). 프란시스퀴스 판덴 엔덴의 학교에서 라틴어와 고전을 배움. |
|---|---|
| 1660~61년 | 레인스뷔르흐로 이사함. 『윤리학』 집필을 이미 시작했으리라 추측됨. |
| 1661년 | 여름에 헨리 올덴부르크가 스피노자를 방문함. 8월부터 올덴부르크 와 편지 교환을 시작함. |
| 1662년 | 영국에서 왕립과학협회가 결성됨. |
| 1663년 | 보어뷔르흐로 이사함. 「형이상학적 사유」를 부록으로 실은 『르네 데 카르트의 '철학의 원리'에 대하여』를 출간함. |
| 1665~67년 | 제2차 네덜란드-영국 전쟁이 발발함. |
| 1668년 | 홉스의 『리바이어던』이 라틴어 번역본으로 출간됨. |
| 1669년 | 헤이그로 이사함. |
| 1670년 | 『신학정치론』을 익명으로 출간함. |
| 1672년 | 네덜란드 재앙의 해로서 프랑스가 네덜란드 공화국에 침입함. 더빗 형 제는 실각 후 피살됨. 오라녜 가문의 빌럼[3세]이 네덜란드 총독에 취 임함. |
| 1672~74년 | 제3차 네덜란드-영국 전쟁이 발발함. |
| 1674년 | 홀란트 주와 네덜란드 연합 주에서 『신학정치론』이 금서로 지정됨. |
| 1675년 | 『윤리학』 출판을 시도하다가 포기함. |
| 1676년 | 라이프니츠가 헤이그로 스피노자를 방문함. |
| 1676~77년 | 『정치론』을 집필함. |
| 1677년 | 2월 21일, 스피노자가 세상을 떠남. 로마 가톨릭(바르베리니 추기경) 이 스피노자의 『윤리학』 출간을 저지하기 위한 조사를 시작함. 스피 노자 유고집의 라틴어 판과 네덜란드어 판이 출간됨. |
| 1678년 | 네덜란드에서 스피노자 저작의 출판과 인쇄, 유포가 금지됨. |
| 1687년 | 아이작 뉴턴이 『자연 철학의 수학적 원리』(흔히 '프린키피아'로 불림) 를 출간함. |
| 1688년 | 영국에서 명예혁명이 일어남. |
| 1689년 | 존 로크가 『통치론』을 출간함. |
| 1697년 | 피에르 벨이 그의 저서인 『역사적·비평적 사전』에서 스피노자를 '놀 라울 만치 유덕한 체계적인 무신론자'라고 평가함. |

참고문헌

## 1. 스피노자 텍스트 및 번역본

### • 원전 자료

Spinoza, Benedictus de. 1677. *Opera Posthuma*, ed. Louis Meyer. Amsterdam: Jan Rieuwarts. [라틴어 원전: 'OP'로 표기]]

_____. 1677/1678. *De Nagelate Schriften*, trans. Jan H. Glazemaker. Amsterdam: Jan Rieuwarts. [네덜란드어 번역본: 'NS'로 표기]]

### (1) 스피노자 전집

Spinoza, Benedictus de. 1925. *Spinoza Opera*, 4 vols., ed. Carl Gebhardt. Heidelberg: Carl Winter. [라틴어 원전 고증본: 'G'로 표기]]

_____. 1964~66. *Spinoza. Œuvres,* 4 vols., éd. Charles Appuhn. Paris: GF-Flammarion. [프랑스어 번역본]

_____. 1985~2016. *The Collected Works of Spinoza*, 2 vols., trans. Edwin Curley. Princeton: Princeton University Press. [영어 번역본]

### (2) 『지성교정론』 텍스트 및 번역본

Spinoza, Benedictus de. 1964. "Traité de la réforme de l'Entendement", in *Spinoza. Œuvres* I, éd. Charles Appuhn. Paris: GF-Flammarion, pp. 167~219. [프랑스어 번역본]

_____. 1985. "Treatise on the Emendation of the Intellect", in *The Collected Works of Spinoza*, trans. Edwin Curley. Princeton: Princeton University Press, pp. 3~45. [영어 번역본]

_____. 1992. *Traité de la réforme de l'entendement*, trad. et commentaire Bernard Rousset. Paris: Vrin. [라틴어-프랑스어 대역본]

_____. 1994. *Traité de la réforme de l'entendement*, trad. et éd. Alexandre Koyré. Paris: Vrin. [라틴어-프랑스어 대역본]

_____. 2009. "Traité de la réforme de l'Entendement", texte établi par Filippo Mignini et trad. Michelle Beyssade, in *Spinoza. Œuvres I, Premiers écrits*. Paris: PUF, pp. 60~155. [라틴어-프랑스어 대역본]

스피노자, 베네딕트 데. 2015. 『지성개선론』. 강영계 옮김. 서광사.

(3) 스피노자의 다른 텍스트 번역본

Spinoza, Baruch. 1964. "Principes de la philosophie de Descartes", in *Spinoza. Œuvres* I, éd. Charles Appuhn. Paris: GF-Flammarion, pp. 221~391.

_____. 1996. *Traité théologico-politique*, texte établi par Fokke Akkerman et trad. Jacqueline Lagrée et Pierre-François Moreau. Paris: PUF.

_____. 1998. *L'Éthique*, trad. Bernard Pautrat. Paris: Seuil.

_____. 2005. *Traité politique*, texte établi par Omero Proietti et trad. Charles Ramond. Paris: PUF.

_____. 2009. "Court traité de Dieu, de l'homme et de son bien être", texte établi par Filippo Mignini et trad. Joël Ganault, in *Spinoza Œuvres I, Premiers écrits*. Paris: PUF, pp. 184~474.

스피노자, 베네딕투스 데. 2018. 『스피노자 서간집』. 이근세 옮김. 아카넷.


## 2. 다른 철학자의 텍스트

Aritstotles. 1984. "On memory", in *The Complete Works of Aristotles* I, trans. and ed. Jonathan Barnes. Princeton: Princeton University Press, pp. 714~20.

_____. 1993. *De l'âme*, trad. et éd. Richard Bodéus. Paris: GF-Flammarion.

Bacon, Francis. 1960. *The New Organon*, ed. F. H. Anderson. New York: Macmillan Publishing Company. [라틴어 원전: http://www.thelatinlibrary.com/bacon.html을 참조]

Descartes, René. 1981. *L'entretien avec Burman*, trad. Jean-Marie Byssade. Paris: PUF.

_____. 1992. *Descartes. Méditations métaphysiques*, éd. Michelle et Jean-Marie Beyssade. Paris: GF-Flammarion.

_____. 1996. Œuveres de Desartes, éd. Adam & Tannery. Paris: J. Vrin. [AT 로 표기]

_____. 1983. Œuveres philosophiques, t. II, éd. Ferdinand Alquié. Paris: Garnier.

_____. 1984. *The Philosophical Writings of Descartes*, vol II, trans. John Cottingham et al.. Cambridge: Cambridge University Press.

데카르트, 르네. 1997a. 『방법서설·정신지도를 위한 규칙들』. 이현복 옮김. 문예출판사.

_____. 1997b. 『성찰·자연의 빛에 의한 진리탐구·프로그램에 대한 주석』. 이현복 옮김. 문예출판사.

_____. 2002. 『철학의 원리』. 원석영 옮김. 아카넷.

_____. 2013. 『『성찰』에 대한 학자들의 반론과 데카르트의 답변』(제1권). 원석영 옮김. 나남.

쇼펜하우어, 아르투어. 2008. 『의지와 표상으로서의 세계』. 권기철 옮김. 동서문화사.

아리스토텔레스. 2006. 『니코마코스 윤리학』. 이창우·김재홍·강상진 옮김. 도서출판 길.

_____. 2018. 『영혼에 관하여』. 오지은 옮김. 아카넷.

푸코, 미셸. 2007. 『주체의 해석학』. 심세광 옮김. 동문선.


## 3. 2차 문헌

김은주. 2014. 「데카르트 '순환논증'의 형이상학적 쟁점」. 『철학연구』 제106집: 77~105쪽.

_____. 2016. 「'지성의 교정'(emendatio intellectus)과 스피노자의 베이컨주의」. 『철학사상』 제60호: 167~96쪽.

_____. 2017. 「『지성교정론』의 미완 이유: 방법의 측면에서」. 『철학』 제132집: 57~85쪽.

_____. 2018. 「푸코-데리다 광기 논쟁을 통해 본 데카르트라는 사건」. 『철학』

제134집: 87~115쪽.

박기순. 2006a. 「스피노자에게서의 픽션 개념」, 『인문논총』 제56집: 1~33쪽.

_____. 2006b. 「스피노자에서 방법으로서 히스토리아(historia) 개념」, 『근대철학』 제1집: 5~30쪽.

양진호. 2008. 「스피노자의 데카르트 철학 원리(1663) 연구(1): '서론'에서 '신 증명'과 '순환논증'의 문제」, 『칸트연구』 제22집: 149~89쪽.

조현진. 2013. 「스피노자의 히스토리아 개념과 그 윤리적 기능」, 『철학논집』 제32집: 71~92쪽.

진태원. 2006. 「스피노자의 자기원인 개념」, 『철학사상』 제22집: 141~71쪽.

_____. 2012. 「정신적 자동장치란 무엇인가?: 데카르트, 스피노자, 들뢰즈」. 『철학논집』 제28집: 119~48쪽.

Auffret-Ferzli, S. 1992. "L'hypothèse d'une rédaction échelonée du Tractatus de Intellectus Emendatione de Spinoza", *Studia Spinozana* 8: pp. 281~94.

Boss, Gilbert. 1986. "Méthode et doctrine dans le Traité de la réforme de l'entendement", *Studia Spinozana* 2: pp. 93~108.

Courtine, Jean-François. 1990. *Suarez et le système de la métaphysique*. Paris: PUF.

Curley, Edwin. 1988. *Behind the Geometrical Method: A Reading of Spinoza's Ethics*. Princeton: Princeton University Press.

Deleule, Didier. 1997. "Spinoza, lecteur de Bacon: comment réformer l'entendement?", *L'enseignement philosophique* 6: pp. 15~22.

Deleuze, Gilles. 1968. *Spinoza et le problème de l'expression*. Paris: Les éditions de Minuit.

_____. 1981. *Spinoza. Philosophie pratique*. Paris: Les éditions de Minuit. [들 뢰즈, 질. 1999. 『스피노자의 철학』. 박기순 옮김. 민음사]

Della-Rocca, Michael. 2005. "The Cartesian Circle, and Epistemology without God", *Philosophy and Phenomenological Research* 70(1): pp. 1~33.

Dijn, Herman de. 1986. "Spinoza's Logic or Art of Perfect Thinking", *Studia Spinozana* 2: pp. 15~24.

Eisenberg, Paul D. 2001. "How to Understand De Intellectus Emendatione", in *Spinoza. Critical Assessment*, vol. I, ed. Genevieve Lloyd. London and New York: Routledge, pp. 317~40. [1971. *Journal of the History of Philosophy* 9: pp. 171~91]

Gabbey, Alan. 2006. "Spinoza's natural science and methodology", in *The*

*Cambridge Companion to Spinoza*, ed. Don Garrett. Cambridge: Cambridge University Press.

Garrett, Don. 1986. "Truth and Ideas of Imagination in the Tractatus de Intellectus Emendatione", *Studia Spinozana* 2: pp. 61~92.

Garrett, Aaron V. 2003. *Meaning in Spinoza's Method*. Cambridge: Cambridge University Press.

Gueroult, Martial. 1968. *Spinoza*, t. I, *Dieu* (Éthique I). Paris: Éditions Aubier-Montaigne.

_____. 1974. *Spinoza*, t. II, *L'âme* (Éthique II). Paris: Éditions Aubier-Montaigne.

Harris, Errol E. 1986. "Method and Metaphysics in Spinoza", *Studia Spinozana* 2: pp. 129~50.

Joachim, Harold H. 1940. *Spinoza's Tractatus de Intellectus Emendatione. A Commentary*. Oxford: Oxford University Press.

Klever, Wim. 1987. "Remarques sur le Tractatus de intellectus emendatione (Experientia vaga, paradoxa, ideae fictae)", *Revue des sciences philosophiques et théologiques* 71: pp. 101~13.

Laerke, Mogens. 2015. "Leibniz on Spinoza's Tractatus de Intellectus Emendatione", in *The Young Spinoza. A Metaphysician in the Making*, ed. Yitzhak Y. Melamed. New York: Oxford University Press, pp. 106~20.

Lagneau, Jules. 1879. "Quelques notes de Jules Lagneau sur Spinoza", *Revue de métaphysique et de morale* 3(4): pp. 375~416.

Macherey, Pierre. 1979. *Hegel ou Spinoza*. Paris: François Maspero. [마슈레, 피에르. 2004. 『헤겔 또는 스피노자』. 진태원 옮김. 이제이북스]

Marion, Jean-Luc. 1972. "Le fondement de la cogitatio selon le De Intellectus Emendatione: Essai d'une lecture des §§ 104~105", *Les études philosophiques* 47(3): pp. 357~68.

_____. 1992. "Cartesian metaphysics and the role of the simple natures", in *The Cambridge Companion to Descartes*, ed. John Cottingham. Cambridge: Cambridge University Press, pp. 115~39.

_____. 2002. *Sur l'ontologie grise de Descartes: Science cartésienne et savoir aristotélicien dans les Regulae*. Paris: Vrin.

Matheron, Alexandre. 1986. "Spinoza and Euclidian Arithmetic: The Example of the Fourth Proportional", in *Spinoza and the Sciences*, ed. Majorie Grene and Debra Nails. Dordrecht·Boston·Lancaster·Tokyo: D. Reidel Publishing Company, pp. 125~50.

_____. 1988. *Individu et communauté chez Spinoza*. Paris: Les éditions de Minuit. [마트롱, 알렉상드르. 2008.『스피노자 철학에서 개인과 공동체』. 김문수·김은주 옮김. 그린비]

_____. 2011a. "Modes et genres de connaissance (Traité de la réforme de l'Entendement, paragraphes 18 à 29)", in *Études sur Spinoza et les philosophies de l'âge classique*. Lyon: ENS Éditions, pp. 467~529.

_____. 2011b. "Idée, idéde d'idée et certitude dans le Tractatus de inellectus emendatione et dans l'Éthique", in Études sur Spinoza et les philosophies de l'âge classique. Lyon: ENS Éditions, pp. 531~40. [1989. *Travaux et documents 2: Méthode et Métaphysique*. Groupe de recherches spinozistes. Presses de l'Université Paris-Sorbonne]

_____. 2011c. "Pourquoi le *Tractatus de intellectus emendatione* est-il resté inachevé?", in Études sur Spinoza et les philosophies de l'âge classique. Lyon: ENS Éditions, pp. 541~51.

Mignini, Filippo. 1987. "Données et problèmes de la chronologie spinozienne entre 1656 et 1665", *Revue des sciences philosophiques et théologiques* 71: pp. 9~22.

_____. 2001. "Spinoza's Theory on the Active and Passive Nature of Knowledge", in *Spinoza. Critical Assessment*, vol. I, ed. Genevieve Lloyd. London and New York: Routledge, pp. 291~316. [1986. *Studia Spinozana* 2: pp. 27~57]

_____. 2009. "Introduction au *Tractatus de Intellectus Emendatione*", trad. (de l'italien en français) Lorenzo Vinciguerra, in *Spinoza Œuvres* I, *Premiers écrits*. Paris: PUF, pp. 21~54.

_____. 2011. "Fiction/Verziering(e) in Spinoza's Early Writings", in *The Young Spinoza. A Metaphysician in the Making*, ed. Yitzhak Y. Melamed. New York: Oxford University Press, pp. 33~51.

Moreau, Pierre-François. 1987. "Les premiers écrits de Spinoza: problèmes et ressources", *Revue des sciences philosophiques et théologiques* 71: pp. 3~8.

_____. 1989. *Hobbes. Philosophie, science, religion*. Paris: PUF.

_____. 1994. *Spinoza. L'expérience et l'éternité*. Paris: PUF.

_____. 2003. *Spinoza et le spinozisme*. Paris: PUF. [모로, 피에르-프랑수아.

2018. 『스피노자 매뉴얼』. 김은주·김문수 옮김. 에디토리얼]

Nadler, Steven. 1999. *Spinoza. A Life*. Cambridge: Cambridge University Press. [내들러, 스티븐. 2011. 『스피노자. 철학을 도발한 철학자』. 텍스트]

Parkinson, G. H. R. 1964. *Spinoza's Theory of Knowledge*. Oxford University Press.

Proietti, Omero. 1988. "Lettres à Lucillius. Une source du Tractatus de Intellectus Emendatione de Spinoza", *Travaux et documents du Groupe de Recherches spinozistes* 1: pp. 39~60.

Ramond, Charles. 1998. "Introduction à la lecture du Traité de la Réforme de l'Entendement", in *Spinoza et la pensée moderne. Constitutions de l'objectivité*. Paris: L'Harmattan.

Rousset, Bernard. 1996. *Spinoza. Lecteur des objections faites aux Méditations de Descartes et de ses réponses*. Paris: Éditions Kimé.

Sânchez Estop, Juan Domingo. 1987. "Spinoza, Lecteur des *Regulae*. Notes sur le cartésianisme du jeune Spinoza", *Revue des sciences philosophiques et théologiques* 71: pp. 55~66.

Steenbakkers, Piet. 1994. *Spinoza' Ethica from manuscript to print*. Elinkwijk, Utrecht, The Netherlands: Van Gorcum.

Violette, R. 1977. "Methode inventive et methode inventée dans l'introduction au 'De intellectus Emendatinoe' de Spinoza", *Revue philosophique de la France et de l'Étranger* 102: pp. 303~22.

# 찾아보기

지성 intellectus  29, 31, 33, 39, 43, 71,
    77, 79, 83, 85, 91, 93, 95, 97, 99, 101,
    105, 107, 109, 111, 113, 115
지속 duratio  91, 93, 113
지혜 sapientia  43
직관적으로 intuitive  39
직관하다 intueri  35
진리 veritas  19, 31, 47, 53, 55, 61, 75,
    77, 79, 85, 97, 105, 109
질서, 순서, 수순 ordo  33, 49, 63, 75, 85,
    107
    자연의 질서 naturae ordo  49, 63, 75, 85
질서짓다 ordinare  99, 105, 107
짜임, 기획 institutum  21, 23, 27, 115

| ㅊ |

철학 philosophia  43, 47, 53, 59, 85, 93
추구하다, 찾다 quaerere  39, 47, 107
추론하다 ratiocinare/ 추론, 추론 활동
    rationcinium  47, 51, 53, 77
치유책 remedium  25, 27

| ㅋ |

쾌락 delicia  31
키메라 chimaera  61

| ㅌ |

타고난 nativus  43
탐구하다 investigare  53, 79, 81, 85, 89,
    109, 111
탐문하다, 따져보다 inquirere  53, 59, 77,
    105, 109, 111
    탐문 inquisitio  41, 75, 87, 99

탐욕 avaritia  27
통상의, 통상적인 communis  21
특성 proprietas  33, 35, 37, 79, 99, 101,
    103, 109, 111, 115
특유의 peculiaris  45
특정의, 특정적인 particularis  33, 63, 99,
    105

| ㅍ |

파악하다 comprehendere  41
편견 praejudicium  53, 55
표본 exemplar  51
표상적 objectivus  45, 47, 51, 95, 105
    표상적 본질 essentia objectiva  45, 47, 51,
    105
표상적으로 objective  45, 51, 71, 79, 99,
    105, 111
표상하다 repraesenter  67
    표상들 repraesentamina  73, 75
필연적인 necessarius  59, 77
    필연성 necessitas  59, 63, 77, 113

| ㅎ |

학문 scientiae  23, 27, 29, 31, 39, 55
합성된 compositus  73, 75, 77, 95, 97
합일 unio  29, 35
합치하다 convenire  51, 61, 65, 95
행복 felicitas  21, 29
    최고 행복 summa felicitas  21
허구적 fictus  69, 71, 95, 115
    허구 fictio  59, 61, 63, 65, 67, 69, 71, 73,
    75, 77, 83
    허구적으로 지어내다, 떠올리다 fingere
    59, 61, 63, 65, 67, 69, 71, 75, 81, 97, 115